新时期
校园足球发展研究

周伟 著

郑州大学出版社

图书在版编目（CIP）数据

新时期校园足球发展研究／周伟著. — 郑州：郑州大学出版社，2022. 5
（2024.6 重印）
ISBN 978-7-5645-8566-2

Ⅰ. ①新… Ⅱ. ①周… Ⅲ. ①学校体育 – 足球运动 – 发展 –
研究 – 中国 Ⅳ. ①G843

中国版本图书馆 CIP 数据核字（2022）第 042400 号

新时期校园足球发展研究

XIN SHIQI XIAOYUAN ZUQIU FAZHAN YANJIU

策划编辑	郜 毅	封面设计	书仙传媒
责任编辑	吴 昊	版式设计	苏永生
责任校对	胡佩佩	责任监制	李瑞卿

出版发行	郑州大学出版社	地　址	郑州市大学路 40 号（450052）
出 版 人	孙保营	网　址	http://www.zzup.cn
经　销	全国新华书店	发行电话	0371-66966070
印　刷	廊坊市印艺阁数字科技有限公司		
开　本	710 mm×1 010 mm　1／16		
印　张	15.25	字　数	267 千字
版　次	2022 年 5 月第 1 版	印　次	2024 年 6 月第 2 次印刷

书　号	ISBN 978-7-5645-8566-2	定　价	68.00 元

　　校园足球运动,顾名思义就是在各级各类学校中开展的足球健身与竞技运动,其发展与校园足球活动的提出是密切相关的。校园足球活动最初是在国家体育总局办公厅下发的《关于开展全国青少年校园足球活动的通知》(以下简称《通知》)中提出来的。《通知》决定,校园足球活动要在全国大中小学校广泛加以开展,促进足球知识和技能的宣传与普及,形成以学校为依托、体教结合的青少年足球人才培养体系。随后,国家体育总局制订并下发了《全国青少年校园足球活动实施方案》,加强对《通知》的贯彻与实施。2014年11月,中共中央政治局委员、国务院副总理刘延东在全国电视电话会议上强调,对习近平总书记、李克强总理关于抓好青少年足球、加强学校体育工作重要指示精神要认真贯彻,推进校园足球的普及与发展,为我国足球事业培养优秀的后备人才。2015年,《中国足球改革发展总体方案》(以下简称《方案》)发布,为我国足球的发展提出了"三步走"战略目标,包括近期目标、中期目标和远期目标。其中中期目标就是要实现青少年足球人口的大幅度增加,这一目标主要是通过开展校园足球运动来实现的。

　　为了积极响应国家的号召,快速实现《方案》的战略目标,全国各级各类学校开始广泛开展足球运动的教学与训练工作,并通过组织校内与校际足球比赛来丰富学生的实战经验,促进学生足球技战术水平的不断提高,为学生成为优秀的足球运动员奠定基础条件。与此同时,学校还通过足球教学与训练实践来对足球后备人才进行挖掘与培养,以此作为发展中国足球,繁荣中国足球事业的有效手段。

　　校园足球的相关师资队伍大部分都是通过发挥其在足球教学与训练或比赛中的功能与价值来支持国家提出的校园足球活动,很少有教师专注于校园足球的科研与著作创作工作。目前,关于校园足球运动的参考资料大都集中于期刊或硕士与博士论文,系统全面的专著类资料却很少。然而,校园足球运动乃至中国足球运动的发展不是仅仅依靠提高足球技战术的教学与训练水平就能够实现的,足球科研能力的提高与专著的创作同样能够促进足球运动的发展。相关的著作资料能够为足球运动的教学与训练实践提供科学的指导。

目录

第一章

校园足球概述

第一节　校园足球产生的背景

一、历史背景

在我国足球运动的发展过程中,青少年足球运动曾经历过三次高潮。

1964年2月,国家体委、全国总工会、共青团中央、教育部联合召开了全国足球训练工作会议,颁发了《关于大力开展足球运动,迅速提高技术水平的决定》。这是我国青少年足球开展的第一次高潮。

1979年6月,国务院批准下发《国家体委关于提高我国足球运动技术水平若干措施的请示》的重要文件,并针对我国足球运动落后的面貌提出了"在群众中特别是在青少年中大力普及足球运动,抓好重点地区,迅速组建国家青年队"等九大措施。同年,在全国足球工作会议上,重新确定16个全国足球重点发展城市和地区,并增设了"萌芽杯""幼苗杯""希望杯"三个杯赛。这样,16个足球重点城市和地区的足球运动蓬勃开展起来了。1980年1月,国家体委、团中央、教育部又共同发出《关于在全国中小学中积极开展足球运动的联合通知》,这是我国青少年足球开展的第二次高潮。足球要从娃娃抓起,从青少年抓起。1985年,我国举办了U16足球世界锦标赛,这对青少年足球界是极大的鼓舞,也是中国青少年足球的第三次高潮。

2009年4月14日,国家体育总局和教育部联合下发了《关于开展全国青少年校园足球活动的通知》,通过广泛开展校园足球活动,建立和完善小学、初中、高中和大学四级足球联赛,在青少年学生中普及足球知识和技能,形成校园足球文化,从而培养全面发展、特长突出的青少年足球后备人才。它将会成为推动我国青少年足球运动开展的又一高潮。

二、时代背景

1994年开展职业联赛以后,中国足球完全走向了市场,青少年培养的任务也随之转移到了职业俱乐部。然而,职业俱乐部的粗放经营导致青少年培养存在种种弊端,影响了我国足球整体水平的提高。2008年我国足球运动的发展滑落到最低谷,国家男子足球队在2010年南非世界杯预选赛、2008年北京奥运会小组赛中均未出线,女足国家队在世界杯小组赛和奥运会中也双双失利。我国男子足球队世界排位跌至107位,亚洲第13位,成为亚洲名副其实的三流水平球队,与我国的国家形象严重不符。

2008年北京奥运会后,我国的体育事业取得了举世瞩目的辉煌成就。但作为世界第一运动的足球,表现却不尽如人意,因此,足球体制改革成了后奥运时代的一项重要任务。

三、社会背景

中国作为一个高速发展的发展中国家,在政治、经济等各方面都取得了骄人的成绩,特别是2008年奥运会上,我国以51块金牌雄踞金牌榜首位。然而,作为世界第一运动的足球,水平却迟迟上不去。中国国家队的糟糕表现引起了国家领导人对我国足球运动的关注,时任党和国家领导人多次问及足球运动的发展概况,并公开表示要大力推动我国足球运动的发展。国家领导人的高度关注引起国家体育总局对足球运动的高度重视。2008年底,国家体育总局联合多个部门共同整治足球工作,主要有以下几方面内容。

首先,国家体育总局联合公安部成立假、赌、黑足球专案办公室,面向足协官员、俱乐部官员、职业教练员、裁判员、职业球员等多个群体进行了一场史无前例的"扫毒"风暴,这项举措清除了一批阻碍我国足球运动发展的"毒瘤",为我国足球运动的再次腾飞铺平了道路,扫清了障碍。

其次,国家体育总局联合教育部成立全国青少年校园足球工作领导小组,由时任国家体育总局副局长冯建中和时任教育部副部长陈小娅担任组长,并制定了从2009年至2018年的校园足球十年发展规划,每年国家体育总局从彩票公益金中拨出不少于4000万的启动经费,目的是通过广泛开展校园足球活动,建立和完善小学、初中、高中和大学校园足球四级联赛,在青少年学生中普及足球知识和技能,形成校园足球文化,从而培养全面发展、特长突出的青少年足球后备人才。这项举措将为我国足球运动的再次腾飞奠定坚实的基础。

最后,国家体育总局内部调整了每4年一届全运会足球项目的金牌比重,全运会足球项目增加了低年龄段,足球金牌数由原来的4枚,增加到24枚。其中男、女各设置U18、U20两个组别,每个组别的第一名获得3块金牌,第二名获得2块金牌,第三名获得1块金牌,4个组别共计24枚金牌。这项举措引起了各地方体育管理部门对足球运动的高度重视,为足球运动的再次腾飞提供了保证。

四、中国足球改革背景

(一)提高中国足球的现实水平需要大力发展青少年足球

回顾10多年中国足球的表现,除2002年韩日世界杯创历史地进入决赛阶段比赛外,在国际重大赛事中屡战屡败,中国足球面临着前所未有的挑战。2008年凭借东道主身份进入奥运男足决赛阶段比赛的中国国奥队在小组赛中即遭淘汰。2006年、2010年、2014年连续三届世界杯和2012年伦敦奥运会预选赛,中国足球队表现平平,甚至在第一阶段小组赛就铩羽而归。2013年6月6日,国家男足更是创造了我国足球史上最耻辱的记录,以0比5不敌由一半主力组成的泰国男足。中国足球的现实水平与我国体育大国的地位极不相称。

中国足球长期以来在国际重大赛事中未能取得理想的成绩,与国家整体足球基础薄弱,青少年足球人口缺乏有着密切的联系。2010年12月29日,中国足协颁布了《中国青少年足球"十二五"发展草案(征求意见稿)》(以下简称《草案》),指出了目前青少年足球所面临的问题和困境,也为增加足球人口提出了建议。青少年足球的发展是我国足球可持续发展的基石和源头。开展青少年足球工作主要完成两大目标:一是抓好普及,扩大规模;二是培养人才,提高水平。为振兴中国足球运动,尽快提高我国足球运动整体水平,中国足球协会特别制订《中国青少年足球"十二五"发展方案》,推动青少年足球运动有序、健康发展。《草案》深入剖析了青少年足球的现状和问题,明确指出当前我国青少年培养基础严重萎缩,后备人才青黄不接,青少年足球人才数量和质量的不断下降是导致国家队与职业联赛水平长期徘徊不前的重要原因,并且从我国青少年足球所面临的形势、指导思想、发展思路、发展目标、工作任务、工作步骤六个维度对近五年青少年足球的发展提出了具体的要求与思路。

(二)足球之崛起是实现体育强国的迫切需要

2008年9月,党和国家领导人在北京奥运会与残奥会表彰大会上的讲话中指出,要进一步推动我国由体育大国向体育强国迈进。这为我国的体育事业发展指明了方向。所谓体育大国与体育强国,主要是国家在体育领域发展数量与质量方面与世界各国比较而得出的,而体育强国则是国家体育发展的综合实力超群,总体水平明显领先于其他国家。中国毋庸置疑是一个体育大国,但是还不能称为体育强国。从竞技领域看,2008年北京奥运会,我国一举获得了51枚金牌,超越美国,荣登金牌榜第一的位置。2012年的伦敦奥运会我国也取得了38枚金牌的骄人成绩。相比美国,我国在奥运会的夺金优势项目主要集中在跳水、体操、射击、乒乓球、羽毛球等项目,而美国的夺金点主要是田径、游泳、三大球等基础大项。两者最大的区别在于,美国的优势项目在美国国内的中小学和大学中均得到较好的开展和普及;而我们的优势项目在学校体育和群众体育中并未得到较好的开展和普及,是一种依靠国力培养精英的模式。在诸如足球这类需要通过广泛青少年基础和完善的配套支持的项目上,这种模式的弊端逐渐显现。按照体育界专家和领导的观点,足球、篮球不行不能算作体育强国。

奥运强国不等于体育强国,从这个层面分析,体育强国不仅需要在竞技层面领先世界,还必须在基础设施建设、群众体育发展、体育文化软实力等诸多方面领先世界。世界上很多国家已经把本国足球水平作为国家软实力的重要标志。这是因为一个国家足球水平的发展,需要遵循足球运动的客观发展规律,其中不仅涉及青少年足球的普及与提高,同时还涉及公众对足球本身价值的需求和整个国家足球氛围的营造等方面,是一项复杂而系统的工程。因此,中国足球之崛起与我国实现体育强国的目标不谋而合。足球作为世界第一运动,其影响力与感召力足以成为我国实现体育强国目标的迫切需求。

(三)体育回归教育、足球回归校园,中国足球需要全新的开始

在中国足球经历了一次次改革的阵痛后,我国已充分意识到,要提高足

球水平,发展青少年足球是关键,决心卧薪尝胆,重新出发。2009 年 4 月 14 日,国家体育总局和教育部联合下发了《关于开展全国青少年校园足球活动的通知》及"实施方案",这是新中国成立以来两部委首次就一个单项体育运动联合发文,全面推广。2009 年 6 月在青岛正式启动了全国青少年校园足球活动,在全国中小学校广泛开展。依据该校园足球活动方案,自 2009 年起,已在全国 46 个城市两千多所小学和初中推广校园足球活动,在"增强学生体质,培养青少年拼搏进取、团结合作的体育精神"的思想指导下,通过广泛开展校园足球活动,建立和完善小学、初中、高中、大学四级足球联赛,在青少年中普及足球知识和技能,形成浓厚的校园足球文化,从而培养全面发展、特长突出的青少年足球后备人才。国家体育总局与教育部首次合作,在校园足球活动中,国家体育总局每年投入专项经费,支持布局城市和布点学校开展校园足球活动和组织学校联赛,而教育部则在教育政策和制度指导方面给予强有力的支持,使学生在有效完成科学文化知识学习的条件下,有组织、有目的地参与足球训练和比赛任务。当前,体育回归教育、足球回归校园已成为共识,是日后我国足球发展的基本路线。

第二节　校园足球的作用

一、对强身健体的作用

校园足球活动是青少年强身健体的有效手段。培养具有强健体魄的青少年不仅是人才培养的首要前提,同时也是人才规格的重要组成部分。《国家中长期教育改革和发展规划纲要(2010—2020 年)》中指出:"把促进学生健康成长作为学校一切工作的出发点和落脚点,加强体育,牢固树立健康第一的思想。"《中共中央国务院关于深化教育改革全面推进素质教育的决定》中同样指出:"健康体魄是青少年为祖国和人民服务的基本前提,是中华民族旺盛生命力的体现。"

足球运动的特点决定了其对青少年强身健体的突出价值。

(1)从促进身体健康的角度看,足球运动作为一项全身性、综合性的集体项目。在活动过程中要通过各种形式的有球和无球活动来有效发展人的体能。从足球运动所需要的体能来看,几乎涵盖了体能的所有内容。有与健康有关的体能,如心肺耐力、柔韧性、肌肉力量和耐力、身体成分等,也有与动作技能有关的体能,如速度、力量、灵敏、协调、平衡和反应等。根据FTFA《足球与健康》杂志报道:"足球项目是最好的健康'守护者',每周3次,持续时间为1小时的足球活动能够有效促进身心健康。"参与足球锻炼,可以有效提高机体抵抗各类疾病的能力。研究表明,踢足球可以有效降低发生心脏病、中风、癌症、高血压等疾病的概率,同时对减肥具有突出的效果。青少年正处在生长发育的黄金时期,踢足球可以促进骨骼生长,提高骨密度和骨骼的抗压能力,预防骨质疏松症。

(2)从促进心理健康的角度看,经常参加足球活动和比赛能增强人的自信心,改善人的心理素质,长期参加足球运动还可以培养勇敢顽强、不断进取、坚韧不拔、胜不骄败不馁等意志品质,以及热爱集体、团结合作、遵守纪律、敢于竞争、光明磊落、文明礼貌等优良道德品质。由于现代人具有追求成功、敢于冒险、依靠努力和奋斗赢得胜利、超越现状的心理倾向,而足球运动的特点又恰好迎合了这种心理需要,从而使世界上很多人,特别是青少年对它产生了浓厚的兴趣,并且关注和从事这项活动。

(3)从提高青少年社会适应能力看,经常参加足球运动有助于青少年增加人与人之间接触和交往的机会,帮助其更好地融入社会环境,增强社会适应能力。团结协作、发挥球队的合力是足球运动的一个显著特点,因此,足球运动需要参与者具备良好的合作能力,同时这种合作能力可以通过足球活动得到进一步发展与提升。足球运动中所体现出的竞争与合作意识对于日后青少年走向社会、更好地适应社会具有突出的作用。

因此,足球运动在校园的全面开展,不仅赋予了青少年更多的体育权利,而且拓宽了青少年对体育项目的选择权。以校园足球活动为引领,吸引更多的青少年参加足球运动,全面地发展青少年体能,提高青少年身心健康和社会适应能力。

二、对开展阳光体育的作用

2006年12月23日,为全面贯彻党的教育方针,认真落实"健康第一"的指导思想,在全国亿万学生中掀起体育锻炼的热潮,切实提高学生体质健康水平,教育部、国家体育总局、共青团中央下发了《关于开展全国亿万学生阳光体育运动的决定》,从2007年开始,结合《国家学生体质健康标准》的全面实施,在全国各级各类学校中广泛深入地开展全国亿万学生阳光体育运动。

《关于开展全国亿万学生阳光体育运动的决定》中指出"使85%以上的学校能全面实施《学生体质健康标准》，使85%以上的学生能做到每天锻炼一小时，达到《学生体质健康标准》及格等级以上，掌握至少2项日常锻炼的体育技能，形成良好的体育锻炼习惯，体质健康水平切实得到提高"。由此可以看出，阳光体育运动是以促进学生身心健康为目标，使85%以上的学生能贯彻体质健康标准，坚持每天锻炼1小时，在学校体育学习阶段为终身体育打下坚实基础的一项全国性校园体育活动。

2009年全国青少年校园足球活动在全国范围内全面实施，这无疑成为贯彻阳光体育运动的良好选择。

（1）从规模上来看，阳光体育运动与校园足球活动都是青少年健康促进工程的重要举措。校园足球活动是一项长期的系统工程，2009年的44个城市2300多所学校只是活动初步开始的规模。截止到2020年，在全国38万所中小学中遴选认定校园足球特色学校27059所，设立校园足球改革试验区38个，遴选校园足球试点县（区）160个，招收高水平足球队高校181所。全国校足办制定了为期十年的发展规划，计划将校园足球活动全面推广到全国的大中小学。这与阳光体育的规模要求具有一致性。

（2）从足球项目特点来看，足球运动参与人数多、规则简单、开展形式多样（如3对3、5对5、7对7等）。此外根据学生的年龄段、不同的场地条件，可以对足球运动做规则上的修改，同时足球项目的教材和教学改革具有较大的余地，使其有利于在学校组织与实施。因此，其规则简单、参与人数多、易于组织的特点决定了校园足球更适合作为阳光体育的手段在广大学校中推广。

（3）从足球项目的魅力来看，足球项目作为世界第一运动，吸引了无数青少年参与其中。足球带给人身体的满足和精神的愉悦可能是其他运动所不能比拟的。青少年在足球活动中不仅能够养成足球锻炼的习惯，也能培养团结、拼搏、自控能力、意志力等优良品质，将足球运动作为终身的体育爱好与终身体育项目。

综上所述，校园足球是阳光体育运动的良好选择，这不仅体现在校园足球活动促进了阳光体育运动规模和人数的增加，还体现在校园足球活动可以作为学校校本课程与课外体育活动的重要内容。在国家大力倡导提高青少年体质的大背景下，阳光体育运动与校园足球活动相得益彰，将发挥巨大的历史作用。

三、对普及足球运动的作用

全国青少年校园足球活动的指导思想是"通过在全国大学、中学和小学广泛开展校园足球活动，在广大青少年学生中普及足球知识和足球技能，创建依托学校培养青少年足球后备人才的新型发展模式"。因而其竞赛活动的主要目标是通过足球竞赛这种手段，在广大青少年学生中推广与普及足球运动，培养学生对足球的兴趣，增强学生体质，以扩大我国足球后备人才培养规模的目的，其重点是普及，主体在校内。

校园足球活动的主体对象是青少年，研究数据显示"至2020年，全国普及九年义务教育地区人口覆盖率已达到95.2%，小学生辍学率为0.59%，初中生辍学率为2.49%"。由此可见我国的青少年分布几乎都在校内，只有在校园内推广足球活动，才能真正做到对足球项目的普及，而这种普及的价值不仅限于对足球知识和技能的普及，同时为普及后的提高与发展阶段打下坚实的基础。足球知识和技能普及的价值主要体现在知识和技能普及的深度价值和广度价值。深度主要是指人们对足球知识认识的加深、关注程度的提高以及技能普及三方面。广度则是指足球知识和技能覆盖人数、人群的增加，面向城市、学校规模的增加。

四、对培养足球后备人才的作用

体育回归教育，足球回归校园。校园足球活动的开展突破了我国长期以来以体工队为中心的三级足球后备人才培养模式，开创了体教结合培养青少年足球人才的新模式。如果说校园足球活动的基础是普及的话，那么提高就是对足球知识和技能的进一步发展，而提高阶段正反映了足球后备人才培养的本质。国外足球强国的经验告诉我们，夯实青少年足球基础才能不断提高一个国家的足球水平。由此可见，足球项目的发展必须遵循足球运动的发展规律和青少年的身心发展规律。足球人才的培养，特别是青少年足球后备人才的培养必须从青少年抓起，其根基是校园。因此，校园足球活动是中国足球痛定思痛后的必然选择，对于我国足球后备人才的培养具有不可估量的价值。

足球后备人才的培养价值体现在两个层次和两个方面。两个层次指的是普及和提高，足球知识和技能的普及是校园足球活动的重点和根本出发点，提高则是中国足球发展的必然要求。普及是提高的基石，脱离了普及，提高就无从谈起,这是一个从量变到质变的过程。没有广泛的普及,就不会有根本性的提高,更谈不上青少年足球后备人才的培养。两个方面指的是足球后备人才的培养和足球相关人才的培养。其中,足球后备人才的培养主要体现在青少年足球注册人口显著增加、青少年足球知识极大丰富、足球技能水平显著提高、人才培养体系初步建立这四个方面。青少年足球相关人才主要包括了教学、科研、管理等方面的人才,全国青少年校园足球活动对他们进行培养的价值主要体现在使其足球相关知识极大丰富,人数显著增加。

五、对推进素质教育的作用

素质教育是指一种以提高受教育者诸方面素质为目标的教育模式,它重视人的思想道德素质、能力培养、个性发展、身体健康和心理健康教育,与应试教育相对应。

校园足球活动是素质教育的重要手段之一。足球活动是集德育、智育、体育、美育为一体的一项综合性的教育手段,其中不仅蕴含个性品质价值,还有集体凝聚力价值。正如前国际足联主席布拉特对我国校园足球活动的评价:"足球作为集体项目在学校开展,是一种教育方式,让孩子们学会遵守纪律和尊重他人。他们终会有人成为中国的足球明星,而其他人会成为优秀的中国人。"

足球教育即人生教育。从这个层面上讲校园足球活动对青少年来说已不仅仅是运动方式的问题,更是一个学习过程的问题,在发展人性和社会价值方面意义非凡。在校园足球活动中,青少年不断壮大自己的智商与情商,学会尊重、协作、支持、分享。通过校园足球活动这个载体,培养素质全面发展的合格公民,正是素质教育与校园足球活动的一种完美结合。

● 第二章

国内外开展校园足球活动实践分析

第一节　国外开展校园足球活动的实践与经验

　　本书之所以选取我们的邻国日本和韩国进行分析,是和我国竞技体育金牌战略有一定的关系。众所周知,中国体育代表团已在历届奥运会中共获得 201 枚金牌,特别是 21 世纪以来,共获得 149 枚金牌,稳居奥运金牌榜"第一集团","中国竞技体育已经逐步形成了以备战奥运会为特色的竞技体育举国体制"。在 2009 年胡锦涛同志提出努力推动我国由体育大国向体育强国迈进的过程中,中国竞技体育今后如何发展,成为社会各界关注的一个话题。这其中有一种观点认为:我国应重点发展中国运动员擅长的优势项目,如乒乓球、羽毛球、跳水、体操、举重等项目,因为这些优势项目在奥运会所获金牌数已接近我国所获奥运金牌总数的 80%。当然,这种优势项目的分布特征在国外也存在,比如美国和牙买加的短跑,肯尼亚和埃塞俄比亚的中长跑等,因此,"中国人很难在一些爆发性运动项目、直接身体对抗性运动项目中与欧美人全面对抗。我们应当重点发展自己的优势项目,淡化劣势项目,即使发展体能项目和三大球等基础项目,也应该把重点放在我们的职业联赛上。"

　　回到上文提到的选取日本和韩国进行分析这一问题上,同属亚洲的中、日、韩三国,先天性的生理条件等基本相同,而且三国的历史、文化和教育等有一定的相似性,足球职业化改革的时间也相差不多,但近年来日本和韩国的足球水平远超中国,称霸亚洲,在世界范围内也取得了不俗的成绩,这无疑是对上述观点的否定。日本队自 1998 年以来,到 2018 年已经连续 6 次进入世界杯决赛阶段的比赛,其中 3 次进入 16 强。韩国队从 1986 年以来,到 2018 年已连续 9 次参加世界杯决赛阶段的比赛,加上 1954 年的 1 次,共 10 次;2010 年南非世界杯进入 16 强,2002 年韩日世界杯更是闯进 4 强。2018 年通过战胜德国晋级 16 强,2021 年,日本集齐三套欧洲班底阵容,欧洲二流,实现"脱亚入欧"。日本和韩国在足球方面的成功经验是我们最好的借鉴,这其中一个重要的方式就是通过学校来培养足球后备人才。

一、日本校园足球开展概况

提及日本校园足球的发展,首先从 1964 年东京奥运会后说起。1964 年在日本东京举办的第 18 届夏季奥运会,是日本二战后"经济腾飞"的成就展,当然日本也如愿在当届奥运会中获得 16 枚金牌,跻身金牌榜前 3 位。但经济发展和竞技体育成绩提升的同时,青少年体质开始出现下滑的危机,日本体育协会总务部长山田曾回忆当时"'垃圾食品'泛滥,加上体育运动的缺乏,日本青少年的体质持续下降,满大街都是'大象腿''小胖墩儿'"。由此日本开始注重发展包括学校体育在内的大众体育,从 1965 年开始,政府将更多的预算投入到国民体育事业上。正是得益于日本政府对体育工作的战略转变,才有了日本足球今天的发展。据日本足球协会(JFA)官方网站数据统计显示,截止到 2015 年,日本足协注册队有 28550 支,教练 12411 人,裁判 250902 人,注册球员总人口 964328 人。其中 U18 为 154876 人,U15 为 173843 人,U12 为 268518 人,女足人口也有 26978 人。此外日本还拥有野足人口约 650 万。

(一)日本足球协会 2005 年宣言

"JFA 2005 年宣言"向我们展示了 JFA 中期(到 2015 年)和长期(到 2050 年)的理想、愿景和承诺。JFA 的理想就是通过足球运动,让大家意识到它可以给我们的生活和身体健康带来好处,能够丰富我们的思想,充实我们的社会。而 JFA 的愿景则包含三个方面的内容:第一就是在普及足球运动的同时,把体育运动融入人们的日常生活当中,以此来创造一个好的生活环境;第二是大力提升足球水平,通过国家队在国际大赛上优异的表现来带给人们勇气、希望和感动;第三是保持公平的竞赛精神,与其他国家保持良好的国际关系,为世界和平和稳定做出贡献。为达到上述理想和愿景,JFA 公开承诺到 2015 年使 JFA 成为世界十大足球协会,同时实现拥有 500 万人的足球人口和日本国家队排名世界前十。到 2050 年实现拥有 1000 万人的足球人口和在日本举办世界杯并夺得冠军。

（二）日本校园足球资金投入情况

在日本,校园足球所需经费并不是由国家或地方拨款,而主要是由学校和球员们共同承担,而且对于教练员也没有相应补助。一个基层少儿足球俱乐部,注册的费用是每年 10 万日元(约合 7800 元人民币),这其中需交给 JFA 7 万日元,交给地方足协 3 万日元。球员、教练员、裁判员如果注册都需要向地方足协和 JFA 缴纳一定的费用。学校对开展体育项目有专门的经费预算,但是要维持球队正常的训练和比赛等费用还远远不够,那就需要学生自己承担。在日本,一个学生踢球,每月的花费大约在 1 万到 1.5 万日元之间。

JFA 正是通过长远的足球发展规划,打造国家队胜利之师和偶像明星,将青少年吸引过来参与足球运动,大力发展各种比赛,扩大足球在日本民众中的影响力。加之日本社会和国民对青少年体质健康的重视,日本教育部门甚至硬性规定每名学生必须参加 1 到 2 个业余体育俱乐部,才有了学校和家长愿意在青少年足球上投入经费的现实情况。

（三）日本校园足球教练员队伍情况

JFA 现行的教练员级别包括 S 级、A 级、B 级、C 级、D 级 5 个级别。其中 S 级为最高级,具备执教职业队的资格;A 级具备执教乙级队和俱乐部预备队的资格;B 级具备执教青年队资格;C 级具备执教少年队资格;D 级具备教儿童踢球资格。JFA 对教练员的管理和培养有以下特点。

(1)管理严格。对各级教练员的执教资格进行严格的评定,即便是国家队退役的运动员想执教一所初中的球队,也要先考取 B 级教练员证书才有资格执教。

(2)资金投入巨大。以 2010 年为例,JFA 关于教练普及事业的支出达 33.74 亿日元(约合 2.77 亿元人民币)。

(3)统一的球员发展理念。将目光对准世界足球发达国家,立足长远,将运动员的发展放在第一位,"players first"(球员是第一位的)是各级教练和足球人士的信条。在 JFA 多年的努力下,日本各级教练员人数近 10 年来持续增长,截止到 2021 年足球教练员 84352 人,是中国的近 3 倍。

（四）日本校园足球竞赛组织情况

现行的日本青少年足球竞赛不仅涵盖了各个年龄段，而且种类繁多，包括全国性比赛、区域性比赛、都道府县级比赛和校级比赛，各项比赛的时间也一般安排在假期举行。2014年仅全国范围内18岁以下的各类青少年足球比赛就有19种。

经过多年的发展，日本青少年竞赛体系包括校园足球竞赛体系已日趋完善，各类学校联赛每年有2万多所日本各级学校和几十万人参加，每位球员每年大约能踢50场正式比赛。各级比赛有严格的年龄划分，而且社会影响力巨大，尤以全日本高中足球联赛为最。以2014年第92届"日本全国高等学校足球选手权大会"（即日本高中足球锦标赛）决赛为例，该项比赛是JFA与日本文部省等11家官方单位共同合作，决赛队伍是在4166支预赛队伍中脱颖而出，决赛地点在东京国立竞技场（日本国家队的主场地）进行，比赛现场有6万名观众付费进入观看，比赛还吸引了43家官方媒体和6家知名企业进行宣传报道和赞助，日本国内一些明星如三浦知良、松井爱莉等也到现场观战。

二、韩国校园足球开展概况

韩国现行的足球后备人才培养途径可以分为三种：第一种是通过职业俱乐部培养的途径；第二种是通过业余俱乐部培养的途径；第三种是通过校园足球培养的途径。其中通过校园足球培养的途径在整体规模和培养质量上均占据主导地位。根据韩国足球协会（KFA）公布的数据显示，截至2015年，在KFA注册的各类俱乐部超过700个，注册总人数2.9万余人，各级学校足球代表队共计1000多个，总人数达2.9万余人，学校代表队注册总人数占到了KFA注册总人数的57.97%。这种完备的校园足球培养体系在多年的运行过程中为韩国职业队和国家队输送了大量的人才。

（一）韩国校园足球的培养目标

KFA结合本国足球发展的实际情况将目标瞄准足球发达国家，从2007年开始调整了校园足球发展的总目标，即"发展学校足球文化，培养品德与技能兼备的高素质国际型足球人才"。为实现这一总目标，于2009年将校园足球训练理念更新为"即从过去的以体力和精神为主的足球训练理念转换为以技术足球为主的训练理念"。韩国职业足球联盟（K. League）的最终目的为"通过足球振兴体育文化,促进国民健康与身心的健全发展,同时为国际之间的交流与亲善关系做出贡献",同时将最终目的分解为几个方面,其中就包括"通过足球从小开始培养健康和热情的个性;足球衍生的情节,成为我们生活中的快乐动力"。从这一点可以看出,韩国职业足球联盟不仅是在发展职业足球,而且注重从长远出发,从小培养青少年球员的兴趣和热情,从而为韩国职业足球源源不断地输送高素质足球人才。

根据校园足球发展的总目标和训练理念,KFA下属的8个联盟中的4个校园足球联盟针对本联盟球员的年龄和身心特点进行了细化,并负责组织实施。各级校园足球联盟形成了有效衔接,在KFA的统一管理下,有计划地开展本联盟的日常训练、竞赛以及足球文化氛围营造等工作,KFA则以各级联盟的工作开展情况作为评价标准,督促各级联盟实现各自阶段目标,践行足球训练理念,最终实现总目标。

(二)韩国校园足球的资金投入情况

对校园足球的资金投入多少将直接影响校园足球发展的规模和质量。据研究资料显示,KFA在2005—2008年的4年时间里每年都在增加对校园足球的经费投入,平均每年的经费预算约为34.71亿韩元(约合2000万人民币),占到平均每年预算总额的14.17%。

KFA对校园足球资金的投入主要采取政府投资为主、企业资助为辅的方式,据媒体报道,韩国体育乐透彩票等收益的基金有一半都用来资助各级校园足球联盟的运营和发展,企业资助校园足球主要是获得联赛的冠名权和对校园足球联盟其他方面的资金支持。

(三)韩国校园足球教练员队伍情况

KFA将教练员的培训教育作为确保本国足球发展的主要行动方案之一,只有获得教练员培训资格证书后才能注册执教和参加继续培训。继续培训的目的是不断提高教练员的执教水平和理念,采取的方式是分级别进行主题演讲和对国内外足球发展态势等方面的专题讲座。同时KFA还编撰了有关运动员生理、足球教学、训练和管理等方面的教材和视频材料并统一下发至KFA注册的每支球队,保证基层教练员统一掌握青少年各阶段的培训要求,把握先进的足球技战术和训练理念。

目前,韩国足球教练员等级共分为6种:P级,最高级别,具备执教国家队和职业队资格;A级,具备执教大学队、实业队和职业队资格;B级,具备执教初中和高中队资格;C 级,具备执教小学和青少年俱乐部队资格;D 级,具备执教基层球队资格;另外还有 5 人制足球教练员。据 KFA 官方网站统计数据显示,截至 2014 年 7 月,在 KFA 注册的各级教练员分别为:P 级 70 人;A 级 811 人,CK(守门员教练)66 人;B 级 1224 人,GK193 人;C 级 2941 人,GK67 人;D 级 951 人;5 人制教练 83 人。

（四）韩国校园足球竞赛组织情况

韩国校园足球代表队和运动员必须每年在当地足协注册才能有资格参加年度的比赛,注册时实行校长负责制和"生活记录簿"提交制,实行严格的年龄划分,这样一方面便于 KFA 掌握各级足球代表队和运动员的情况和数量,另一方面能有效地杜绝"以大打小"和"假球员"等不良风气,净化校园足球发展环境。KFA 对各级校园足球代表队的训练和比赛时间也有严格规定,明令禁止利用上课时间开展训练和比赛活动,禁止学期中进行集训,周末联赛和各种锦标赛、杯赛要安排在周末和假期中进行。

由 KFA 和各级校园足球联盟共同主办的周末联赛始于 2009 年,是韩国规模和影响力最大的学生足球竞赛活动。该项赛事分为两个阶段进行,第一阶段利用周末时间(大学联赛除外)先进行各区域之间的联赛,每个区域 8 ~ 12 个队实行主客场循环赛,排出名次;第二阶段在每年的 10 ~ 11 月进行"王中王"决赛,参赛队伍为各区域间进入决赛圈的队伍,一般是大学 32 支队伍,其他各级学校 64 支队伍,比赛采用单场淘汰赛制,最终决出本年度各级校园足球的排名并给予一定的物质和精神奖励。校园足球的各种锦标赛和杯赛属常规赛事,在韩国已有多年的历史,比赛一般采用淘汰制。通过上述周末联赛和各种锦标赛、杯赛,韩国各级校园足球代表队每年能参加 40 ~ 60 场各类比赛,能够有效地提高青少年球员的比赛阅读能力和实践技能。

三、日本和韩国开展校园足球的经验借鉴

纵观日本和韩国足球的发展进程,固然两国足球运动的发展远没有达到完善,但是都向一个更好的方向发展。他山之石可以攻玉,两国在校园足球的发展值得我国借鉴和学习,尤其是在以下几个方面。

（1）对青少年足球的发展要有科学合理的长期规划,并且一定要严格贯彻执行。

（2）高水平的职业联赛和国家队优异的表现对青少年足球的发展具有

强大的示范和带动作用。

（3）国民对足球运动的认可度将直接决定着参与足球运动的人口数量。

（4）重视足球与教育的协调发展，以人的全面发展为第一要义。

（5）人力、物力、财力的高投入对校园足球发展的质量起到关键作用。

（6）系统且多元化的青少年足球竞赛体系，是青少年锻炼和提高足球水平的重要平台。

第二节　我国开展校园足球活动的历史回顾与历史

一、我国开展校园足球的历史回顾

"校园足球"作为一个专有名词出现在公众视野，迄今已有多年时间，但这并不意味着它是一项新鲜事物。自新中国成立以来，我国曾多次号召在校的青少年广泛开展足球运动（事实上与本书提到的"校园足球"基本相同），最具代表性的有以下几次。

新中国成立伊始，足球运动得到了一定程度的发展，但总的来说还处于初创和摸索阶段，1959—1961 年的自然灾害，对经济和社会产生了严重影响，足球运动也不例外。1964 年后，随着国家经济的恢复和发展，也为足球运动发展提供了条件。1964 年 6 月 1 日，共青团中央、教育部、国家体委共同发布《关于在男少年中开展小足球活动的联合通知》，通知要求在城市有条件的中、小学里，积极、适当地开展小足球活动，定期举办少年足球赛，同时在开展的过程中，选择一部分基础较好的学校作为基地，进行后备力量的培养。活动开展初期，足球普及工作得到恢复和加强，也培养出了一批具有很好潜质的足球人才，但很快遭遇"文化大革命"，此前打下的基础付之一炬。

改革开放伊始，足球运动重新得到发展，1979 年国务院批准下发了《国家体委关于提高我国足球运动技术水平若干措施的请示》，文件针对我国足球落后面貌提出了"在群众中特别是青少年中大力普及足球运动"等九大措施。1980 年 1 月 17 日，国家体委、教育部、共青团中央共同发布了《关于在全国中、小学生中积极开展足球活动的联合通知》，同时在全国范围内广泛开展"三杯赛"（"萌芽杯""幼苗杯""希望杯"），活动开展初期可谓声势浩大,但后期一些地区和学校过分追求比赛成绩,"以大打小",陷入功利性的泥潭而不能自拔,最终导致"三杯赛"消亡。

1994 年 9 月,全国足球青少年工作会议在北京红山口召开,这次会议是针对我国青少年足球运动发展缓慢、后备人才匮乏、重视程度和投入不足所召开的。当时中国足球协会曾对大连、延边、沈阳、北京等 11 个地区进行了青少年足球运动现状调查,结果显示,经常参加足球训练的 8～18 岁的青少年仅有 8 609 人,其中有 6 359 人处在 8～12 岁年龄阶段,2 192 人处在 13～16 岁年龄阶段,足以见人才的匮乏程度。此次会议明确了我国青少年足球发展的方向,建立由原国家教委有关部门负责人任主任,中国足协责任人社会名流和企业家任副主任的学校足球委员会,负责制定开展中小学足球运动的发展规划和年度计划,组织学校系统的足球活动,建立大、中、小学竞赛制度,同时鼓励各地足协广泛成立业余足球俱乐部,形成多渠道、多形式和多层次开展青少年足球运动的局面。

2001 年 1 月,国家体育总局联合教育部在深圳召开全国学校足球工作会议,这也是自新中国成立以来,首次由国家体育总局和教育部联合召开的有关学校足球工作的会议,本次会议由中国大学生体育协会、中国中学生体育协会和中国足球协会共同磋商成立了"全国青少年学校足球工作委员会"。会后,由教育部学生体育联合会秘书处和国家体育总局足球管理中心共同下发了《关于进一步普及学校足球运动的通知》,建立和完善"大学、高中、初中、小学"四级足球联赛体系,正式建立全国大学生足球联赛。

以上两次体育系统和教育系统共同发展校园足球的尝试,虽然取得了一定的成绩,但是之后许多工作并没有落到实处,也没有收到较好的效果,最终半途而废。

二、我国校园足球开展的现状

(一)校园足球开展的背景分析

国家体育总局、教育部于 2009 年 6 月启动校园足球以来,截止 2017 年 7 月,全国青少年校园足球特色学校 20218 所(其中小学 10022 所、初中 7111 所、高中 3085 所)、全国青少年校园足球试点县(区)102 个(31 个省区市和新疆生产建设兵团各 3 至 4 个)、全国青少年校园足球改革试验区 12 个(其中省级试验区 3 个,分别是上海市、内蒙古自治区和云南省;计划单列市、省会和地级城市 9 个,分别是青岛市、厦门市、深圳市、成都市、武汉市、兰州市、郑州市、吉林省延边朝鲜族自治州和山东省滨州市)。复核校园足球特色学校建设情况,调研发展质量。据统计,以百分制计算,校园足球特色学校复核平均得分 87.79,优秀率为 74.12%。目前,招收高水平足球队的高校共有 77 所,2015 年招收 477 名学生、2016 年招收 474 名学生、2017 年招收 491 名学生,录取率为 6 ~ 7.5 : 1。

本次校园足球开展的背景,可以归结为两个方面。

(1)我国学生体质健康状况多年来得不到有效改善。我国自 1985 年起首次开展了全国范围内的学生体质与健康调研工作,从此建立了我国青少年体质状况的本底数据库,从此开始,我国每五年对学生体质健康调研一次,至今已开展了六次。从第六次(2010)调研结果来看,学生体质与健康状况存在的主要问题如下。

1)大学生身体素质继续缓慢下降,但降幅有所减缓。城市和乡村 19 ~ 22 岁年龄组在反映身体素质的爆发力、力量、耐力等指标上继续下降,但比第 5 次(2005)调查下降幅度明显减小。

2)视力不良检出率继续升高且出现低龄化倾向。各学段学生的视力不良检出率居高不下,小学、初中、高中、大学检出率分别为 40.89%、67.33%、79.20%、84.72%。

3)肥胖和超重检出率继续增加。7 ~ 22 岁城市和乡村的男、女生肥胖和超重的检出率均有不同程度的增加。

4)龋齿患病率出现反弹。与第 5 次调查相比,多数年龄组学生的乳牙龋齿患病率、恒牙龋齿患病率均出现反弹。

青少年体质健康状况长期以来得不到有效改善令人担忧。为切实改善学生体质健康水平,树立"健康第一"的指导思想,2007 年开始,教育部、国家体育总局和共青团中央共同在全国各级各类学校中广泛、深入地开展阳光体育运动。但在阳光体育运动具体实施过程中,也遇到了多方面的困境,例如:活动形式单调,学生兴趣不高;场地、经费、师资不足等。2009 年 6 月启动的校园足球,作为深化阳光体育运动的"配套工程",是推进阳光体育运动深入开展的手段和形式。

(2)我国足球运动水平整体下降,后备人才培养青黄不接。中国竞技体育从奥运会赛场金牌零的突破到金牌榜上名列前茅,奥运强国和体育大国的地位已是不争的事实,但以足球为代表的"三大球"集体项目在世界赛场没能占据一席之地,与中国体育大国的强势地位形成鲜明反差,也日益折射出中国体育大国的短板效应。我国足球长期处于落后地位也引起了中央领导的重视,习近平、胡锦涛、刘延东等领导同志多次在公开场合谈及我国足球的发展,明确表示要大力推动我国足球运动的进步和发展。我国足球落后的原因可以归结为多方面,但其中一个主要原因是后备人才培养不力,这一点在2014年召开的第十届中国足球协会会员大会上,与会代表已充分达成了共识。而现阶段足球后备人才培养不力的重要原因则是以俱乐部为主的培养模式过早地使青少年远离家庭教育和社会教育,学校教育也得不到很好的落实,阻碍了青少年的全面发展,最终导致培养成本高,成材率低。校园足球的出现恰好能有效弥补这一缺陷,使普及足球知识和技能,培养全面发展、特长突出的足球后备人才成为可能。

（二）校园足球的指导思想

校园足球的指导思想是开展各类校园足球的行动指南,《通知》及《活动方案》中明确指出校园足球的指导思想是:"以增强学生体质,培养青少年拼搏进取,团结协作的体育精神为宗旨,通过广泛开展校园足球活动,建立和完善小学、初中、高中和大学四级足球联赛,在青少年学生中普及足球知识和技能,形成校园足球文化,从而培养全面发展、特长突出的青少年足球后备人才。"该指导思想包含了校园足球开展的宗旨、实现途径和最终要达成的目的,即校园足球开展的宗旨是增强青少年学生的体质,培养体育精神,在如何做、怎么做也即实现途径这一问题上采取广泛开展校园足球,建立完善的四级足球联赛的方式,而最终要达成的目的是培养全面发展的足球后备人才。

通过校园足球的指导思想可以看出,校园足球对青少年体质健康促进的功能和依托教育系统培养足球后备人才的功能应是其最核心的价值取向,而且这两大功能是相互统一的整体,在发展的顺序上应有先后。现阶段校园足球最核心的任务或者说是校园足球的基础目标,应是通过足球运动在青少年中长期广泛地开展,让社会、学校和家长都能看到在没有耽误青少年学业的情况下,青少年体质健康水平通过足球运动有所改善,而且在足球运动中培养了青少年的体育精神,从而消除各方顾虑,吸引和带动更多的青少年参与其中,推动足球运动的普及。校园足球的终极目标应是建立和完善教育系统在足球后备人才培养过程中的主渠道作用,培养和选拔全面发展的足球后备人才。

（三）校园足球开展的总体情况

2009年6月10日,校园足球在北京回民中学正式启动,标志着为期10年的计划将在全国范围内逐步付诸实施,同时成立了"全国青少年校园足球工作领导小组"(以下简称"领导小组"),教育部副部长陈小娅和国家体育总局副局长冯建中共同担任领导小组组长,8月7日,领导小组办公室依照国际足联和亚足联关于青少年足球发展和竞赛的相关规定,制定印发了全国青少年校园足球联赛规程、纪律规范和参赛资格注册办法等三个文件,有效地保证了竞赛活动的开展。10月14日,校园足球小学、初中联赛在青岛正式拉开帷幕,中共中央政治局委员、国务委员刘延东出席开幕式,为全国首批开展校园足球的44个布局城市授牌。2012年7月20日,根据全国青少年校园足球工作的实际需要和人员变动情况,对领导小组成员进行了调整,国家体育总局副局长蔡振华和教育部副部长郝平担任组长。2015年1月8日,根据党中央、国务院工作部署要求,校园足球管理体制发生重大变化,由原来的体育总局牵头改为教育部牵头,会同国家发展改革委员会、财政部、新闻出版广电总局、体育总局、共青团中央等五部门共同成立新的领导小组,领导校园足球工作的开展,履行校园足球工作的宏观指导、统筹协调、综合管理等职责和任务,组长由教育部原部长袁贵仁担任。

截止2017年7月,全国青少年校园足球特色学校20 218所,全国青少年校园足球试点县(区)102个,全国青少年校园足球改革试验区12个。

（四）校园足球组织管理情况

校园足球开展初期,国家体育总局联合教育部共同成立了领导小组,统一领导全国范围内的校园足球工作,下设办公室,办公室设在中国足球协会。各省(市)参照这一管理模式,由体育部门和教育部门共同成立省(市)校园足球领导小组办公室(以下简称"校足办"),指导开展当地的校园足球。中国足球运动管理中心和教育部学生体育联合会秘书处共同负责校园足球的组织、协调和落实;地方体育部门主要负责竞赛的组织、专业技术训练与指导,以及密切配合教育行政部门开展相关工作;地方教育行政部门主要负责培训师资,组织各类活动和比赛,运动员学籍和注册管理,并负责制定校园足球教学大纲和教材。2015年起,开始由教育部牵头成立新的领导小组,领导校园足球工作的开展。

在经费的管理和使用方面,经费管理实行专款专用。国家体育总局在活动开展初期每年从体育彩票公益金中拨付专款 4000 万元,2013 年起增至5600 万元,专门用于校园足球的开展;地方按照《活动方案》要求原则上应按照 1∶1 的比例匹配相应的资金,另外各地可通过多种方式开发市场资源和接受企业和社会团体的资助。这些经费主要用于赛事运作和组织,训练器材和装备的购置,基层场地建设,宣传推广,教练和裁判员的培训等。

(五)校园足球校内活动和各级比赛开展情况

2011 年,董众鸣等撰文认为,校园足球应包括 4 个方面的工作内容,学校仅组织一支球队参加校际联赛,是对开展校园足球的严重误读。这 4 个方面包括建设足球特色校本课程,积极开展校内与课外足球活动和竞赛,高质量的课余训练和校际足球联赛。然而据调查研究显示,各地仅有 10% 的定点学校组织校内班级间或年级间联赛和基本能达到《活动方案》中要求的"学校体育课应加大足球教学在教学内容中的比例,在校学生每周至少有 2 个小时足球活动时间,保证全校有一半以上的学生参加足球活动",90% 的定点学校根本达不到这一要求并且也没有校内联赛。

目前校园足球各级比赛主要分为布局城市校际联赛、夏(冬)令营和全国校园足球冠军杯赛。布局城市校际联赛主要以小学和初中阶段定点学校代表队参加区、市两级的春、秋季联赛为主,高中和大学阶段的联赛 2017 年逐步建立和完善。小学和初中阶段校际联赛结合本地区实际情况进行分组,小学组进行 5 人制比赛,初中组进行 7 人制比赛。夏(冬)令营的活动内容包括了校园足球比赛、校园足球文化交流、校园足球指导员培训和青训专家对优秀学生球员的训练和培养等,时间大约一周。参加全国夏(冬)令营的运动员由全国校足办统一组织的各地夏(冬)令营、冠军杯分区赛和总决赛选拔出来的希望之星和玫瑰之星组成,活动期间根据参加球员年龄进行分组,12 岁以下运动员进行 5 人制比赛,12 岁以上运动员进行 8 人制比赛。全国校足办为参加人员提供食宿和一定的装备,各布局城市负责差旅费。全国校园足球冠军杯赛始于 2012 年,是校园足球最高水平的比赛。"其宗旨是在全国范围内大力推广校园足球运动,给参赛球员创造一个和谐、公平、高规格的比赛平台,推动校园足球不同城市和学校间的相互交流,为中国足球事业的发展奠定良好的基础。"首届比赛只有小学组,从第二届开始增设初中组,比赛先将全国分为 7 个赛区,各分区赛参加球队,国家级布局城市为上一年度小学组和初中组的第一名或在联赛评比中获得优秀的球队，省级校足办根据各省分配名额推荐和选派。分区赛结束后进行全国总决赛，小学组和中学组的参加球队为7个分区赛的冠亚军14支队伍，加上东道主和上一年度冠军，每组共计16支队伍，分为4个小组先进行单循环积分赛，后进行交叉淘汰赛，最终决出全国总冠军。

随着校园足球的不断深入开展，全国校足办在中国足球协会的批准下逐步开展了赴国外交流比赛的活动。如2012年组织10名U-16希望之星赴德国交流比赛，2013年组织了16名11~12岁的小球员赴美国克利夫兰参加"大陆杯国际青年体育节"。这些活动不仅加强了与国外青少年足球的交流与学习，同时也使我们的青少年增长了见识，促进了不同国家文化间的交流。

（六）校园足球各类培训开展情况

为保证校园足球联赛规范有序地开展，全国校足办每年均组织多期各类培训，培训对象包括校园足球指导员，各布局城市教育局、体育局和足协的业务管理干部，参赛学校校长，裁判员，联赛注册管理人员等。全国校足办负责制订年度的培训计划，并组织各地有序开展，各地区校足办根据实际情况制订本地各类人员的培训计划并负责组织实施。全国校足办根据各地培训计划统筹安排校园足球讲师赴各地授课，培训结束后由讲师负责上报培训班学员的成绩，全国校足办会对各地培训情况开展评估，依据评估结果给予各地表彰奖励和适当补助。培训班的主要内容包括青少年足球的发展理念，不同年龄阶段青少年的身心发展特点，足球相关理论知识、实践技能和政策等内容，培训方式主要有集中授课、专题讨论、实践课和观摩课等形式。管理人员和校长的培训时间一般在1~2天，校园足球指导员和裁判员的培训一般在3天。据统计，"目前共举办国际足联草根讲师暨指导员讲师培训班14期培养讲师420人；举办指导员讲师继续培训班6期，研讨会3期，培养精英讲师80人。在各布局城市举办业务干部、校长培训班221期，培训校长管理干部9360多人次；举办指导员培训班247期，培养体育教师11950多人次；举办82期校园足球D级班，共培训1174人次"。

通过对校园足球指导员、裁判员的培训，不仅保证了校园足球联赛的有序开展，同时也在一定程度上提高了他们的专业知识和技能，使他们了解和掌握了青少年足球发展理念和青少年身心成长规律，为进一步提高执教能力奠定了基础。而对管理人员和校长的培训,重在提高他们对校园足球的重视程度,贯彻落实"健康第一"的精神,全面推进素质教育。

（七）校园足球推广宣传情况

校园足球主要通过网络、报纸、杂志和电视等媒介开展宣传工作。在网络宣传方面,校园足球开展初期,全国校足办就与腾讯公司合作建立了全国青少年校园足球官方网站,该网站中文域名为"中国青少年校园足球官方网站",英文域名为"http：/www. schoolfootball. cn/",该网站栏目设置包括了官方通告及媒体通知、新闻宣传、精彩图片和视频、优秀布局城市空间、校园足球电子杂志等板块内容。截止 2017 年 7 月,全国青少年校园足球特色学校 20218 所、全国青少年校园足球试点县（区）102 个、全国青少年校园足球改革试验区 12 个部分已利用腾讯 QQ 空间全部开通各地的官方网站,网站内容包括定点学校链接、比赛赛程、成绩公告、比赛照片、视频等内容。同时新浪网、中国足球协会官方网站也设有校园足球专栏,对校园足球进行了大量的报道和宣传。在报纸和杂志宣传方面,全国校足办与《中国体育报》签订了合作协议,每周拿出 2.5 个版面作为校园足球的宣传专版,除此之外,《中国教育报》《体坛周报》和各地方报纸也对校园足球的开展情况进行了一定数量的宣传报道。全国校足办在 2010 年 9 月委托北京青年报社出版了第一期《校园足球》杂志,其电子版在中国青少年校园足球官网上可查阅,至今已出版 9 期。在电视媒体宣传方面,中央电视台少儿频道、体育频道和部分地方电视台也对校园足球给予了正面的宣传报道。

第三节 制约我国校园足球活动发展的主要问题

校园足球开展 5 年来,取得的成效已初步显现,但在活动开展过程中,仍然面临许多困境,以下就当前存在的主要问题展开进一步的论述和分析。

一、应试教育的桎酷

本书认为,应试教育对校园足球发展的阻碍是当前最突出的问题。虽然素质教育的理论探讨和改革实践在我国已有 20 余年的时间,《国家中长期教育改革和发展规划纲要（2010—2020 年）》也明确指出:"坚持以人为本、推进素质教育是教育改革发展的战略主题,是贯彻党的教育方针的时代要求。"但实际情况却是"素质教育轰轰烈烈,应试教育扎扎实实",素质教育在我国没有取得太大成效,基础教育阶段仍然是应试教育的天下,而且随着学龄的增加,应试教育愈加明显。

应试教育严重阻碍了青少年身心健康成长和创新能力的培养。这些弊端可以通过以下两件事得以证实:一是我国自 1985 年起对青少年体质进行监测,结果显示青少年学生体质健康状况持续下降;二是 2005 年温家宝看望我国著名科学家钱学森时,钱老问及"为什么我们的学校总是培养不出杰出人才?"。"钱学森之问"也成为关于中国教育事业发展的一道艰深命题。上述问题的产生,既有教育体制的原因,也有教育体制以外的社会原因,传统的求学观念、以学历为主的就业制度和以选择精英为主的高考制度,成为当前应试教育的三大支柱。

在高考"指挥棒"的统一指挥下,教师、家长和孩子将注意力完全集中在高考考试科目的学习上,而非高考考试的教育内容和学科则遭遇冷落。校园足球自然位列其中,导致学校、教师和家长对校园足球的了解和认知存在很大差距,这就是当前我国有 31 万多所大中小学校,却仅有 6 000 余所学校开展校园足球的一个重要原因。但值得关注的一点是,2013 年 11 月召开的中共十八届三中全会审议通过的《中共中央关于全面深化改革若干重大问题的决定》中提出了招生和考试改革的框架。2014 年 9 月 4 日,《国务院关于深化考试招生制度改革的实施意见》正式发布。自 2014 年年底以来,教育部坚持党对全国青少年校园足球工作的领导,深入学习宣传贯彻落实党的十九大精神和习近平新时代中国特色社会主义思想,认真贯彻落实党中央、国务院关于校园足球工作整体战略部署和习近平总书记系列重要批示精神,认真贯彻落实《中国足球改革发展总体方案》和《国家中长期足球发展规划(2016–2020 年)》,此次招生制度改革的出发点和落脚点就是要促进学生健康成长,扭转片面应试教育倾向,深入推进素质教育,同时提出了主要的任务和措施,对考试的形式和内容进行了较大改革。针对此次考试招生制度改革,有教育专家认为,"推动招生与考试制度的相对分离,是解决应试教育的必由之路","高考的'指挥棒'作用将被削弱"。或许本次改革将能解决应试教育的弊端,缩小学校、教师和家长对校园足球的认知差距,为校园足球的发展提供良好的契机,但这一切还需要时间来检验。

二、校园足球保障体系不健全

校园足球保障体系是校园足球可持续发展的基础,这一保障体系不仅包括对开展校园足球所需的人、财、物、场地等硬件方面的保障,还包括校园足球开展过程中的技术支持、氛围营造、指导员待遇和收入、学生的安全和发展等政策法规方面的软件保障。

当前校园足球保障体系还非常不健全,虽然《通知》和《意见》两份文件中对校园足球的组织领导、所需经费和场地、定点学校设立的要求、师资队伍建设、奖励和评估、足球特长生招生政策和足球文化氛围营造等多个方面均有提及,但在具体实施中却困难重重,仍然缺乏保障性。这一点体现在以下两个方面。

(1)经常性资金投入机制不完善,保障资金供给不足。校园足球在开展初期,经费来源主要是国家体育总局每年从体育彩票公益金中拨出专款4 000万元,同时要求各地原则上按照不少于1∶1的比例进行资金配套,还有就是通过多种渠道开发的市场资源和企业、社会团体的赞助。2009年,国家体育总局对布局城市中的4个直辖市每市拨款58.7万元,剩余38个城市每市拨款30.32万元。从2013年起,国家体育总局每年对校园足球的拨款增至5 600万元。在2014年7月28日举行的全国学校体育工作座谈会上,教育部部长袁贵仁明确提出,要制定并实施校园足球中长期发展规划,用3年的时间将校园足球定点学校由现在的5 000余所扩展到20 000所。如果按照这种规模发展,单就资金而言,仍然面临很大困难,这是因为目前开展校园足球主要依靠财政拨款,虽然要求各地进行资金配套,但由于缺乏约束性,加之很多布局城市地处经济欠发达地区,导致各地财政对校园足球的投入带有一定的随意性,多数地方没有执行资金配套。

(2)保障程度低。保障程度低是指针对校园足球指导员的待遇和收入、参与学生的安全和发展等问题的保障不足。《通知》和《意见》中明确提出,对参加校园足球指导员培训的教师,经培训合格后按相应学时计入教师继续教育学时;获得亚足联和中国足协颁发的A、B、C、D等级证书可作为职称评定时的重要条件之一;指导员组织课外足球活动、训练、竞赛应当计算工作量。但在实际过程中,有64.5%的学校未能将教师培训计入继续教育学时,笔者2014年8月在山东鲁能足球学校与前来带队参加全国校园足球夏令营的部分指导员进行访谈交流时了解到,这些指导员组织课外足球活动、训练和竞赛消耗了大量的时间和精力，大家对校园足球充满了热爱和期待，但学校给予的补贴完全不能和其实际工作量成正比。可以说，能来参加全国校园足球夏令营的学校和指导员都是各布局城市校园足球开展最好的学校，这些学校都不能保证指导员的待遇和收入，何况其他学校？对于参与学生的安全和出路方面，虽然学生外出比赛一般都有统一的保险，但这一保险责任只限于"在保险期内，在被保险人（即投保人：中国足球协会）统一组织或安排的足球运动及比赛过程中、在前往上述比赛的路途中以及在集训期间，由于被保险人的疏忽或过失造成球员遭受意外事故"。但在日常校内非保险人组织或安排的足球活动和训练中，难免会有受伤的风险，对于这一点还缺乏保障，这也成为许多学校不愿意开展校园足球的原因之一。而参与学生今后的发展更是家长最关心的问题。受中国足球大环境的影响和家庭结构的变化，多数家长并不指望孩子今后能走职业化发展的道路，更多的是希望通过足球锻炼孩子的身心，习得一项运动技能，抑或是得到考试加分、上一所好的中学和大学。

三、校园足球普及与提高的关系不协调

校园足球开展的指导思想中明确提出："通过广泛开展校园足球活动，建立和完善小学、初中、高中和大学四级足球联赛，在青少年学生中普及足球知识和技能，形成校园足球文化，从而培养全面发展、特长突出的青少年足球后备人才。"从上述文字可以看出，校园足球首先要做好普及工作，然后才是逐步提高、培养和选拔足球后备人才。但是在具体开展过程中，普及工作得不到应有的重视，反而是提高工作做得"有声有色"，各级校园足球管理部门主要围绕校园足球联赛开展工作，定点学校则是忙于在校内组建代表队去参加校际联赛，"保证全校不少于50%的学生参加足球活动"的要求很难实现。有调查显示，70%的学校在开展校园足球前后，学校踢球的学生数和活动时间没有根本变化，甚至10%的学校校园足球处于无序、自发的状态。可以看出，普及与提高的关系不协调，功利思想严重。

青少年足球运动的普及工作需要耗费大量的时间、物力、财力和人力，需要对体育基础设施增加投入，营造良好的校园体育氛围，其成果也许在多年后才能显现，这一点对于很多体育、教育部门和学校的领导来说是等不起的，当然想通过尽快出成绩，以实现自身利益。这种重提高、轻普及的做法严重背离了校园足球"在青少年学生中普及足球知识和技能，形成校园足球

文化,从而培养全面发展、特长突出的青少年足球后备人才"的指导思想。20 世纪 80 年代在全国范围内开展的"幼苗杯""萌芽杯""希望杯"三杯赛在开展初期,对校园足球的普及和提高确实起到了推动作用,但后期部分地区为获得名次,虚报年龄,以大打小,严重陷入功利主义的旋涡而不能自拔,短短 3 年时间,便迅速萎缩直至消亡。因此,新一轮校园足球的开展要高度重视在学生中的普及和校内足球竞赛活动的开展,"三杯赛"的失利是前车之鉴,切不可重蹈覆辙。

四、校园足球缺乏文化氛围

广义的文化是指人类在社会发展过程中所创造的物质财富和精神财富的总和。而关于文化的层次结构,常见的分法有:二分法,即把文化分为物质文化和精神文化;三分法,即物质文化、制度文化和精神文化;四分法,即物质文化、制度文化、精神文化和行为文化。校园足球文化包含了与校园足球相关的物质文化、制度文化、精神文化和行为文化。这其中物质文化包括了经费、场地设施和师资力量,构成了校园足球文化的基础;制度文化主要体现在与校园足球发展相关的政策法规和组织管理,这是校园足球发展的保障;精神文化主要体现在校园足球为学校、指导教师和学生提供了宣传学校形象展示自我价值和锻炼身心的良好舞台等方面,这是校园足球发展的方向;行为文化主要体现在足球活动和竞赛过程中的价值取向和行为方式,是校园足球发展的核心。

根据上述分析,结合校园足球发展现状,校园足球在物质文化、制度文化、精神文化和行为文化 4 个层面上还存在不同程度的缺乏。物质文化缺乏表现在发展经费不足,配套经费到位率低,场地标准化程度和师资总体水平不高;制度文化缺乏表现在相关政策的执行力不足,组织管理还不够完善;精神文化缺乏表现在有关校园足球的宣传不足、不到位,对外宣传力度不够;行为文化缺乏表现在普遍重视学校足球代表队的训练,忽视足球在学生中的普及,足球校本课程开设比例低。

五、校园足球管理体制和运行机制不畅

校园足球开展初期,体育行政部门处于校园足球管理的主导地位,与教育行政部门的联合形同虚设,而广大校园足球的参与主体青少年学生却归属于教育行政部门管辖的学校里,管理权限和管理范围不相匹配,管理的

"缺位"和"越位"现象并存。突出表现在以下两个方面:一是体育行政部门主管,更加强调校园足球的竞技色彩,功利思想严重,也即上文提到的重提高、轻普及,导致普及与提高不协调。二是体育行政部门管理权限有限,教育行政部门的积极性没能充分调动,导致教育行政部门对于相关政策规定执行力度不足,参与校园足球的积极性不高,进而导致活动在学校和学生中难以得到有效的普及和开展。

在2014年召开的全国学校体育工作座谈会上,教育部部长袁贵仁明确表示,教育部今后将重点发展校园足球项目。教育部体育卫生与艺术教育司司长王登峰担任新一届中国足球协会副主席,也被舆论认为是加强校园足球的信号之一。中央教育科学研究所体育卫生与艺术教育研究中心主任吴健在接受媒体记者采访时表示:"校园足球管理体制将有一个重大转变,即由体育部门转到教育部门来主管。"2019年11月29日,教育部召开全国青少年校园足球工作领导小组第五次会议。会议指出,五年来校园足球工作不变焦不走调,认真落实《中国足球改革发展总体方案》和《教育部等6部门关于加快发展青少年校园足球的实施意见》文件要求,在校园足球工作领导小组统一领导下,紧紧围绕推进校园足球改革发展的"七个抓"要求,在做大分母抓普及、做强分子抓竞赛、师资队伍抓培训、有序发展抓标准、保障条件抓短板、开阔眼界抓交流、加强管理抓协同等七个方面,取得了重要阶段性进展。这些成绩的取得归根到底在于党中央、国务院的正确领导,在于领导小组各成员单位通力合作,在于建立并不断完善了一套制度体系,构建了一体化推进机制,形成了一条有效的中国特色足球青训之路。教育部党组书记、部长、全国青少年校园足球工作领导小组组长陈宝生指出,随着校园足球工作进入2.0时代,要找差距、补短板,认清新形势新任务新要求,查找制度上的漏洞,发现管理上的不足。要从"小平定律"看清形势、把握规律,坚持足球从娃娃抓起,抓好推广普及提高,接续奋斗、持续发展。要牢记习近平总书记的嘱托,抓细抓实事关长远、涉及基础的青少年足球,发挥领导小组协调决策关键作用,不断深化教体融合。要回应老百姓的期待,以发展校园足球为引领,推进学校体育改革,提高青少年体质健康水平,减少"小胖墩""小眼镜"发生率。要满足球迷的心愿,固根本、扬优势、补短板、强弱项,努力探索一条扎根中国大地、具有中国特色的青训道路,为中国足球腾飞壮骨强筋、固本培元。要围绕立德树人根本任务,做到人人参与、男女平等,培养懂足球、会踢球、评足球、干足球的各行各业人员,营造浓厚的社会足球文化。会上,领导小组办公室负责同志汇报了五年来校园足球进展成效和下一步工作计划,并对校园足球"八大体系"建设行动计划及相关文件做了说明。领导小组成员单位代表汇报了2019年校园足球工作进展和2020年工作计划。管理体制的改变,将形成教育行政部门主管并与体育行政部门相结合,其他相关部委支持的管理体制。其中教育行政部门主抓校园足球的普及工作,体育行政部门主抓提高工作。但这种管理体制还处于初步形成阶段,是否能对校园足球的推广和普及产生重要的推动作用,还不敢肯定,其运行效果还待验证。

六、校园足球场地不足

足球场地资源是开展校园足球和提高竞技水平的重要物质基础,也是政府建立健全公共体育服务体系必备的硬件条件之一。全国第六次体育场地普查结果显示,全国共有各类体育场地169.46万个,人均体育场地面积1.46平方米,教育系统共占有场地总数的38.98%。在统计的82种主要体育场地类型中,篮球场、全民健身路径、乒乓球场、小运动场和乒乓球房(馆)占总场地数量的75.9%,足球场地所占比重很低。

当前校园足球定点学校中,在足球场地的数量方面,大部分的学校足球场地基本能满足学校代表队的课余训练和比赛,但是如果在校园中开展大范围的足球活动,还有很大的难度。在足球场地的质量方面,人工草皮场地和土质场地占据了78.6%,个别经济条件较好的学校拥有天然草皮足球场,但仅占7.4%,还有14.0%的学校是其他地面的场地。足球场地数量不足,严重制约了校内足球活动的普及,而一些学校的场地质量不达标,则容易造成运动损伤,开展校园足球本意是要提升青少年身体素质,如若因场地质量不达标经常有学生在运动中受伤,则有些得不偿失。

七、校园足球专业技术人才匮乏

所谓的足球专业技术人才,是指具备专门的足球相关知识和技能,经过和接受过更多的教育与训练的人员。前亚足联秘书长维拉潘就曾直言不讳地指出:"中国足球各个环节最缺乏的是专业的教练和管理人才。"当前,部分足球管理者知识化、专业化程度不够,缺乏对足球相关理论全面系统的学习和研究,以致有关政策措施制定不合理,无法顺应足球发展规律。而作为基层足球运动广泛普及的"主导人物"——校园足球指导员,在数量和执教水平上还有很大不足。李卫东(2012)在对 33 个校园足球布局城市的调查中显示,33 个布局城市共有校园足球指导员 1489 人,其中,来自足球退役运动员 106 人,体育院校足球专项毕业生 511 人,体育院校非足球专项毕业生 720 人,其他人员 150 人,所占比重分别为 7.1%、34.4%、48.4 和 10.1%,其中有 80 名女子校园足球指导员。在这些校园足球指导员中,54.4% 的指导员没有足球教练员等级证书,持有 A、B、C、D 等级证书的比例分别为 0.79%、3.91%、17.5 和 23.4%。

基层校园足球指导员在数量和执教水平上的欠缺,将直接导致对青少年的教育管理以及训练方法和训练理念等方面的不足。因为校园足球的开展不仅是为了扩大足球人口,培养青少年足球后备人才,而且要让青少年在足球运动中增强体质,培养青少年良好的意志品质。而目前在基层校园足球的训练中,普遍存在着不能根据青少年的身心成长规律开展训练,很多训练都是凭经验和感觉,训练的科学化程度较低,缺乏系统性和全面性;忽视了对青少年足球兴趣和人格品质的培养与教育。

第三章

我国校园足球活动现状分析

第一节　校园足球活动硬件设施现状

一、校园足球运动开展的总体现状

对校园足球运动开展总体现状的调查与研究主要以全国中小学为例进行说明。

（一）对开展校园足球运动的认识不足

据不完全统计,2020 年我国中小学学校数量大概为 21.08 万所。校园足球活动的相关计划被提出之后,开展这些活动的所学校中仅有 20218 所。这一数据表明开展校园足球运动的比率十分低,造成这一局面的主要影响因素有各地经济发展存在差异;学校、家长及中小学生对这一活动的认识不足等。足球运动这一体育项目具有一定强度,有时需要通过身体对抗才能完成,学校和家长经常会担忧学生因为参加足球运动而引起一些运动性的损伤或疾病,也担心这一运动会影响学生的正常学习。此外,校园足球运动的开展目的是提高学生的身体健康水平,还是对中国足球后备人才进行培养,这一问题没有得到明确,存在着两级分歧。校园足球运动的开展进程滞后就是在很大程度上受到认识不足的制约。几千年,学校对“万般皆下品,唯有读书高”的价值观十分推崇,体育活动在学校教学中难以提高地位与影响力就是受这一价值取向的影响。一些学校为了达到提高升学率的目的,经常占用体育课的时间,用这部分时间来督促学生学习文化课程。这种情况直接导致校园足球活动的开展只是一句口号,只是空谈,没有切实的行为来支持与参与这一活动。

（二）资金投入不足

为了使校园足球运动得以顺利启动与快速发展，我国各政府主导部门不断投入大量的资金来给予其一定的保障。每年国家体育总局都会从体彩公益金中提取4000万元作为开展校园足球运动的活动经费。然而我国是一个人口大国，这部分资金所发挥的作用仅仅是引导、奖励、资助及保障。2009—2013年，全国有2200多所中小学参与了校园足球活动，有超过百万的参与人数。通过粗略计算可以得出，参与校园足球活动的中小学学生每人每年仅仅能够获得40元的资助，随着消费水平的日益高涨，40元的资助都无法购买一双足球鞋。

如今，校园足球活动的开展过程中，最为突出的问题是对建设足球场地的投入问题。2015-2017年7月，中央财政累计投入6.48亿元校园足球扶持资金，各省（区、市）投入校园足球的财政、体彩和社会资金等累计196.03亿元（2015年42.72亿元，2016年80.04亿元，2017年73.27亿元）。

校园足球运动的开展面临着资金短缺的问题，仅仅由国家体育总局和中国足球协会投入资金是无法对这一问题进行解决的。校园足球运动的开展离不开全国各省市以及社会各界力量的支持与贡献，加强各方力量的集体协作才能使校园足球活动的持续开展得到保障。

（三）政策保障不足

尽管近些年与校园足球有关的一些政策与文件开始出台，然而校园足球运动的开展依然受到政策无法落实或政策规定的实际问题缺乏等的制约。在这些问题中，各种政策性问题如校园足球教练员的角色地位、工资补助、准入要求、培训等较为突出，因此对校园足球运动开展造成影响的制约因素中，体教部门的关系不和谐是关键。

国家体育总局和教育部发起了校园足球活动，对这一活动的宣传与推广离不开地方体育局和教育局的合作与贡献。然而，从目前的实际情况可知，地方体育局和教育局仍是两个互不干涉的独立部门，没有建立二者的协同合作机制。足球比赛或者由体育部门这一独立的系统组织，或者由教育部门这一独立的系统组织，二者几乎没有交集。教育部门主要负责管理学校体育，体育部门主要负责管理竞技体育，校园足球活动的开展需要这两个独立的主管机构团结协作，发挥合力的作用，同时也要有明确的分工，对优势资源积极进行整合,需要建立对二者的合作联动机制。倘若这一合作机制无法建立,就不能保障校园足球活动的顺利开展与持久发展。

（四）教育部门与体育部门之间的关系协调问题

校园足球活动开展的实践过程中,教育部门与体育部门之间的冲突日益明显。一方面,因为体育与教育两个部门属于两个不同的系统,二者是相对独立的关系,长期以来都没有密切的沟通,二者的独立关系也使校园足球运动在开展中出现了许多矛盾与问题。因为足球比赛的安排通常比较少,因此就阻碍了中小学生通过参加比赛而提高自身的实战能力与技术水平。此外,学校中还出现了足球老师和教练员职称分属不同序列的现象,这就极大地浪费了学校的师资,这种问题对校园足球活动的开展具有制约作用,同时对我国青少年足球的发展也有不利影响。

一些青少年足球运动员的竞赛水平有限,而且难以在比赛中发挥正常的训练水平。针对这种问题,还没有十分有效的解决措施,这一问题的解决也不是单独依靠几个部门就能够独立完成的,校园足球活动的长远发展需要依靠社会各方面力量的集体参与,尤其是要加强体育部门与教育部门的集体协作。

（五）校园足球的关注度较低

我国足球运动的发展水平低下属于一个社会问题,解决社会问题需要借助社会各方面的集体力量。校园足球运动的开展受到制约这一问题不仅仅关系到体育部门与教育部门两个系统机构,不是说只要这两个部门集体参与就能够解决这一问题。

尽管很多人都意识到,培养足球后备人才能够促进我国足球竞技水平和成绩的提高,然而校园足球活动的开展并没有引起社会各方面的广泛关注。所以要使校园足球运动的开展得到保障,需要使青少年校园足球活动融入整个社会的系统发展中。

二、校园足球运动开展的硬件设施现状

（一）全国校园足球运动开展的硬件设施现状

足球运动这项体育项目对场地与器材有着较为严格的要求,如果场地与器材不达标,就不利于足球训练实践的开展,而且容易使运动员发生运动损伤。我国十分重视校园足球活动的开展,国家体育总局也对此相应地不

断增加投入，专门有用于校园足球开展的经费，尽管如此，我国的校园足球的硬件设施尤其是场地的缺乏问题仍然严峻。

制约校园足球运动开展的主要原因中包括我国严重缺乏足球训练场地这一关键因素。我国的足球场地有限，而且大多数场地都在高校校园集中，标准的足球场在中小学特别是小学几乎没有。目前，大部分中小学的足球训练场地都是与其他运动设施相混合的，而且足球训练设施十分陈旧，长期都不会换新，这种情况严重制约了学生足球运动水平的提高，也无法达到开展校园足球活动的目的，因此改善校园足球场地与设施十分必要。

（二）地方校园足球运动开展的硬件设施现状

对地方校园足球运动开展的硬件设施现状的研究主要以一些个别地区为例来说明。

首先，以济南市为例进行分析。济南市校园足球办公室向本市所有布局学校分别发放了 30 套足球装备和 50 个足球。此外，本市一些试点学校还有大小不一的足球门、足球墙以及足球网等配备设施。据有关调查，大部分学校比较满意目前的足球器材状况，这些学校一致认为校园足球活动因为这些配备的足球器材而得到了顺利的开展，校园足球队训练的需要也因此得到了满足。济南市的试点学校中很少有认为现有的足球器材难以使校园足球运动的顺利进行得到保障的。从这一点能够得出，济南市校园足球活动的开展在硬件设施方面已经达到一定的标准，这为校园足球活动的正常运行创造了良好的基本条件。

随着经济的不断发展，土地资源的价格也日益上涨，这是校园足球运动场地出现短缺的直接原因，也是对校园足球运动的发展造成制约的因素之一。由于足球场地的使用费很高，所以青少年学生很难对其进行使用，也影响了其足球训练水平的有效提高。

我国仅有很少的正规大型足球运动场地。据调查，北京市有接近 100 个足球场地是对外开放的，这些足球场地中，属于中小学活动场地的只有 11 个，剩下的大都属于高校的活动场地。广州市有大约 50 个足球场地是对外开放的，属于中小学活动场地的也只有 10 个。当然，不能否定安全因素是造成中小学足球场地对外开放率低的主要原因。然而，在安全问题得到保证之后，政府与教育部门就要考虑不断增加的体育活动对开放场地提出的更高要求了。对于体育部门来说，由于资金与土地资源有限，所以不可能不断对足球场地进行新建。足球场地的标准占地面积大约是 7140 平方米,5 人制或 7 人制的标准足球场大约需要 968 平方米的占地面积。对这些大面积的足球场地的建设需要投资大量的资金。而且在对足球场地进行建设中还要涉及行政审批和基础配套建设等一系列的相关问题,这些问题的解决也是需要消耗大量人力、物力以及财力的。

第二节　校园足球活动师资力量现状

本节对校园足球运动开展的师资力量现状的研究同样以中小学为例进行详细分析与说明。

一、校园足球师资的相关概念

校园足球师资指的是对学生进行足球指导、教育、训练、管理以及宣传等相关工作的队伍。学生参与足球运动的积极性、足球训练与学习的水平与质量以及足球竞技水平的提高等从一定程度上来看,受到以下几种因素的影响甚至是决定性的影响:学校师资队伍的结构与专业素质、学校人才培养的理念、模式及方法等。所以,在校园足球活动的开展过程中,足球师资所发挥的作用是巨大的。

目前,中小学校园足球活动开展过程中涉及的师资主要有三类人员,即足球教师、教练员以及指导员。

(一)足球教师

足球教师指的是接受过专业足球教育与训练,而且能够在学校中将足球知识与技战术传授给学生的体育教师。足球体育教师主要负责促进学生身体素质的发展,使学生对足球产生浓厚的兴趣并积极参与其中,促进学生足球机能水平的不断提高。作为足球教学的主导者,足球教师主要负责足球教学与训练工作,组成中小学足球师资队伍的重要部分之一。

在中小学足球教学的具体实践活动中,足球教师所掌握的足球理论知识必须要科学且丰富,这样才能保证足球课堂教学与宣传活动的顺利进行。同时,足球教师也要掌握一定的足球技战术,这是保证足球训练活动开展与足球比赛水平提高的关键。具体来说,足球教师的任务主要包括以下几点。

（1）足球教师要将足球专项运动的相关理论知识与实践技能传授给学生，使学生全面掌握足球运动。教师还要负责学生对足球运动意识和价值取向的正确确立，激发学生对足球训练与比赛的积极参与，使其自觉主动地学习足球运动的知识，从而使学生树立对足球运动的"终身学习"理念，并使其养成良好的学习习惯。

（2）足球教师有责任决策新课程标准的实现，以学生的不同性别、年龄以及个性特点为参照依据，对足球课程、教学目标与任务、教学内容与方法、教学评价方法以及考核标准等进行科学合理制定。在对学生的足球学习活动进行指导的过程中，要重点坚持的指导思想是"健康第一"，注重对学生意志品质的培养，使正确的体育观、人生观以及价值观等在学生大脑中得以形成。

（3）普通教师的工作也是足球教师同样需要履行的职责，如对学生日常管理事务的负责，管好班级纪律，为学生进行思想教育工作，制造良好的学习氛围，做好开展足球教学活动的准备工作。

（4）足球教师还要负责足球运动的科学研究工作，具体包括以下三点。

1）发表与足球相关的期刊论文。

2）出版足球运动相关方面的教材或著作。

3）研究校级、市级、省级、国家级的足球科研项目。

综上所述，足球教师的任务是繁重的，需要履行多方面的职责，这就要求足球教师要具备很高的综合素质能力。具体包括以下几点。

（1）职业道德和专业修养水平要高。

（2）足球理论知识要丰富，同时要有很好的教学能力。

（3）足球技术水平与对学生的训练能力水平要高。

（4）组织与管理足球运动的能力要较高。

（5）要有较高水平的足球科学研究能力等。

（6）要具备良好的沟通能力和表达能力。

（二）足球教练员

足球教练员指的是在足球运动的训练实践中，对足球运动员直接进行培养与训练的足球工作人员。足球教练员需要具备的足球理论知识要丰富，其所掌握的技术水平与能力要高，并且对创新的足球训练模式与方法要有所了解，能够全面地对学生的思想意识、身体素质、技术水平以及品质素养等产生积极的影响作用,使学生对足球运动的掌握程度在原有的水平上不断加深。

在中小学的足球教学实践中,足球教练员的主要职责是做好足球运动的训练与比赛工作,管理好球队,使学生的身心健康得到保证,并在此基础上促进学生足球战术水平与竞赛能力的提高,促进学生实战经验的丰富与能力的增长,从而引导学生在足球竞赛中获得良好的成绩,从而使球队的形象和学校的形象得以良好地树立,也为我国足球运动的发展培养高水平的后备人才,促进我国足球事业的繁荣与发展。所以说,中小学足球师资队伍离不开足球教练员这一支重要的力量,校园足球人才的培养质量直接受到足球教练员的影响。

由上可知,足球教练员需要承担多方面的责任,因此其在学校所充当的角色也是多元化的。具体如下。

首先,足球教练员主要充当的角色是教师,其需要以青少年的年龄、性格以及个性特点与足球基础水平为参照依据,对足球教学模式、内容以及方法等进行合理选择,促进足球教学质量和效率的有效提高。

其次,足球教练员的教师角色与足球教师有所区别,因此要求足球教练员不仅要具有足球教师所应具有的基础能力,而且还需要具备其自身所特有的特殊能力。

其中,基础能力主要包括以下几点。控制球队的能力;对足球技能的掌握能力;计划、组织、实施和管理足球训练和竞赛的实践能力;对足球竞赛环境的适应能力。

特殊能力具体包括以下几点。选材能力、拓展能力、科学研究能力等。这些能力对教练员提出了很高的要求,教练员首先必须是一名足球运动员,有着较高水平的足球技能水平,而且实战经验也要很丰富。教练员组织与管理训练及比赛活动的能力也要达到一定的水平,并且要对足球教学模式进行创新,要使训练氛围活跃,提高学生参与足球训练的兴趣与积极性。

最后,在校园足球的训练实践过程中,足球教练员要耐心解释学生在训练中出现的一些问题与解决措施,促进学生足球训练质量与效果提高,使学生形成具备的足球竞技能力。此外,足球教练员还要充当心理教师,做好学生的心理工作。例如,解决学生在训练中的心理疑问,对学生在训练中出现的不良情绪进行调节,针对不同的学生进行心理辅导。

总之,中小学足球教练员在足球教学与训练实践中,其所发挥的作用是多方面的。所以,足球教练员要不断提高自身的足球素养,也要对自身的教学能力、组织与管理能力主动进行培养。与此同时,教练员也要尽职尽责,严格履行自己的职业与义务,为校园足球运动的开展贡献力量。

现阶段,担任我国中小学足球教练员的一部分是来自不同级别体育院校和师范类体育系足球运动相关专业的本科生与研究生,也有一些是来自高校足球队的运动员、俱乐部教练员或运动员等。后者的足球实战经验比较丰富,足球技能水平较高,这与中小学足球教练员的职位要求是相符合的。

我国足球教练员与足球教师比较而言,具有一定的等级制度。这一系统的等级制度使选拔与评价足球教练员的工作可以参考一定的指标来进行。具体而言,目前我国足球教练员主要分为五个等级,即职业级、A级、B级、C级以及D级。其中,职业级与A级足球教练员可以负责高水平与职业足球队的训练工作。B级足球教练员为主要负责15岁以上青少年群体和成人业余群体的足球训练工作;C级与D级足球教练员主要负责14岁以下的青少年群体的足球训练工作。

目前,在中小学足球师资队伍中,足球教师与足球教练员是两个非常重要的组成部分,二者的背景、个性、作用与角色都是有所区别的。通常而言,足球训练与比赛是中小学足球教练员的主要工作职责,这两方面的职责主要体现在实践指导方面,而足球教师则侧重理论知识方面的教授,注重对足球运动的普及,并且从事相关的科研工作,主要是从理论方面培养足球人才。这两个师资力量所负责的侧重点是不同的,但是二者相对明确的分工也是存在一定缺陷的,因此,二者要在教学工作中加强沟通与交流,吸取对方的优势,弥补自身的不足,共同进步,形成合力促进校园足球乃至中国足球事业的繁荣与发展。

(三)校园足球指导员

校园足球指导员指的是具有校园足球指导员资格证书的那部分足球教师或教练员,他们是通过参加足球协会举办的校园足球指导员的相关培训而获得证书的。校园足球指导员的足球技战术水平较高,而且具有一定的培训资格。

我国中小学中的专业足球师资比较缺乏,学校中设立足球指导员这一职责岗位就是为了解决这一问题,足球指导员还具有宣传与推广校园足球文化的职责。足球协会在资格上对校园足球指导员做了较高的要求,担任足球指导员的教师或教练员要取得 D 级以上的足球教练员证书,或者要求其参加过校园足球指导员培训(由中国足球协会举办),并且要获得初级以上的资格证书。在学校中,足球指导员也需要负责普通的足球教学与训练工作,然而其工作的重点与足球教师或教练员有所不同,其主要负责开展与实施校园足球活动,这就要求他们具有丰富的理论知识与高水平的足球技能。

在职责和任务上,足球指导员与一般的体育教师相比是存在差异的。主要体现在以下两点。

首先,在职责上,足球指导员主要承担组织与编排校园足球比赛的活动,对足球训练做出具体安排,对校园足球活动的开展进行计划与组织,并且代表学校参加校际足球联赛,这时就担任教练员的责任。

其次,在任务上,由于足球学习与训练具有一定的特殊性,这就要求足球指导员对学生的课余训练进行组织,在训练中对足球人才进行挖掘。此外,也要对校园足球运动与文化进行推广与宣传。

综上可知,足球指导员与足球教师及教练员比较而言,其具有很大的工作量,并且要具有较高的足球运动水平,运用自己所掌握的高水平知识与技能来引导学生对足球知识的学习、对足球竞赛与训练的积极参与,并且引导学生形成正确的足球思想观。此外,足球指导员的工作态度要好,责任心要强,管理与掌控能力要高,如此才能使得自身的作用与价值充分发挥出来,才能更好地指导日常足球与训练及竞赛的工作,才能发掘与培养更多的足球后备人才。中小学校园足球的教学与训练能否取得较高的质量及效率、校园足球活动能否顺利进行与发展,这些都直接受到足球指导员是否具有较高的综合素质水平的深刻影响。中小学校园足球运动的开展与发展需要各级学校配备充足的足球指导员,这是校园足球活动可持续发展的必要趋势。

二、校园足球运动开展的师资力量现状

下面对校园足球运动开展的师资力量现状的研究,主要以河南省中小学为例来展开详细分析。

目前,在河南省有开封、洛阳、新乡和许昌共 4 个校园足球省级布局城市。这四所校园足球布局城市与其他城市比较而言,其足球氛围较好、基础

设施较为完备、推广较为普及,并且受到各级政府与领导的高度重视与关注。从 2013 年至今,校园足球活动在这些布局城市的发展取得了一定的成就,然而出现的问题也是很多的,这些问题具体包括社会、家长以及学生没有正确认识校园足球活动的重要性;足球活动开展的硬件设施不足;没有规范的组织活动;也没有足够的政策保障;尤为重要的是校园足球的师资力量存在着许多较为严重的问题。

河南省各级政府部门以及教育部门十分重视中小学校园足球的开展,重视足球的教学质量与训练水平,因此就需要迫切解决足球师资队伍中出现的一些问题,要重视对高质量以及高水平足球师资力量的建设与培养,使不同的师资力量能够在自己的岗位上全心全意地为校园足球运动的开展而贡献自己的力量,发挥自己的价值,保证中小学校园足球教学与训练的持续性发展方向。

然而,河南省各市中小学校园足球活动的开展起步较晚,没有足够的足球师资队伍,而且一些师资力量并没有明确自己的职责,在工作中推卸责任的现象经常出现,此外,没有足够的足球教育机构,这些都使河南省各市中小学校园足球活动的开展受阻。由于没有足够与完善的足球师资队伍,因此足球后备人才的培养就受到制约,学校开展校园足球活动的积极性也受到阻碍。所以,增加中小学足球师资力量并对其进行完善使开展校园足球活动需要迫切解决的主要问题。

足球教师是促进校园足球运动宣传与发展的最直接的师资力量,校园足球开展的质量与效果直接受到足球教师专业技能水平的决定性影响。关于对中小学足球教师和足球教练员的要求在《河南省青少年校园足球联赛规程的通知》(由河南省教育厅与体育局联合下发,以下简称《通知》),该《通知》提出以下三点要求。

(1)负责校内足球竞赛的足球教练员需要参加 D 级教练员的相关培训。

(2)负责足球实际竞赛的足球教练员需要获得 D 级以上的教练员资格证书。

(3)负责省级足球比赛的足球教练员需要获得 C 级以上的教练员资格证书。

具体来说,河南省各市校园足球布局城市中小学中足球师资力量的现状从以下几个方面表现出来。

（一）师资的主要来源

随着我国中小学校园足球活动的不断开展与普及,中小学生中喜欢足球,参与足球运动的人数越来越多。然而,校园足球的师资力量却没有得到相应的增加与完善。一些中小学在对足球教师进行选拔与聘任时,没有依据足球运动开展的实际情况来进行。这是中小学中足球教师力量比较缺乏的主要原因所在,这一问题对学生参与足球学习与训练的积极性造成了不利的影响。

目前,河南省中小学足球师资主要来源于以下三个方面。

1. 体育院校和师范类体育专业

河南省开展校园足球活动的中小学中的足球师资队伍很大一部分来自体育院校和师范类体育专业。据调查分析,这些学校的整个足球师资队伍中有70%来源于此。这一部分足球师资在大学或研究生时期,参加过很多的足球训练与竞赛活动,也通过这些活动使自己的足球知识与比赛经验不断丰富,技能水平不断提高。大学或研究生学校也以促进其足球技战术水平的提高为目的精心培养他们,这主要体现在以下两个方面。

一方面,这部分师资在大学或研究生时期,学校将全面的足球理论知识及相关教育知识传授给他们,以使其足球运动的素养及内涵不断得到提高。

另一方面,学校将足球教学方法、模式、心理教育方面的理论与实践知识向其传授,并且将教师资格的培训与考试方面的内容也提供给他们,以使其毕业之后能具备一名合格足球教师所应有基本素质。

然而,通过调查得出,河南省的校园足球布点学校中,有很大一部分尽管对单独的足球教师进行了设置,然而有很多足球教师并非是学习足球专业的,也有大量的其他体育教师来担任足球教师。而且大部分的足球兼任教师并没有受到过专业的足球培训,其所掌握的足球知识与技战术水平都是不专业的,甚至有一部分所谓的足球教师都没有掌握足球的基本知识,担任足球教师之后才开始有意识地学习足球,真正接受过足球专业培训的教师很少。

2. 足球俱乐部的教练员或运动员（退役）

来自足球俱乐部的教练员或退役运动员的足球师资是学校主动聘请而来的,由他们负责学校的足球训练与比赛指导工作。这一部分师资的足球技战术水平较高,而且比赛经验也很丰富。他们在促进学生足球技能水平提高的过程中,充分运用了自身丰富的足球训练与比赛经验,这有利于学生向优秀足球运动员的发展。

不仅中小学十分注重对俱乐部教练员与退役运动员的聘任,一些高校也十分重视将这部分师资融入自己的足球教学中。在如此激烈的竞争环境下,中小学中能够对足球教学与训练进行指导的退役运动员和教练员十分稀少,在整个足球师资队伍中,这部分师资不足 10%。而且,这部分师资大都出现在一些具有优秀足球传统文化的学校,其他学校很少,甚至没有。

3. 高校足球队的运动员和相关体育专业的学生

高校足球队的运动员和相关体育专业的学生与第一类师资来源的学生比较,其最重要的目标就是促使自身足球技战术水平的不断提高,这部分学生长期都在进行足球训练,参加过不同规模的足球比赛,对足球运动技巧有全面深刻的认识,对足球战术策略也有充分的掌握;而且通过比赛使自身的比赛经验也日渐丰富。此外,他们也十分注意与重视足球运动的训练技巧,对足球训练方法不断进行创新,而且能够灵活处理训练中出现的一些问题。与体育教育专业的学生相比,其所掌握的足球理论知识与实践技能水平都比较高。所以说,中小学足球师资力量中,这部分师资占据十分重要的地位。

(二)师资的年龄

足球教师的足球教学经验能够从其年龄结构中直接反映出来,是否具有合理的足球师资队伍也可以通过其年龄有所反映。通常而言,如果教学经验丰富的足球教师,其年龄就比较大,其能够很快地准确了解学生的个性特征、身体素质水平、对足球知识的需求以及足球学习的特点,并能够以此为参照依据,对足球教学与训练方法做出适当的选择。然而,年龄较大的足球教师也存在缺陷。具体表现在:这部分教师长时间都没有参与足球训练的实践活动,其对最新的足球技战术方法与技巧较为缺乏,与中小学生的沟通也会存在问题,会产生代沟,使学生难以从足球学习中感受来自教师的亲和力,与学生的距离也就产生了,这对学生的培养效率与质量是极为不利的。

足球师资中有一部分是比较年轻的,即年龄比较小的,这些教师主要来自即将毕业或刚刚毕业的大学生或研究生。这类教师在大学或研究生时期接受过系统且专业的足球教育,他们长期进行足球训练,经常参加足球竞赛,所掌握的足球技战术水平较高,而且也有丰富的实战经验;与年龄较大的教师相比,与学生之间的隔阂与代沟较少,能够很容易地与学生沟通,使学生愿意主动沟通与交流。然而,这部分教师的主要不足是缺少丰富的教学经验,没有充分认识到学生的足球运动特点,选择的教学内容与方法也不恰当。

综上所述,中小学校需要对足球师资力量的年龄结构进行合理的构建,如此才能使不同年龄段足球教师的缺陷得到有效的弥补;并且能够有效地传承学校的足球教学理念、方法以及模式,以此来促进足球教学与校园足球活动不断向前发展。

目前,我国中小学开展校园足球活动处于初步发展阶段,足球师资队伍的建立与完善还需要经过一定的时间才能完成,所以,我国中小学足球师资中年轻化的趋势较为突出。

（三）师资的学历

足球教师的受教育程度和专业水平能够通过其学历体现出来,对足球教师的知识水平和教学能力的衡量也离不开学历这一重要指标。足球教师的科研水平与发展潜能一定程度上也能够通过其学历反映出来。对整个足球师资队伍结构的衡量主要是看足球师资中是否具有合理的学历结构,足球师资队伍的教学能力受师资学历结构的影响,在足球科研工作中,足球师资队伍能否取得良好的科研成绩从根本上需要合理师资学历结构做保证。

校园足球活动在全国一些城市中得到了广泛的开展与普及,在这一背景下,尽管河南省校园足球布局城市的中小学的足球师资不断增长,然而,与足球发达国家的足球师资队伍相比,我国依然比较落后。

据调查,河南省一些中小学的足球师资的学历大部分是本科以上,从这一点来看,其综合学历水平还是比较合格的。然而经过采取调查问卷的形式进行分析与研究之后发现,虽然教师大多数具有本科学历,然而大都来自体育学院和师范类体育专业,尽管这部分师资的文化素质方面与足球专业运动员比较来说具有突出的优势,然而这些教师中有很大一部分没有接受过专业的足球训练,水平较高的足球教师学历相对比较低,没有足够的足球教学与科研能力。校园足球活动的开展因为这种矛盾的存在而受到了严重的制约。

（四）师资的职称

中小学足球师资的学历水平、足球理论知识水平和科研能力能够通过其职称结构反映出来;足球教师将足球教学实践与经验向足球理论知识的转化能力也能够通过其职称结构反映出来,足球教师运用足球理论知识对足球训练实践进行指导的能力同样可以从职称结构有所反映。所以,中小学足球师资队伍的职称结构能够综合表现整个足球师资的专业素养与教学能力。

目前,我国中小学足球教师的职称结构水平处于中低等阶段。据调查显示,我国中小学不同类型的足球师资中,没有取得任何职称的占20%;取得初级职称的占40%;取得中级职称的占30%;取得高级职称的占10%,如果用图形表示,这一职称结构呈现出金字塔的形状。取得初级职称的师资所占的比例大,取得高级职称的师资所占的比例小。造成这一局面的主要原因之一是,许多中小学的领导没有充分认识到足球运动的重要性,认为学生的升学率和上级的考核与足球教学无关,认为是可有可无的。所以,在对教师的职称进行评定时,通常主要考虑文化课教师,使足球师资的职称总是处于较低水平。这个问题的存在使足球师资对教学内容与方法进行创新的积极性受阻,不利于培养与管理足球后备人才,甚至会影响足球教学工作的正常进行。

据调查,河南省中小学足球师资的职称评定情况也是存在问题的,在占到所有足球师资的33%的初级教师中,没有取得任何职称的教师达19%,只有9%取得了高级职称,其中取得职称的年轻教师很少,主要是因为年轻教师的执教时间较短,所以很难对其进行职称评定。在教师看来,职称是十分重要的,教师未来的发展与职称有很大的关系,其工资多少也与职称有直接的关联,甚至生活水平和质量也受到职称的影响。倘若学校不能保证足球师资的基本生活,教师在足球教学中的积极性就会受到不良影响。因此,学校要将足球教师评定职称重视起来,善于挖掘中青年足球师资,对优秀的足球教师进行重点培养,加强教师工作的积极性与主动性。

(五)师资中教练员的等级

足球教练员的训练水平和训练能力能够从足球教练员的等级中有所反映,对足球教练员专业能力的衡量离不开等级这一重要指标。足球竞赛活动的开展直接受到足球教练训练能力的影响。合格的足球教师不但要高质量地完成教学任务,还要对足球竞赛活动积极进行开展,科学指导学生的训练与比赛。

通过对河南省中小学的足球教师进行调查显示,这些足球教师没有获得职业级和 A 级别职称的,主要是由于通常获得职业级和 A 级别职称的足球教练主要负责成年队的训练工作,负责青少年的很少,甚至没有。没有获得任何足球教练员资格证书的占绝大多数,这些足球教练大多数来自普通高校的毕业生,获得 C 级与 D 级足球教练资格证的只占很少一部分。

（六）师资的运动等级

中小学是我国开展校园足球活动的主要对象,学生几乎没有任何的足球基础,足球教师面对这样的教授对象,需要在具体的教学与训练实践中,给学生详细示范正确的动作,对各种足球技术动作都能够熟练地完成,要对足球动作的重点进行详细讲解,语言要简单易懂,使学生能够在活跃的学习环境中对足球基本技术动作进行掌握,足球教师的这些职责要求其要具备较高水平的足球运动能力。

足球教师的足球素养与能力在相当的程度上是从其足球运动等级反映出来的,对足球教师执教水平进行衡量的指标中,运动等级是其中之一。

据调查,河南省中小学足球师资的运动等级普遍较低,尤其是那些毕业之后直接上岗的足球教师。一些足球教师甚至没有任何运动等级,只是在高校期间对足球专业进行了攻读。一些学生不满意足球教师的教学质量与效果,认为足球教师不具备较高水平的执教能力,不符合自己对教师的期望。由此可见,中小学要督促足球教师不断提高自己的业务学习能力,对足球师资的技术能力进行重点培养,促进其运动等级的不断提高,使其具备足球专项教师应有的足球素养。

第三节　校园足球运动教学与训练现状

一、校园足球运动教学现状与发展趋势

（一）校园足球运动教学现状

足球运动具有很强的娱乐性,而且常年都适合开展这项运动,因此在学校中具有较为广泛的学生基础。然而,目前我国校园足球教学依旧存在许多突出的问题,主要从以下几个方面表现出来。

1. 教学目标不合理

很多学校在制定足球教学目标的过程中,单纯对阶段教育比较关注,从而对终身足球教育就有所忽略,这与学校足球教学的国家目标是不符合的,而且足球教学目标中对相关的文字说明没有明确,对足球教学效果的说明也比较模糊,使足球教师与学生不明白足球教学任务完成之后,学生如何表现才能称得上是教学目标的实现。与此同时,足球教学目标的制定中指标性的描述也是不足的,判断足球教学任务完成的标准也没有明确制定出来。这样的足球教学目标无法科学指导足球教学实践工作。

在足球运动的理论教学过程中,大部分学校将教学目标阐述为对足球基本理论知识、训练方法、竞赛规则等的全面掌握,然而教学目标如何才算是实现没有明确的标准,这样制定出来的足球教学目标只是形式而已,足球教师讲授足球基本知识、锻炼方法、竞赛规则仅仅需要几节课的时间,足球课的理论教学就这样在几节课后了了结束。而学生是否掌握了这些知识,掌握程度如何,没有明确的判断标准,也就无法对其进行合理测定。

2. 教学内容与对象不符

足球教学内容与教学对象不符主要体现在以下三个方面。

(1)足球技术动作是组成校园足球教学内容的最主要部分。对这一内容的教授是为了使学生对足球各项技术进行全面而熟练的掌握,提高学生参与足球活动的兴趣与积极性,使其建立终身体育的观念与意识。但是,足球技术是比较复杂的,将其作为主要的教学内容对学生掌握足球技术是不利的。

(2)学校在对足球教学内容进行教授时,大都是按照教科书的前后顺利安排的,即先讲技术、再讲战术,将足球技战术的教学内容分成两部分单独讲解。这种安排是比较合理的,因为这是按照先易后难的顺序进行的,便于学生的掌握。而且这样的安排也反映出足球战术是以技术为基础的,使学生对这两部分的内容清楚地进行学习。即使这样,其缺陷也是存在的,主要不足是这样的安排没有将足球技战术内容之间的内在联系直观地表现出来,不同足球战术对技术的具体要求也无法得到体现,足球比赛的直观情景也不能再现。这样安排难以取得良好的教学效果。

(3)校园足球教学内容趣味性较低,难以提高学生的积极性。目前,许多学校的足球课教学内容有很强的专业性与竞技性,但是忽略了其健身性,而且教学内容缺乏游戏性。足球技术是足球教学内容的主要集中点,极少的内容会涉及足球竞赛规则与足球游戏等趣味性较高的知识。足球教学内容的这种安排不符合学生的生活,也不利于学生终身体育意识的培养;而且大部分足球理论知识都比较陈旧,与时俱进的新知识很少;足球技术的训练方法没有得到有效的创新,这严重影响了学生参与足球运动的积极性。

3. 教学方法陈旧

校园足球的师资队伍没有积极创新足球教学方法,影响了足球课堂教学的气氛,使学生的参与兴趣降低,也没有发挥主观能动性,这样反过来也影响了足球教师的教学积极性。

在校园足球教学实践中,长期以来都是采取以教师为主的传统教学方法,教师采取的教授方法也是比较传统陈旧的,其创新动机较为缺乏,足球教学监督与管理机制中,没有提出有效的措施来提高教师创新动机。如此便是足球教学方法的丰富与创新受阻。教师为了尽快完成教学任务,经常将学生之间的个体差异和不同学生的主体需要忽略掉,没有科学遵循因材施教的教学原则,采用"一刀切"的方法对学生进行教学,没有联系学生的个体实际进行分类教学,这样不利于学生的发展与突破,而且难以取得良好的教学效果。

除此之外,在足球教学中,有些与时俱进的足球教学方法难以得到很好的运用。现阶段,虽然较为先进的手段如电化教学、录像或投影教学以及课件教学在学校大量出现,而且足球教师与学生也对其十分喜爱,但大部分学校只是偶尔使用。而且对这些先进教学手段的使用也存在着较大的局限性,主要包括以下两个方面的原因。

(1)有些学校没有足够的多媒体教室,不可能在所有的理论课教学中都对多媒体进行使用,而且受传统教学意识的影响,学校大都注重文化课的教学,因此多媒体教室优先在文化课的教学中使用,因此,在足球教学中就很少被安排到使用这些设施。

(2)市场上流通的足球教学课件在数量上是有限的,足球教学要想对这些课件加以使用,就要求足球教师亲自对其进行制作,但是一些足球教师没有较高的计算机操作水平,因此制作课件就比较困难,甚至根本无法对课件加以制作,这也是先进教学手段难以在足球教学中得到运用的主要原因之一。

4. 课余训练不足

现阶段,我国校园足球的课堂教学与课余训练有着较为松散的关系。

多数足球教师认为,课余训练对提高学生的技术水平没有太大的必要性。因为体育教育专业必修课的教学时数不断减少,而招生制度也比较重视文化成绩,一些足球教师建议学生充分利用课余时间进行锻炼。

然而,事实上许多校园足球的教学仅仅在课堂上实现。大部分学生是利用课余时间进行自主训练,这对能够较快在课堂上掌握足球运动知识的学生来说,没有产生明显的影响,然而对那些无法在课堂上较快掌握足球运动技能的学生来说,训练效果往往很差。

(二)校园足球运动教学的发展趋势

校园足球教学已经不仅仅是足球技术动作的教学,而是立体化教学,这就要求足球教学改变以往只重视技术与技能的传统意识,在教学中注重对学生体育意识、兴趣以及个性的高效培养;改变以往仅仅注重技术测评与竞赛成绩的传统,开始将学生的学习过程重视起来,注重对学生学习动机的培养与激发,注重对学生的创新思维的启发,使学生充分发挥自身的主观能动性。除此之外,要重新定位足球教师的角色,改变原来传授者的角色,使其向学生学习的指导者与合作者转变,并且注重教学组织形式的开放性。

具体来说,足球教学的发展趋势主要表现在以下几个方面。

1. 逐步完善教学理论与方法

完善足球教学理论与方法的完善,关键是要对国外的一些先进经验进行吸收与借鉴,这就要求足球教师在教学活动中,对国外的先进教学思想理论与方法不断加以引进与借鉴,并通过教学实验活动来对其在足球教学中产生的作用进行考察,并且不断改造这些先进方法,使之与我国国情和足球教学特点相适应,促进利于足球教学新的教学思想方法体系的形成与发展。

在足球教学方法上,要对学生主动性的发挥进行启发与引导,鼓励学生积极参与足球教学活动,培养他们的探索意识,促进思考水平的不断提高。足球教师在对足球技术动作进行讲解时,首先应该将动作要点传输给学生,使学生在大脑中形成动作定型,然后教师正确示范这一技术动作,使学生一边复述动作一边练习,提高足球教学的质量与效果。

足球教师还要适当地对一些足球游戏进行安排,并且组织与比赛相近的练习,促进学生运用技术能力的不断提高,并以此来促进学生学习积极性的提高,使学生将理论知识转化为实战,促进其足球实战能力的提高与发展;在运用练习手段中,也要尽可能地与对抗及比赛相结合,如此不仅能够促进学生学习积极性的提高,而且能够促进其改正错误能力的加强。

2. 不断培养学生的参与意识

对足球教学具有影响力的因素中,对学生学习兴趣的激发就是其中之一。现代学生的体育意识表现出较高的个性化、实用性以及鉴赏性,所以,校园足球的教学内容要摆脱竞技性,对娱乐性的教学内容适当增加。只有足球运动形式与学生学习足球的需求相适应与符合时,才能使学生对足球运动的参与意识得以提高。

3. 增强教学内容的选编

足球课程教学需要以教材为载体。在足球运动的教学中,选择教材需要对两个层面的问题进行考虑:一是能够促进学生基本足球理论知识和运动技能的提高,促进学生养成自觉锻炼身体的习惯;二是要与学生的身心发展相适应,与学生的运动兴趣相符,满足其体育需要。

具体来说,在对足球教学内容进行确定时,应对以下几个方面的因素进行综合考虑。

(1)选择的足球教学内容要具有代表性,选择比较简单的足球动作结构和方法,便于学生对足球知识与技能的掌握与运用,同时要注重所选内容的实用价值。

(2)要将足球比赛规则、裁判法、竞赛的组织与编排、足球发展历史以及足球运动中出现的损伤与疾病等内容列入足球教学的内容选择中。

(3)对教学内容的选择要有利于往后的学习,有利于学生足球素养的提高,有利于学生对足球技战术的掌握,有利于学生身心的健康发展,有利于学生学习与参与兴趣的提高。

4. 科学制定课程目标

能否制定出科学的课程目标涉及很多问题,如足球教学的内容、手段与方法组织、质量的测评等。所以,校园足球运动的教学目标应为:通过开展足球教学实践,使学生对身体锻炼的足球知识、手段、方法进行掌握,而且能够在掌握知识中获取快乐、调节心情,促进自身足球运动素质的提高。

5. 增强教学组织形式的科学性

在学校体育教学中,许多教师都比较赞同以学生的体育兴趣为参照进行分班教学这一组织形式。这一组织形式有以下两种。

(1)互补分组教学。例如,在足球运球技术的教学过程中,首先由足球教师进行详细讲解与正确示范,然后让学生自我练习一段时间,之后采用两人一组的练习形式,学生在练习过程中轮流扮演"教师"的角色,将反馈信息及时提供给练习者,两人一组练习有利于二者相互监督、共同进步。

(2)以学生足球运动的实际水平为依据,把足球教学班分为两个组,即优秀组与普通组,教师主要是对普通组的学生加强教学,强化对该组学生的足球实践指导,提高普通组学生学习的主动性与积极性。与此同时,对优秀组的学生也要适当兼顾,对优秀学生提出更高的要求,及时对其学习结果进行测评。

6.合理的教学评价

现阶段,我国校园足球教学中,通常采用的评价方法是:在所有足球技术中选择一两项作为考试内容,以学生对这两项技术运用的实际情况为依据,为学生打分;然后综合学生的出勤、课堂表现等做出评价,这样对学生足球学习过程的评价就形成了。这种评价方式缺乏科学性,过于简单,没有结合绝对评价、相对评价、终结性评价以及过程性评价等有效方式。

因此,足球教学考核标准发展的趋势是注重评价学生的学习过程。具体评价内容包括学生在学习过程中的出勤情况与课堂表现等,然后结合足球教学大纲所要求的主观评价和客观评价进行综合评价,以此形成评价方法的多元化与合理化。

二、校园足球运动训练现状

对校园足球运动训练现状的研究主要以长春市高中为例来进行分析与说明。

(一)训练时间不足

校园足球的训练与足球职业队或半职业队的训练是不同的。对校园足球进行训练之前,首先要保证文化课的顺利进行,文化课通常占有较多的时间,因此就使得足球训练的时间不足。

据调查,长春市高中足球训练实践中,没有明确每节训练课的训练时间和内容,有些高中一节训练课只有45分钟,一节课的训练任务在这有限的时间内是难以完成的。

(二)训练次数有限

从训练次数来看,长春市高中校园足球的训练次数是有限的,根据数据显示,每周足球训练的次数不会超过5次,这与职业队的全天训练相比,是有很大差距的。怎样在文化课学习不受影响的条件下适当增加训练次数与学生练习次数,这是促进校园足球整体能力提高需要解决的重要问题之一。

东北地区在冬季是极其寒冷的,在室外进行长时间的足球训练是不可能的。据调查,在冬季,长春高中校园足球训练大部分是进行足球比赛和训练身体的,几乎没有涉及对足球技战术的训练,这不利于学生足球技战术水平的提高。与南方校园足球训练相比较,长春校园足球训练会在冬季处于训练停滞期。因此怎样在冬季进行足球训练是相关部门所要解决的主要问题之一。

(三)训练系统不完善

据调查,高中学生的足球技术动作已经基本上定型,自身的足球技术特点已经形成。在这一基础上,关键是引导学生对足球技术的运用,引导其在比赛中学会对战术的配合使用。高中阶段是一个承上启下的关键阶段,学生一定要树立足球技战术相互配合的思想,如此才能取得比赛的优异成绩,从而为其进入职业足球队做好准备。足球运动属于团体运动中的一项,只有队友相互默契配合才能在足球比赛中取得优异的成绩。因此,对足球运动来说,战术配合极其重要。

(四)体能训练没有引起重视

足球教师要注重高中学生的足球体能素质训练。校园足球在比赛中,有一部分是体能的较量,其与技战术的训练都是十分重要的。因此高中阶段要关注学生的体能训练,如何在足球训练中对高中生进行相关体能训练,如何提高学生的身体素质水平,这是足球教练员需要解决的主要问题。据调查,长春市高中校园足球的训练中,学生所掌握的技战术水平是参差不齐的,而且平均技战术水平比较低。造成这一现象的主要原因之一就是体能训练这一重要的训练手段没有引起足够的重视,加强体能训练的强度,能够促进学生技战术水平的有效提高,同样能够增强学生的身体素质。

第四章

校园足球文化内涵

第一节　校园足球文化本质

21 世纪的国际竞争,不仅仅体现在经济实力、政治体制等硬实力方面,同时,更体现在国家的文化软实力方面。体育作为国家综合实力特别是文化软实力的重要体现,已经成为观察一个国家政治经济环境、社会文明程度和未来发展潜力的重要窗口,成为文化交流与传播的重要载体,成为蔚为壮观的文化现象。"体育是文化的重要组成部分,具有独特的文化价值和文化作用"。体育蕴含先进的文化价值理念,这些理念与时代接轨、与国际同步,是世界共识性的文化"语言"。体育文化所蕴含的追求进步、勇攀高峰、公平竞争、法治、规则、团结、合作、和谐以及追求更快、更高、更强的价值理念,是世界通用的共识性"语言",获得全世界人民的广泛认可与肯定,这也是体育项目所具有的独特的文化属性。

"足球文化环境是一个国家足球运动能否健康发展的一个条件和保障,也是民族精神传承与发展的一个重要载体。"目前,中国足球的现实状况与我国政治、经济、文化的蓬勃发展脱节,难以满足人民群众的热切期盼,难以满足人民群众足球物质文化生活的基本需要,甚至在一定程度上影响了我们的国家形象。造成中国足球落后的原因众多,本书认为,最为根本的原因在于,长期以来弱化文化建设,片面追求运动成绩和商业利益,造成急功近利、拔苗助长、弄虚作假等现象的普遍存在,致使中国足球文化环境恶化,最终导致了中国足球的溃败。我们应该充分认识到"足球是一种运动,也是一种文化,只有形成良性的足球文化,足球才能健康发展"。

一、文化是校园足球的本质属性

校园足球的本质是文化。因为,足球项目属于体育项目的一种,而体育作为一种教育手段和教育本身,均属于"人类社会历史实践中所创造的物质财富和精神财富的总称"(广义文化)的范畴。从这个角度来看,体育和教育均是文化借以实施的手段,是文化的具体化。也就是说,体育(足球)的真正内核是文化。校园足球是体育和教育的结合体,是将体育项目运用于教育实践的产物。因此,文化亦是校园足球的真正内核,是校园足球的本质属性,文化建设是校园足球的核心工作。从对人影响的角度来看,文化的影响是潜移默化的、持久的,而体育作为单纯的项目时,对人的影响相对来看具有阶段性和一过性。因此,只有在上升到文化的高度时,体育项目的影响力才会更加强烈和持久。

足球作为一种文化现象,具有独特的魅力,蕴含着不可取代的文化统一性。作为体育项目的一种类型,足球是世界第一大运动,有着广泛的群众基础,受到全世界人民的普遍喜爱,这恰恰体现出了足球在体育项目中的特殊地位。除足球外,其他体育项目大多难以获得全世界人民的普遍喜爱,"世界杯的比赛,会在超过 213 个国家和地区转播,共有超过 288 亿人次观看约41 100 小时的比赛",观众范围覆盖了美洲、欧洲、亚洲、非洲的绝大多数国家,而观看人次的数值是地球人口总数量的 4 倍多。为何足球有如此大的吸引力? 究其根本,还是源于足球所具有的独特文化优势:文化的统一性。这一统一性超越了不同人群在年龄、性别、肤色、种族、贵贱、阶层、阶级等方面的差异,使其成为世界通用的共识性"语言",可以说,足球超越了世俗生活,成为世界统一认可的高级文化享受,"足球不只是一种运动,它是所有体育项目中最为民主的项目"。足球项目的民主性,从根本上讲就是文化的统一性。正如希拉克所言,"足球成为世界通用的语言,……它成功超越了社会的界限"。

二、以人(学生)为本是校园足球文化建设的核心

马克思认为,"文化是人改造自然的劳动对象化中产生的,是以人化为基础,以人的本质或本质力量的对象为实质的",也就是说,文化即"人化",而"人化"的精髓即以人为本。校园足球活动的实施过程是足球项目的"人化"过程,是足球项目实践影响人、改造人的过程,也是人能动地作用于足球

项目发展的过程。对于校园足球而言,"人"更多指的是参与足球活动的广大青少年学生,可以说,学生是校园足球文化建设的核心,校园足球活动的开展要以广大的青少年学生为本。当然,以人为本中的"人"也可包括体育教师、校长、管理者等人群,但从校园足球开展的基本目标——素质教育、足球人才培养角度来看,相对于学生而言,这些人群仍处于"边缘"地位,学生才是所有人群的核心。

学生的健康是以人(学生)为本的基本前提。以人为本开展校园足球活动,是校园足球活动广泛、深入、可持续发展的必然要求。没有广大青少年的积极参与,校园足球必将沦为一纸空谈。校园足球活动的开展,绕不开学生的身心健康发展这一基本前提,应"把促进学生健康成长作为学校一切工作的出发点和落脚点"。

相对于学生而言,足球是第二位的。足球项目在学校的开展,首先要满足的是学生素质教育的基本需要,其次,才应考虑项目本身的可持续发展的问题。应该充分认识到,要使足球项目在学校落地生根,持续、长久地开展,并最终满足足球人才培养的基本目标,从而为中国足球的振兴服务,首先必须要明确在学生和足球之间的关系问题上,学生是第一位的,足球项目的发展是第二位的。当然,学生第一位与足球第二位之间并不是矛盾的对立面,而是相辅相成的辩证统一关系。没有学校中的广大青少年的积极参与,足球项目的发展就无从谈起,足球项目在学校的广泛开展,为全面实施素质教育,提高广大青少年的身体素质、团队合作精神提供了有力的"抓手"。也就是说,校园足球和足球项目的可持续发展要建立在以人为本(以学生为本)的基础之上。

第二节　校园足球文化结构

目前,文化概念比较多,分类较为凌乱,认识上尚未完全统一。本研究参考卢元镇对体育文化的界定"体育文化是关于人类体育运动的物质、制度、精神文化的总和,包括体育认识、体育情感、体育价值、体育理想、体育道德、体育制度和体育的物质条件等",依据目前对文化最普遍的分类方法——"四分法"(物质文化、精神文化、制度文化、行为文化),结合校园足球特点,提出校园足球文化的概念:校园足球文化是校园足球相关的物质文化、精神文化、制度文化和行为文化的总和。当然,利用"四分法"对于校园足球文化进行分类,具有一定的优势,同时也存在一定的弊端。优势在于比"二分法"更为细化,更为具体,有利于校园足球文化的具体化;弊端在于各类文化之间并不是绝对的相互独立的存在,而是存在一定的交叉、重叠的情况,而这一弊端无论何种分类方式均不可避免。

一、物质、精神、行为、制度文化构成的文化统一体

校园足球文化是由物质文化、精神文化、制度文化和行为文化构成的文化统一体。其中,物质文化作为开展足球活动基本的前提条件,属于基础的范畴;精神文化更多地倾向于意识形态方面,属于目标(方向)的范畴;制度文化是为规范校园足球活动开展而制定与设立的,属于基本保障条件的范畴;行为文化与规范和约束学生足球活动的行为相关,属于基本规范范畴。从以人(学生)为本的角度来看,行为文化与学生直接相关,因此,研究认为在四类文化中,行为文化处于核心地位。

二、物质文化是基础

将校园足球物质文化划分为:足球相关的场地设施建设和师资力量投入。场地设施是足球项目在学校长期、稳定开展的基础性条件,是实施足球教育、教学活动的基本场所。师资力量是校园足球开展不可或缺的重要因素,"加强校园足球师资队伍建设"是校园足球开展的必然要求。"各级教育部门加快教师结构调整,……争取3到5年逐步落实每1所定点学校中至少有1名足球专业教师",成为校园足球贯彻实施的当务之急。

三、精神文化是方向

精神文化主要体现在校园足球作为学生的"节日"、教师的"舞台"、学校的"窗口"、城市的"名片"以及校园足球活动自身品牌价值的"提升"5个方面。精神文化是校园足球文化建设的方向,其承载的是学生、教师对于校园足球的基本需要所应达到的理想状态,是学校城市等单位对校园足球与本单位协同发展所应达到效果的期望目标;同时,也是校园足球保证自身健康、持续发展的客观需求。

校园足球自身品牌价值的提升是其蕴含精神文化提升的根本前提。足球作为一项持续的活动在学校、城市开展,会对参与者个体或群体(学生、教

师)的意识形态,以及参与单位(学校、城市)内部影响意识形态形成的客观环境产生深远的影响。"健康向上的足球文化代表着一个国家、一个城市文明进步的程度",只有在自身具有丰富文化内涵的前提下,才能够承担起相应的责任。

四、制度文化是保障

制度文化主要体现在校园足球相关的规则体系的建构与运行模式两个方面。其中,规则体系中的指导性文件主要是指国家体育总局、教育部联合下发相关文件。规章制度方面主要是指足球管理机构下发的针对性的规程、实施方案、要求等。运行模式主要指的是管理模式和活动的组织模式。管理模式方面,如何全面推进各级校园足球管理机构的教体结合,成为校园足球制度文化建设道路上面临的重要问题之一。此外,校园足球是一个动态的活动的集合,不仅包括竞赛、培训、训练营、进校园等活动,随着校园足球自身活动体系的健全与发展,会有更多类型的活动纳入进来,成为校园足球活动集合中的组成部分。因此,系统规划、规范各类活动,构建、设立同类型活动的基本组织运行模式成为校园足球制度化建设面临的一个问题。

五、行为文化是规范

从以人为本的角度来看,学生是校园足球文化建设的核心,而行为文化(主要指行为文化中的价值取向和行为方式)与学生直接相关,处于其中的核心地位。校园足球的行为文化由"价值取向、行为方式和行为环境"三部分构成。其中,价值取向包括了价值目标、学生认识理解足球的基本理念以及学生参与足球活动的精神状态构成;行为方式主要由足球竞赛、足球活动中的礼仪以及足球相关的游戏活动构成;行为环境主要考虑了学校和城市的足球环境——开展足球活动的传统、氛围、自然条件等要素。

学生的价值取向建设是校园足球行为文化建设的核心。价值目标、理念和精神状态均属于意识形态范畴,是影响学生行为方式的最根本的因素。价值目标反映出学生参与校园足球活动的原始动机。学生在参与足球活动的价值目标方面存在显著的个体性差异:健身、交友、兴趣、快乐、成为球星、展现自我等。这些目标有长期性的,相对稳定不变化的,也有暂时性的。积极、主动性的价值目标的确立对于青少年长期、持续地参与足球活动具有深远的影响。理念主要是指学生对于校园足球项目规律及其构成要素特征的认识或看法。如对于足球项目基本规律的认识;对于足球项目在技术、战术、体能、心理方面特征的认识等。精神状态是指学生在参与足球活动时思想意识的临时性定位。从对学生行为方式影响的时效性来看,价值目标和理念的影响具有持久性和稳定性的特点,而精神状态的影响则更趋向于短暂性和一过性的特点。

行为方式是学生价值取向在校园足球实践活动中的具体反映。行为方式本身受到竞赛规则、礼仪、游戏规则等诸多规则、规章制度的统一性限制,但价值取向的差异性反映到行为方式的实践中,仍会表现出极大的个体性差异。在遵循规则的前提下,有效地保护甚至是发扬学生的个体差异,是校园足球行为文化建设的重要职责与内容。行为环境对于学生的价值取向和行为方式有着深远的影响,"近朱者赤,近墨者黑",学校、城市足球传统、氛围、环境的形成与培育对于校园足球的顺利实施至关重要。

文化是校园足球的本质属性,而以人(学生)为本是校园足球文化建设的核心。校园足球文化是校园足球相关的物质文化、精神文化、制度文化和行为文化的总和,是由它们构成的文化统一体。其中,物质文化是基础,精神文化是方向(目标),制度文化是保障,行为文化是规范。行为文化在校园足球文化中处于核心地位,而学生的价值取向建设是校园足球行为文化建设的核心。校园足球文化建设,是培养学生体育兴趣与爱好,形成良好体育锻炼习惯的高效措施,是全面贯彻落实素质教育、推进阳光体育运动、构建良好校园文化的有效手段。以足球文化建设为手段,推动校园文化建设步伐,使足球活动成为校园文化活动的重要内容,成为伴随学生成长的生活方式,成为学生的精神寄托和学校文化建设的重要载体。

第三节　校园足球文化建设的意义

将足球文化融入校园文化有其合理性和必要性。

(1)足球文化是体育文化。校园体育文化以其特有的健身、育人价值成为促进校园文化发展的重要手段,是校园内涵发展中必不可少的潜在力量。

(2)足球文化融入了民族文化。随着足球运动的开展,足球运动风靡世界,成为世界第一的运动,表现在国际上的足球比赛更能体现一个国家的足球实力,进而成为民族运动形式,久而久之成为一种民族力量和政治力量,尤其在现在的中国,亟需重振中国足球的雄风。

（3）足球在现在的中国有一定的群众基础,很大一部分参与群体来自高校学生,高校足球文化的开展为"把我国新一代球员培养成有文化、会踢球、受社会欢迎的高素质人才"提供了精神高地和智力保障。

（4）随着校园足球文化的深入发展和校园竞技体育运动的开展,内部可以提高学生的综合素质,丰富学生业余文化生活,提供其精神食粮。外部能够提高学校在本地区甚至整个国家的知名度,通过赛事赞助商和传媒的宣传来推动和提升高校的知名度在 CUBA 联赛中已可见一斑,学生足球联赛可以效仿。

第四节　校园足球文化发展的原则

一、取消功利化

伴随着足球职业化、商业化的发展,球员培养体制、比赛形式、发展模式愈发功利化,似乎一切都与"钱"密切相关。中国足球要想走向世界,必须营造一种"去功利化"的足球氛围。而校园足球运动的开展更要真真切切地抓好足球的基础工作,从更多的高素质人才中挖掘出真正的足球天才。

二、融入民族文化性

将足球融入民族文化并从文化中汲取营养,这在国外很多国家都有成功的例子。我国文化源远流长,仅蹴鞠文化就有 2000 多年的历史,所以校园足球文化的开展中要注重学生意志品质的培养,训练过程中要着力创新,拓展思路,培养学生的想象力和创新能力,足球运动开展中要加强队员自律规范性教育,加强民族文化教育,唯有如此,才能将民族的精神原味持久地输入足球运动中去。

三、注重团体性

足球运动本身就是一项讲究合作、团队协作的运动。校园足球文化的开展本身就是一种规范性的群体性活动的开展,通过群体性的足球比赛、足球表演、足球文化沙龙、足球娱乐,提高学生的集体团队意识,通过这些具体的活动将团队合作精神渗透到学生足球运动员的思想中去,形成持久的价值观和道德约束,让足球队员在日常的生活学习中相互照顾、学会宽容、懂得容忍,在足球交流中形成思想、态度、情感、价值观念的认同感和信任感,形成良好的团队协作和培养优秀的集体主义精神,从校园足球比赛中培养学生的团队合作,使学生能在复杂多变的比赛环境下冷静踢球,寻找最好的传球时机和助攻配合,这也是足球运动的一种魅力。

四、讲究持续性

校园足球文化的发展不能急于一时,必须要有一个形成及培养过程,一方面是足球文化的培养;另一方面是校园足球联赛的培养。足球文化的培养包括校园足球体育设施的配备、足球社团的开展、足球文化氛围的形成等,校园足球联赛的培养则是指某个地区或者某校园内部足球联赛开展要具有持久的连续性和现实的可行性。

目前,我们校园足球基础设备的配置相对落后,大多数足球文化活动都带有一定的强制性,同学们参加足球社团的兴趣不高,此外各个地区校际校内之间开展的足球赛事少之又少,在某些学校甚至没有自己的足球队,对于上级要求,地方学校采取遮掩式的应付政策。不管是足球文化的培养还是足球联赛的开展都需要一个持久连续的过程,这本身需要各级各类学校能有良好的自律能力而并非强制性的执行政策。

校园培养持续性的足球文化最为有效的方式就是组织校园足球俱乐部。首先,校园足球俱乐部属于社团性质,它隶属于学校团委机构,接受学校领导和指导,在一定程度上能得到学校的支持,并得以延续。其次,校园足球俱乐部应制定俱乐部章程,实行会员自治,交纳一定的会员费用,在一定程度上为足球活动的开展提供一定的经济支持。再次,足球俱乐部的活动是一种群体性的互动,在一定程度上能消除学生因参加而不能坚持的思想惰性,有利于足球运动的开展和足球校园文化的传播。最后,足球俱乐部的发展有利于校际的足球交流,在一定程度上有利于足球文化的外延性发展,从而培养更宽泛的足球文化。

第五节　校园足球文化的发展

一、校园体育运动文化概述

(一)校园体育运动文化的概念

文化是人们在实践过程中创造的,是物质财富和精神财富的总和。校园文化具有两方面的内涵,广义的校园文化包括学校的物质文化、精神文化和制度文化等方面;狭义的校园文化则是指校园的文化氛围和精神文化。

从以上内容可知,校园体育运动文化是指属于学校内以师生群体为主要对象的群体文化,它是校园内所呈现出的一种特定的体育运动文化氛围,是学校的师生员工在工作或生活中所共同拥有的物质和精神财富。校园内开展的体育教学活动以及师生自行组织的课外体育活动是其主要表现形式。学生是校园体育运动文化的主体,其文化内容主要以课外体育文化活动为主,结合德育、智育、美育文化等一起构成了校园文化群,又与竞技运动文化、大众体育文化组成了广义的体育文化群。

由此我们可以看出,校园体育运动文化是学校特殊环境中产生和演进的必然产物。由于不同的学校拥有各自不同的地理条件和不同的体育项目传统特点,其分别形成各自独特的校园体育运动文化。为了能够更为详细地了解校园体育运动文化,我们将从体育文化的物质层面、智能层面、规范层面以及精神层面进行分析。

(1)从物质的层面进行分析。校园体育运动文化包括体育运动的场地、器材等设施。具体来说,还包括场地、器材设施的质量以及水平,场地的环境以及使用情况,体育商品的类型和服装的样式等。

(2)从规范的层面进行分析。校园体育运动文化主要是指学校体育运动中是否具有一些制度性文本,且这些文本是否能够切实有效地进行开展,并深入师生群体体育互动中去。这些规范文本包括体育教学大纲、指导思想、组织原则、教材、评价标准以及奖励标准等。

(3)从智能的层面进行分析。校园体育运动文化主要指体育活动的科学基础。具体指在校园体育运动中有哪些体育运动学科作为校园体育运动的指导学科。例如,校园体育运动是否开展了体育美学、体育哲学、体育解剖学、体育社会学等学科。指导学科的开设对校园体育运动文化的丰富具有重要的意义。

（4）从精神的层面进行分析。校园体育运动文化主要是指活动群体的价值观,具体表现为活动群体对生命、健康、体育的评价。价值观的形成是一个不断认识自我、认识体育运动的渐进过程。

（二）校园体育运动文化的价值

校园体育运动文化对学生的功能主要表现在几个方面,即促进智力、思想道德品质、美学素养的发展,规则意识的培养、成就感的培养、凝聚力的增强等,具体如下。

1. 校园体育运动文化有助于发展学生的智力

校园体育运动文化对学生智力的发展可起到积极的促进作用。对于现代学生来说,健康的体质尤其是健全的神经系统都为其智力的发展提供了重要的物质基础。长期的体育锻炼,对学生敏锐的感知能力、灵活的思维能力、丰富的想象能力、良好的注意力和记忆力都能够起到提高的作用;可以使学生进行积极性休息,消除大脑的疲劳,恢复和提高大脑的工作能力,提高学习的效率。在学习之余进行体育锻炼,学习体育文化知识,对学生的全面发展能起到事半功倍的作用。

2. 校园体育运动文化有助于发展学生的思想道德品质

良好的思想道德品质是现代学生应具备的基本素养。对学生进行思想品德教育,是德育和体育教学的重要任务之一,两者在全面教育中是很难分开的,在学校教育中往往寓德育于体育之中。事实证明,校园体育运动文化是培养学生良好思想品德以及完善其个性的重要手段。校园体育运动文化以它丰富多彩的活动内容,吸引着学生参与其中;校园体育运动文化多以集体为单位,便于进行群体教育;校园体育运动文化活动经常采用竞赛评比和奖励优胜等方法,有助于培养学生的竞争意识和开拓精神;作为一种教育和充实余暇时间的手段,校园体育运动文化对于预防和矫正学生的不良品德,教育犯有过失的学生具有十分显著的效果。

3. 校园体育运动文化有助于发展学生的美学素养

校园体育活动对学生美学素养的培养具有十分积极的作用。美育是提高人的个性和谐发展的重要教育标志。思想品德和情操的美,是德育的主要内容,而风度美、语言美、环境美等,往往与一个人的文化知识水平和美学修养有着直接的关系。至于美与体育的关系,体育代表的是体质的健康,美是健康的一种表现形式,美建立在健康的基础之上,没有健康,美就无从谈起。只有体育与美育相结合,才能培养出集"健"与"美"于一体的人。

4. 校园体育运动文化有助于促进学生对规则意识的认识

校园体育一般是群体性活动,在活动过程中,群体成员必须在遵从规则的前提下才能够进行锻炼和比赛。如果脱离了规则,体育活动尤其是体育比赛则无法开展。在长期的体育活动参与过程中,规则意识被逐步渗透到学生内心之中。这种规则意识的培养具有非常重要的作用和意义,其不仅表现在对体育活动本身起作用,还表现在会将学生对其他方面规则的认同和接受逐渐培养出来。

5. 校园体育运动文化有助于培养学生的成就感

对于学生而言,其成就感的获得往往是通过校园体育运动来实现的。学校开展的体育比赛、运动会等群体性体育活动将大量师生聚集起来,学生通过参与其中的某一项目,在比赛中拼搏,并获取胜利,使得他们能够体会到成功的喜悦。而对于一些学业方面并非出众的学生,其在体育运动方面的成功,会更好地培养其自信心,同时,这种自信心也能够逐渐被迁移到学业中来,从而促进学业获得更好的发展和进步。

6. 校园体育运动文化有助于增强学生的凝聚力

在校园体育运动文化氛围的影响下,学生之间的凝聚力也会不断增强。在学生的群体性活动中,每个学生都会积极努力地为集体贡献力量。因此,校园体育运动文化对于学生凝聚力的增强起着重要的推动作用。

从上述内容可以看出,校园体育运动文化是一种精神文化。校园体育运动文化有助于创造生动丰富的校园文化;有助于冲破校园文化的封闭性,增强开放性;有助于弘扬校园文化的创新精神,这对学生获得全面发展以及学校的进一步发展都具有十分重要的意义。

二、校园足球文化

(一)校园足球文化的概念

校园足球文化是在足球运动知识的学习和运动技能的掌握过程中形成的智能教育,不断丰富学生的文化知识,拓展其视野。校园足球文化的核心是培养学生的足球价值观,促进足球运动的制度化、法制化和品位化发展。其包括足球观念,即为对足球运动的理解,以及在此基础上形成的各种行为模式和各种行为表现,如校园足球联赛、校园足球文化载体等。

(二)校园足球文化与青少年足球人才培养

一般而言,我国的青少年足球人才培养可分为两个基本的发展阶段,即职业化改革前发展阶段和职业化发展阶段。

在足球运动的职业化改革之前,我国的足球人才的培养方式以地方传统项目学校—业余体校—体工大队为主。在 1994 年之后,我国足球职业化逐渐开展起来,对足球运动员的培养开始逐渐转变为职业足球俱乐部和足球学校。

现阶段,我国的足球人才培养方式以职业足球俱乐部的后备梯队和足球学校为主,而足球传统项目学校的功能被逐渐弱化。我国足球运动处于职业化发展期,很多地方还有待进一步发展和完善,尤其是后备力量的培养体制方面还有很多的不足,从而使得我国的足球人才相对较为匮乏。通过发展校园足球,能够实现"体教结合",这种培养方式下,参与足球运动的人不断增加,对于我国足球运动的长远发展具有积极的意义。虽然足球学校是足球人才培养的重要场所,但是也有一些不足之处,对我国足球人口的发展并没有起到应有的促进作用。足球学校培养模式虽然对我国足球运动的职业化发展具有积极的意义,尤其是足球职业联赛的初期,其作用更为显著。但是,随着足球学校的不断增多,足球学校开始出现了一定的质量问题,一些足球学校办学条件和办学资质水平较差,足球人才的培养质量也开始下降,这就使得足球学校的声誉受到了一定的影响,从而使得足球学校开始逐渐减少。

我国在足球职业化发展的初期,欠缺相应的发展经验,忽视了足球运动发展的规律和青少年人才身心发展的规律,忽视了学校足球运动的普及和发展。足球学校对足球运动员的专项技能的提高具有积极的促进作用,但是其对于文化课方面的教育却有待进一步提高并且训练也缺乏科学性,从而使得青少年对于足球运动逐渐失去兴趣,专项技能不突出,文化知识学习欠缺,从而造成了以后就业的困难。另外,足球学校的费用一般较高而成才率相对较低,从而使得很多家长不愿意其子女在足球学校学习。

总而言之,我国足球运动的普及和青少年足球人才的培养过多地依靠足球学校,而忽视了校园足球对于足球人才增长的重要促进作用。足球学校并不能胜任这一任务,造成了我国足球人才的不断萎缩。足球运动在普及过程中,相应的政策和资金扶持不到位,这更加重了我国足球人才的减少。近年来,通过分析我国足球发展的形势,深刻认识到了我国足球运动发展的不足之处。所以,从2014年开始,我国开展足球四级联赛制度。通过一系列举措的推行,促进了校园足球的迅速发展,这对于我国足球运动的发展具有重要的意义。

三、校园足球的发展历程

我国校园足球运动起步相对较晚,可将其发展历程概括为以下三个阶段。

(一)萌芽阶段

我国校园足球运动发展的第一个阶段就是萌芽阶段,在这一阶段,出现了一些比较突出的系列比赛,如"希望杯""幼苗杯""萌芽杯"等。在20世纪80年代初期,团中央教育部以及原国家体育委员会共同下发《在全国中小学生中积极开展足球运动的通知》(以下简称《通知》),该《通知》要求学校按照不同的年龄阶段划分来组织足球比赛:6~11岁年龄阶段的学生参加"萌芽杯"比赛;12~14年龄阶段的学生参加"幼苗杯"足球比赛;15~16岁年龄段的学生参加"希望杯"足球运动比赛。

当时,校园足球活动的开展对学校有着巨大的吸引力,全国足球发展较为先进的城市中,有1000多所学校积极参加此项活动。然而,因为有些学校的参赛队单纯重视比赛成绩,经常通过运用行政命令来把所在地市的优秀足球运动员集中起来,使之作为一些学校的参赛队来参加比赛,获取优异的成绩,这一行为严重影响了比赛的公平性,也挫败了其他学校参加足球比赛的积极性。因此,仅仅持续三年之后这项比赛便不再存在。尽管足球比赛消失不见,但是一些地区的青少年培训工作仍然在有序地开展。可以说,20世纪80年代校园足球运动的萌芽与兴起为当代我国足球运动的发展奠定了一定的基础。

(二)停滞阶段

我国足球运动的发展随着足球职业化进程的加快,迅速进入了一个新的发展时期。然而,从校园足球运动自身的发展情况来看,开始进入一个停滞发展的阶段。这主要是因为职业俱乐部对一线足球训练比赛队投入了大量的精力与支持,几乎不再重视青少年校园足球运动,也不再继续为青少年足球运动而投入。与此同时,一些办学质量参差不齐的足球学校在社会上不断涌现,这些学校中大部分都是为了收取高额的学费,很少将注意力集中在对学生足球竞技水平的培养上,这些足球学校在建立初期出现了一段时间的蓬勃发展,但之后便停滞不前,发展受阻。这一时期严重影响了我国足球运动的发展,"体校—省队—国家队"是原来经过几十年才建立起来的三级训练体系,这一体系在停滞阶段完全崩溃,最终解体。此外,注册青少年足球运动员的人数不断下降,中国足球的发展面临着尴尬的处境。

（三）快速发展阶段

为了促进我国足球运动整体水平的不断提高,促进学生身体素质的全面加强,国家体育总局和教育部在 2009 年共同下发了《关于开展全国青少年校园足球活动的通知》(以下简称《通知》),该《通知》要求,对城市的各中小学校进行严密布局,使这些学校积极支持并全面开展校园足球运动,对从小学阶段到大学时期的各级各类比赛进行建立,并使之不断趋于完善,将足球理论知识与实践技能在青少年学生中进行广泛宣传与普及,创建健康文明的校园足球文化,加强对青少年足球后备人才的科学培养,使后备人才全面发展足球素养,并且突出自身的特色。为了响应《通知》的要求,还制订了相应的"实施方案",该实施方案对全国青少年校园足球活动开展的一些重要问题进行了确立,如确立了指导思想;制定了开展各级足球竞赛的目标与任务;成立了组织机构;对学校招收学生的资格和要求也有所明确,并出台了经费管理等政策。同年,在世界范围内,国际足联(FIFA)第一次提出了"草根足球发展计划",这一国际性的足球发展计划中包括了我国将足球运动向广大中小学生进行普及与推广的工作。

2009 年 5 月,国家体育总局经过研究做出决定,为了解决校园足球活动开展的经费短缺问题,从体育彩票公益基金(向社会募集)中每年提取 4000万元,作为解决这一问题的重要举措。这些资金为顺利开展校园足球运动提供了物质保障,其用途是极其广泛的,如对足球运动器材与联赛硬件设施加以补充、建设足球运动场地、为学生缴纳保险金、专业培训相关人员、对训练营和足球文化节进行组织与实施、对足球运动加以宣传与推广等项目,这些专项开支都有利于校园足球活动开展的顺利进行。

开展校园足球运动这一工作的主要目的是使青少年学生的足球竞技水平在体育与教育协调配合发展的条件下不断取得提高,同时也是为了促进校园足球运动文化的创建。班级与学校之间的足球联赛是开展校园足球运动的主导,校园足球活动的开展同时也是依托对青少年足球运动员的培训而进行的。

截止 2017 年 7 月,全国青少年校园足球特色学校 20218 所(其中小学 10022 所、初中 7111 所、高中 3085 所)、全国青少年校园足球试点县(区)102个(31 个省区市和新疆生产建设兵团各 3 至 4 个)、全国青少年校园足球改革试验区 12 个(其中省级试验区 3 个,分别是上海市、内蒙古自治区和云南省;计划单列市、省会和地级城市 9 个,分别是青岛市、厦门市、深圳市、成都市、武汉市、兰州市、郑州市、吉林省延边朝鲜族自治州和山东省滨州市)。复核校园足球特色学校建设情况,调研发展质量。据统计,以百分制计算,校园足球特色学校复核平均得分 87.79,优秀率为 74.12%。目前,招收高水平足球队的高校共有 77 所,2015 年招收 477 名学生、2016 年招收 474 名学生、2017 年招收 491 名学生,录取率为 6 ~ 7.5∶1。大力发展校园女子足球,在所有校园足球特色学校开展女子足球运动,与国际足联、中国足协开展女子足球推广活动。据中国青年报社的调查显示,66.7% 的受访者表示学校中男生和女生都参加足球课,这表明女生参与校园足球运动较为普遍。

中央和地方加大投入力度。三年来,中央财政累计投入 6.48 亿元校园足球扶持资金,各省(区、市)投入校园足球的财政、体彩和社会资金等累计196.03 亿元(2015 年 42.72 亿元,2016 年 80.04 亿元,2017 年 73.27 亿元)。教育部多渠道调动社会力量支持校园足球发展,2014 年在中国教育发展基金会设立青少年校园足球专项基金,接受社会捐献。

落实场地建设规划。2016 年 4 月,会同国家发展改革委等 4 部门印发《全国足球场地设施建设规划(2016 ~ 2020 年)》。把握底数,统计、核实各省份校园足球场地现存数量和未来规划建设数量。截止 2018 年,全国共有校园足球场地 51054 块,"十三五"期间计划新建改建场地 38944 块,到 2020年全国校园足球场地将达到 83726 块。教育部正在研究制定落实《全国足球场地设施建设规划(2016 ~ 2020 年)》实施方案,推动地方和学校落实新建、改建"十三五"期间 4 万块校园足球场地的任务。面向 17 省份开展校园足球改革发展配套政策、场地建设、青训体系建设等重点督察工作。从督察情况看,各地普遍出台加强校园足球工作的制度文件,从加强组织领导、加大资金投入、强化师资队伍和场地建设、完善安全风险防范制度、完善教学训练竞赛体系等方面强化措施,全力推进校园足球普及发展。联合国家发展改革委等部门开展《中国足球中长期发展规划(2016～2050年)》和《全国足球场地建设规划(2016～2020年)》落实情况专项督察,并向国务院呈报督察报告。各地借国家大力发展足球事业的东风,普遍通过多种资金渠道加大足球场地设施建设力度,这为我国足球事业长远发展提供了基础性保障。

《全国改善贫困地区义务教育薄弱学校基本办学条件五年规划(2014～2018年)》计划投入资金390.8亿元,规划建设学校运动场馆3.28亿平方米,重点向农村、集中连片特困地区、民族地区和边境地区倾斜。据统计,2015年、2016年全国学校运动场馆面积分别为13.65亿平方米和14.04亿平方米,新增学校运动场馆面积2800万平方米和3900万平方米。

加强师资队伍建设和培养培训力度。师资短缺是制约校园足球发展的关键短板。据统计,2015年全国中小学体育教师总人数为565638人,2016年全国中小学体育教师总人数为585348人。三年累计新增体育教师73298人,其中有足球专业背景的15594人。完善校园足球师资培养培训体系,开展校园足球骨干师资国家级培训、新增校园足球特色学校校长和体育教师培训,国家和地方三年累计培训23万多名体育教师和足球教练员,有力提高了他们的教学技能和专业素养。依托高校等设立5个校园足球教练员培训基地,聘请国内外专业足球讲师培训了840名持有英格兰足球总会、亚足联D级以上等级教练员证书的校园足球教练员。选送1100余名校园足球教练员赴法国、英国进行为期3个月的专业技能培训,开阔了基层体育教师和足球教练员的视野,提高了他们的足球专项技能,其中有540多名教练员取得英格兰足球总会颁发的足球教练员等级证书,开创了校园足球教练员在国外取得外国足球教练员等级证书的先河。实施《学校体育美育兼职教师管理办法》,完善退役运动员、优秀教练员、社会体育指导员、有体育特长的社会人员兼职校园足球教师制度。

四、校园足球运动发展的战略

校园足球运动发展所涉及的内容很多,因此,为了保证发展的过程中不偏离预定的发展目标,以及使发展始终符合实际需要,就需要明确相应的足球运动发展战略。

（一）校园足球发展战略及其特点

所谓校园足球发展战略，是指校园足球管理部门为了实现校园足球的健康、合理和可持续发展，而科学制定出的全面性、预见性和本质性的策略与决定。

校园足球发展战略与其他教学学科发展相同，具有非常强的专业性，不仅仅是一种供学生娱乐的活动。因此，要想为校园足球发展制定出科学合理的战略，除了需要相关体育教育部门具备掌握一般发展战略的基本内涵和特点的理论外，还需要深刻理解其所特有的特点。因此，在研究和制定校园足球发展战略的过程中，还必须充分考虑专业性、从属性和交叉性等特点，具体如下。

1. 具有专业性特点的校园足球发展战略

从宏观的产业分类来看，校园足球应当毫无疑问地属于我国第三产业中的教育行业和体育运动行业。教育与体育的结合势必具有较强的专业性。因此，校园足球发展的战略必然也就带有专业性的特点，而不是非专业管理人员可以参与的。为了保证校园足球发展战略的专业性，在制定战略时就要求相关人员具有同类学科学历的水平，或者从事足球行业多年，此外，这些人员还应具有较强的精细性和责任心。

2. 具有从属性的校园足球发展战略

足球运动的发展是一个宏大的工程，为了完成总体工程目标，在整体系统下就有若干个子系统各自发挥各自的职能。其中，校园足球就是众多子系统之一。校园足球的发展战略要服从我国足球运动整体发展战略，这就是校园足球发展战略的从属性。这种从属性决定了校园足球发展战略具有双重任务，第一项任务为实现校园足球自身的发展，第二项任务为实现我国足球整体发展战略对校园足球发展的要求。两者相辅相成，任何过多的偏重都会对各自任务的完成产生不利影响。

3. 具有交叉性的校园足球发展战略

校园足球发展战略的交叉性较为容易理解。首先，校园足球是一种"体教结合"的尝试，这种模式在我国已经有了一些尝试，如北京理工大学成立的北理工足球队，它的队员组成全部为该校在读大学生。不过这种模式在我国并未大规模出现。其次，校园足球发展战略的交叉性特点还在于校园足球既是教育部门工作的重要组成部分，同时也是体育部门工作的重要内容,在实际操作和具体运行中存在职能和分工的交叉,单凭教育或体育机构妄图实现最终战略目标都是不现实的,实际可行性也较差。所以说,校园足球发展战略是一种存在复杂关系的交叉性战略,这就需要相关人员在制定校园足球发展战略时必须对可能出现的矛盾和问题做好充分的预估和拟定处理办法。

(二)校园足球战略目标

1.宏观目标

对于校园足球发展的战略宏观目标的制定,首先要考虑到多方面因素对校园足球发展的影响,如我国的政治、经济、社会、文化等环境,此后再结合我国教育活动特点和体育运动发展现状、足球运动发展环境等进行考量,与此同时还要注意吸收足球发达国家的校园足球经验。通过对上述内容的总结和分析,提出校园足球发展战略的总体目标为利用15~20年的时间构建一个与社会主义市场经济体制相适应、具有中国特色的校园足球培养体系;建立完备的、高效的校园足球管理体制和运行机制;使校园足球人口获得明显增加,校园可以培养并输送一批具有一定水平的足球人才,以此为最终推动我国足球运动全面发展奠定坚实的基础。

2.具体目标

对于制定校园足球战略的目标来说,仅仅有一个宏观目标还不够,宏观目标只是战略最终想达成的目标,而为了实现这一目标,就必须要在诸多小任务中完成小目标,宏观目标正是由这一个个的小目标组合而成的,这个所谓的小目标就是具体目标,它是将总体目标按照纵向、横向或时序等维度分解成为零散的任务目标,这与体育教学中的教学总目标和子目标类同,具体目标是实现宏观目标的基础或组成部分。因此,在设立具体目标时应注意遵循如下几点要求。

(1)根据实际情况将宏观目标分解成为若干更具有可操作性和具体性的具体目标。此过程中需要注意具体目标的实效性,务必确定其始终是以宏观目标为基础的,保证宏观目标最终能够得以实现。

(2)具体目标的确定需要遵循各分目标所需的条件及限制因素,如资金因素、人力因素、相关管理水平或技术保障等。

(3)对于各具体目标的分化,要本着统筹协调、有条不紊的原则,在内容与时间上要保证协调、平衡、同步发展,进而促成宏观目标在预期之内实现。

3.目标实现

通过上面的阐述,再根据我国校园足球开展的现实情况可以将校园足球发展的具体目标分为以下几种,并做进一步分析。

1.建立系统、规范、科学的校园足球管理体制

管理体制是管理行为的基准,因此几乎在所有管理工作中都会设有一套系统、规范、科学的管理体制。校园足球战略的具体目标的实现也需要依靠这样的体制。因此,根据我国的国情和校园足球发展现状,校园足球战略的具体目标管理体制应与社会主义市场经济体制相适应,并且符合校园足球发展规律。

2.形成合理高效的资源配置方式

校园足球运动的开展需要借助诸如场地、资金、教练员等专门性资源。单纯依靠学校一家难以满足校园足球运动开展所需,因此,这些资源会通过政府拨付或企业赞助的形式获得。尽管如此,可用于校园足球运动发展的资源仍旧相对较为匮乏。那么,如何将这些已经获得的资源用好,体现资源利用的高效性就成了检验管理水平的标准。

3.逐步扩大校园足球参与人口

校园足球的发展需要依靠广大学校学生的积极参与。只有使每一个在校学生都接触到足球运动,才能将足球运动发展的金字塔的塔基打牢。因此,校园足球运动发展战略的具体目标中就应该有关于逐步扩大校园足球参与人口的目标。

4.构建小、初、高、大"一条龙"式的校园足球人才培养体系

关注后备人才的培养是足球运动发展本质规律中的一项,校园作为青少年学生的聚集地自然就成为足球后备人才的培养基地。因此,完善我国足球后备人才培养的路径,初步建立起一个依托小学、初中、高中和大学等教育系统层级的四级金字塔式的、结构合理、上下畅通的"一条龙"足球后备人才培养体系。这种"一条龙"式的培养体系非常有利于学生足球运动能力的提高。尽管对大多数学生来说,参与校园足球运动的目的仅仅是健身或娱乐,有向足球运动更高目标追求的学生不占多数,但又由于我国人口的基数较大,如此也能够涌现出非常多的学生足球人才,他们依托"一条龙"式的培养体系,能够在每一个学习阶段都保证获得良好的足球运动氛围和条件,以此使他们的足球特长得以延续,并最终成为不可多得的足球运动人才。

五、校园足球发展的措施

(一)加强校园足球发展的舆论宣传

在21世纪信息化时代到来的今天,信息传播媒介和舆论宣传已经成为事物发展所必不可少的支撑渠道了。校园足球运动的开展一样也离不开舆论宣传工作,其目的就在于通过舆论宣传使社会更多层面的大众知晓和了解校园足球的重要性和必然性,进而使他们也能够积极地参与其中并且为校园足球做推广。具体来说,校园足球发展的宣传工作应按照以下两点实施。

(1)要重视校园足球发展定位、发展思路、培养理念等核心价值体系的宣传,提高公众对校园足球的认识,形成全社会都积极支持校园足球的氛围。对广大的群众宣传校园足球运动具有非常现实的意义,其原因在于构成校园足球运动的主体正是千家万户的孩子,由于受我国传统家庭观念的影响,家长对孩子的行为有一定的影响力,因此,只有通过宣传使学生、家长和学校体育管理部门等人士最大程度的认同、支持和参与,才可能逐步出现有利于校园足球可持续发展的局面。

(2)要总结和推广校园足球实施过程中的成功经验及特色做法等,广泛报道校园足球取得的成效,发挥榜样的积极示范作用,有效地引导和促进各布局城市校园足球的健康、有序开展。

加强校园足球的宣传推广工作要充分发挥媒体的作用,使媒体成为校园足球发展最强劲的推动力。特别是应该借助多样化的现代便捷信息传播途径,如网络、电视等媒体并结合青少年的身心特点,形成以网络媒体为核心、电视媒体和平面媒体为辅助的形式多样、点面结合的校园足球宣传推广工作平台,使其各展所长,对校园足球进行丰富多彩、生动活泼的宣传报道,提高宣传的实效性和感染力。

(二)加大足球场地基础设施建设

对校园足球教学与训练来说,足球场地、训练器材等硬件设施都是提高足球教学与训练水平的重要物质保障。体育教学不同于其他形式的教学活动,其具有很强的实践性。体育教学中的场地资源是进行体育教学的基础,体育场地资源与设施的健全与否,关系到体育教学目标能否实现,以及体育教学效果的优劣,同时,也影响着学生体育兴趣、体育习惯以及终身体育教学思想的形成。对体育场地资源进行科学的管理是体育教学活动正常进行的重要保证。学校应积极完善足球场地,增设足球器材。运动场地的建造应以在校学生的总数以及体育课时数为依据,在此基础上科学合理地配置体育场地的数量和大小。

(三)优化校园足球师资力量

足球运动发达国家之所以能够保持良好的校园足球运动水平,除了他们拥有长期贯彻的足球运动发展方案外,还非常注重对足球师资力量队伍的建设工作。特别是对于初步接触足球的少年儿童,足球启蒙教育对他们了解和热爱此项运动起到直接的作用。为此,我国也应进一步加强足球教练员队伍的培养和建设,以期能够为校园足球运动的良好开展提供支持。足球教师(教练员)是校园足球第一线工作者,对于校园足球活动的顺利推进和发展具有至关重要的作用。可以说,校园足球要实现长远发展,师资是关键。不过从我国校园足球运动开展的现状来看,我国的足球师资队伍建设尚不完全,师资力量较弱,不能满足校园足球活动的需要。加强校园足球师资队伍建设、优化校园足球师资力量的工作应该从师资数量和师资质量两方面内容入手。

1. 扩充校园足球师资数量

开展青少年校园足球活动需要有一大批有足球专业特长的体育教师,从目前情况看,最迫切的问题是学校现有体育教师数量不能满足开展校园足球活动的需要。鉴于此,应该通过推进教师聘用机制的改革,完善足球师资队伍补充机制,增加校园足球师资数量,为校园足球发展注入新鲜血液。目前,最为可行的且运用较为广泛的扩充足球师资的途径主要有以下两种。

(1)通过制订"足球师资特设岗位计划"等形式,优先选择录用那些足球专项人才到学校任教。

(2)整合、发挥教育与体育部门现有闲置专业资源,包括体育系统闲置的足球教练、退役运动员及俱乐部明星球员等专业资源,采用引进、兼职等多元形式,来弥补足球师资不足的问题。

2. 优化校园足球师资质量

随着校园足球的不断发展,需要不断优化师资队伍结构,学历结构、年龄结构、职称结构等方面,尤其需要不断提高教师的专业水平。优化校园足球师资质量的措施主要有以下几项。

（1）推行足球教师资格制度。推动我国足球教师资格制度的发展，提高足球教师的整体素质。一方面，虽然我国经济社会发展具有一定的不平衡性，但是对教师资格进行必要的规范，要建立全国性的教师资格标准；另一方面，教师资格制度的发展应结合当地实际情况，制定符合各地实际水平的地方性教师资格制度。实施教师资格制度能够在一定程度上促进教师职业的专门化，提高教师的专业化地位。

（2）重视足球教师的继续教育培训。保证教师提升自己的时间，学校应积极鼓励和组织教师进行进修。为了保证教师具有进修的时间，应制定相应的政策和制度，使得教师能够更好地提升自己。在学习的过程中，能够了解到最新的学科动态、教学方法等，从而能够有效提升教师的专业素质和业务水平。

（3）加强足球教师的交流学习。注重足球教师之间的交流和分享，以使得教师能够积极分享教学心得，共同进步。为了更好地发展校园足球，应积极与足球发达国家的专家、学者进行交流与合作，促进教师的学习和提升。另外，我国也可选拔一些优秀的足球教师去国外学习，吸取国外的先进足球教学理念。

（四）培养学生的创新能力，提高训练的技能

1. 培养学生的创新能力

学生拥有独立创新的能力，这点对训练水平的提高具有非常重要的作用和意义。学生如果具有创新思维和创新能力，则能够对足球运动的技战术更好地进行把握，能够对技战术做到灵活运用。另外，具有创新能力，学生在学习相应的运动技能时，能够掌握其基本原理，从而做到举一反三，为进行足球训练创造良好的条件。

2. 加强对学生足球意识的培养

校园足球除了需要依靠体育课程来实现，还可以通过开展相应的足球运动比赛，使得学生更好地体会运动的快乐，并且在运动过程中培养其足球意识，提高其足球运动技战术水平，对于其足球运动能力的提高具有重要的意义。另外，战术能力的提高对其足球运动水平的提高具有重要作用。学生应结合自身的实际情况，培养足球战术意识，提高战术运用能力。

3. 加强足球组合技术的训练和培养

足球运动技能的获得是一个复杂的学习过程，需要经过长期的系统训

练,在训练过程中,学生应发挥自身的创新能力,加强足球运动技战术组合技术的训练与应用。在训练过程中,既要理解各种技术动作之间的相互联系、战术之间的联系,还要明确技战术之间的配合与运用。这就要求学生在学习与训练过程中积极发挥其主动性和创造性,更好地把握足球技战术。

(五)构建足球网络信息平台

随着现代社会的快速发展,现代科学技术已越来越广泛地运用在足球运动当中,这对校园足球水平的提高是十分有益的。作为重要的人才培养基地,校园理应对构建足球网络信息平台给予关注。通过创建相应的足球信息网络平台,能够实现各种信息资源的共享,不仅方便学生的学习,也能够便利教师的教学与科研。从长远角度来看,这是非常有必要和有意义的事情。

第五章

校园足球教学体系与人才培养体系研究

第一节　校园足球教学体系研究

一、小学足球教学体系建设

（一）小学足球教学目标

本书对小学阶段的足球教学从四个方面设置了三级水平的教学目标，供读者参考。水平一、水平二、水平三分别对应小学 1～2 年级、3～4 年级和 5～6 年级。三个水平阶段是一个不断提高的连续发展过程。学生可以通过小学阶段的足球学练，在初步掌握足球运动基本技战术的基础上，了解足球比赛规则，熟悉足球比赛过程，享受足球乐趣。

以下按照四个学习方面的三个水平阶段的划分，列出了小学足球教学的总体目标、水平目标和小学生达到该目标时的预期表现，供教师参考。教师在设置具体的单元和课时学习目标时，应把目标进一步具体化和明确化，使目标具有更强的可观测性与可评价性。

（1）水平一（小学一、二年级）（表 5-1）

表 5-1　水平一校园足球教学目标(示例)

学习方面	总体目标	水平目标	达成目标的表现
运动参与	参与足球学习与锻炼	上好足球课,并积极参加课外足球活动	积极、愉快地上好足球课和参加课外足球活动
	体验足球运动乐趣与成功		
运动技能	学习足球运动知识	获得足球的基本知识和体验	了解足球运动项目中简单的运作术语
	掌握足球的基本技术和技能	学会足球运动基本活动方法	熟悉足球特征,初步建立球感学会常见足球游戏的方法
		学会足球游戏的方法	初步掌握简单的踢球方法
	增强安全意识和防范能力	初步了解足球运动中有关安全避险的知识和方法	知晓基本的足球运动安全知识,注意足球练习和比赛中的安全
身体健康	全面发展体能和健身能力	初步发展足球所需要的柔韧性、灵敏性和平衡能力	完成多种与足球相关的柔韧练习完成多种与足球相关的灵敏练习
	提高适应自然环境能力	发展各种条件下参与足球活动的能力	在多种条件下参加足球活动
心理健康与社会适应	培养坚强的意志品质	努力完成当前的学习任务	能认真完成足球课上教师布置的各项具体学习任务
	学会调控情绪的方法	体验足球运动对情绪的积极影响	体验足球活动中的情绪变化
	形成合作意识和能力	在足球活动中适应新的合作环境	在新的合作环境中愉快地进行足球活动和足球游戏,与同伴友好相处
	具有良好的足球道德	在足球活动中爱护和帮助同学	在足球活动中表现出对同学的关心与爱护,乐于帮助同学

（2）水平二（小学三、四年级）（表5-2）

表5-2　水平二校园足球教学目标（示例）

学习方面	总体目标	水平目标	达成目标的表现
运动参与	参与足球学习与锻炼	上好足球课，并积极参加课外足球活动	积极、愉快地上好足球课和参加课外足球活动
运动技能	学习足球运动知识	学习足球运动的相关知识	了解足球运动的基础知识
		体验足球运动过程并了解动作名称的含义	知道足球运动中运、踢、接等动作术语
	掌握足球的基本技术和技能	初步掌握足球运动基本活动方法和足球游戏的方法	完成多种足球运动基本动作和简单游戏
		初步掌握多种足球运动技能，并在实践中运用	初步掌握球性练习的各种方法：如揉球、踩球、脚内侧拨球、脚背正面颠球等 初步掌握传接球技术并能运用：如脚内侧传接球、脚背正面传球等 初步掌握射门动作方法，如脚背正面射门等 掌握运球技术并加以运用
		学会足球运动中有关安全避险的知识和方法	知晓足球运动练习和比赛中的安全知识与方法。表现出主动规避运动伤害和危害的意识与行为
身体健康	全面发展体能和健身能力	着重发展足球所需要的柔韧、灵敏性、速度、力量等体能素质	通过多种练习发展与足球运动相关的速度、力量、灵敏性等素质及协调能力

续表 5-2

学习方面	总体目标	水平目标	达成目标的表现
心理健康与社会适应	提高适应自然环境能力	增强适应气候变化的能力	能在天气适度变化条件下参与足球活动
	培养坚强的意志品质	坚持完成有一定困难的足球活动	在一定困难的足球学练活动中能坚持练习,完成学习任务
	学会调控情绪的方法	在足球活动中保持积极稳定的情绪	在足球练习中保持高昂的情绪
	形成合作意识和能力	在足球活动中乐于交流与合作	在足球活动中主动与同伴交流合作
	具有良好的足球道德	遵守足球运动规则并初步自我规范体育行为	初步了解体育道德,并注意规范自己的足球运动行为

（3）水平三（小学五、六年级）（表 5-3）

表 5-3　水平三 校园足球教学目标

学习方面	总体目标	水平目标	达成目标的表现
参与运动	参与足球学习与锻炼	初步了解足球运动对个人健康的价值	认识到适当的足球活动是一种有效的健身手段和积极的休息方式
	体验足球运动乐趣与成功	感受多种足球活动和比赛乐趣	感受足球活动比赛的乐趣,获得成功的体验
运动技能	学习足球运动知识	丰富足球运动的知识	对足球运动知识有更多的了解
		理解基本的足球	能够说出足球运动项目中常用的动作术语或简单的战术术语
		学会观看比赛	观看现场或电视实况转播的足球比赛,并能够做出简单评价

续表 5-3

学习方面	总体目标	水平目标	达成目标的表现
运动技能	掌握足球的基本技术和技能	初步掌握足球的基础战术	完成简单的配合,知道五人制比赛的常用阵型并能在比赛中运用
		掌握与运用多种足球基本技术	基本掌握倾球、拉球,拨球,挑球等熟悉球性的方法;脚内侧、脚背正面、脚背内侧等部位的传接球和射门方法;初步掌握原地头顶球和守门员接球等常用接球方法;学会足球学习和锻炼的方法;能够在游戏和比赛活动中运用这些方法
	增强安全意识和防范能力	初步掌握足球运动中有关安全避险的知识和方法	知晓足球运动练习和比赛的安全知识与方法;表现出主动规避运动伤害和危险的意识与行为
身体健康	全面发展体能和健身能力	发展与提高足球所需要的速度、力量、耐力、灵敏性等体能素质	完成多种与足球运动相关的发展速度、力量、耐力和灵敏性的练习
	提高适应自然环境能力	提高各种条件下的足球活动能力	能在环境变化条件下正常参与足球活动
身体健康与社会适应	培养坚强的意志品质	坚持完成有一定困难的足球活动	在足球活动中表现出勇敢、自制、坚持等意志品质,坚持完成教师布置的练习任务
	学会调控情绪的方法	在足球活动中保持积极稳定的情绪	以正确态度对待比赛胜负,胜不骄,败不馁
	形成合作意识和能力	在足球活动中乐于交流与合作	理解合作对于足球运动的重要性,在比赛活动中表现出合作精神与行为
	具有良好的足球道德	遵守足球运动规则并能初步自我规范行为	树立体育道德观念,并注意规范自己在足球运动中的行为

(二)小学足球教学计划的制订

按照课程标准的划分,在小学共有三个阶段,即水平一、水平二与水平三,每两个年级为一个学段。也就是说,每个水平段都包含了两个学年共四个学期。由于小学生在这六年的学习过程中,生理、心理和认知等方面都会有很大的变化,因此教师在制订足球教学计划时,应该充分把握好小学生的实际,使足球教学计划中内容的选择和目标的设计科学合理,具有针对性。

1. 小学足球水平教学计划的制订

(1)各水平教学内容的类别选择。根据小学足球教学的特点与要求,将这些内容按照重点内容、一般内容、介绍内容课课练内容安排到各个水平阶段。

(2)各水平具体教学内容的选择。根据各年级教学内容的类别选择,将各类内容具体化,为制订学期教学进度打下基础。

2. 小学足球学期教学计划的制订

足球学期教学计划可以根据学校的不同情况,按照校园足球特色学校的要求,每周安排一节足球教学课,也就是要设计一个18次教学课的学期教学计划。

3. 小学足球单元教学计划的制订

单元教学计划是学期教学计划的深化和具体化,是保证足球教学有目的、有步骤、系统运用的重要依据。足球单元教学计划应对足球教学某项内容的课次划分、教学目标的分层细化、教学重点和难点的设置、教学措施的选择等都要有详细的规划。

4. 小学足球课时教学计划的制订

(1)指导思想与理论依据。本课以"健康第一"为指导思想,以小学足球课教学的基本要求和小学生运动技能形成的规律为理论依据,通过让学生了解脚内侧踢球的动作方法,掌握脚内侧踢球的技术动作。教师主要采取精讲多练、游戏诱导、教师指导的教学方法,兼顾学生的练习密度,提高他们学和练的能力,并让他们体验到学习足球运动的乐趣。

(2)教学背景分析,分为以下4个方面。

1)本节课的教学内容是小学三年级的足球脚内侧踢球。

2)本教学内容共设五次课,本节为第一次课。

3)教材内容分析。脚内侧踢球技术动作要点,控制支撑脚位置及身体正对出球方向是关键点,髋关节外展用脚内侧触球是技术的成功点。

4)学生情况分析。三年级学生之前已经学习了一些熟悉球性的练习,对足球有了一定的了解,普遍对足球的兴趣较大、模仿能力较强、学习积极性较高,但技术基础较差。另外,三年级学生在认知能力、掌握技术和自主练习等方面有待提高,同时也存在着听讲注意力容易分散,部分学生的身体协调性较差以及掌握动作较慢的问题。

(3)单元计划。

(4)学习效果评价设计。

(5)本课特点。

1)本课在教师的指导下,充分突出学生主体学习地位;注重培养学生的模仿能力、自主学练能力;注重增进学生之间的情感。

2)在利用标志垫讲解技术动作和重点动作时,运用简单、生动的图解配合简要、清晰的讲解,便于学生的理解。

3)对学生评价时以激励性语言为主,在评价时注意语言的准确性,增强了学生学习足球的自信心,同时帮助他们达到个人目标和养成良好的行为习惯。

二、初中足球教学体系建设

(一)初中足球教学目标

(1)培养学生对足球运动的兴趣和爱好,使每个学生都能参与其中。

(2)让学生初步了解足球运动的基础知识和足球比赛的基本规则;通过足球游戏,使学生初步掌握足球的几项基本技术和战术,并能在比赛中积极应用。

(3)通过足球游戏和比赛,培养学生的团队协作能力,以及良好的心理品质和社会适应能力。

(二)初中足球教学计划的制订

(1)初中学年足球教学计划的制订。

(2)初中学期教学计划的制订。学期教学计划应该在水平教学计划的统领下,设定一个明确的教学主题,然后围绕这个主题设置相应的教学内容。每次教学课之间应表现出内容的延续性、递进性与关联性。

(3)初中校园足球课时教学计划。

三、高中足球教学体系建设

（一）高中足球教学目标

（二）高中足球学习内容与课时分配

（三）高中足球教学计划的制订

（1）高中足球学年教学计划的制订。

（2）高中足球学期教学计划的制订。

学期教学计划应该在水平教学计划的统领下，设定一个明确的教学主题，然后围绕这个主题设置相应的教学内容。每次教学课之间应表现出内容的延续性、递进性与关联性。

（3）高中校园足球课时教学计划。

四、高校足球教学体系建设

（一）高校足球教学目标

高校足球教学目标根据足球课程类别的不同也有一定的差异。在我国，由于高校教学理念的不同，足球教学目标在阐述上有一定的差异，但从根本上来说差异并不大。为了更加具体地分析高校足球教学体系建设情况，本书特以××大学体育学院为例，对该校的足球教学体系建设情况进行说明。

××大学体育学院在足球课程设置上主要有足球普修课与专修课（或称为专选课）两种，其课程教学目标如下。

足球普修课教学目标：培养学生进行足球比赛所需的实用性技战术与技能，使其具备一定的足球教学与训练能力，掌握从事足球比赛的组织与管理能力、科研能力、裁判能力。

足球专修课教学目标：使学生全面系统地掌握和提高足球运动的技战术水平，培养学生良好的足球意识，不断提高运动训练水平，在主修项目上达到或接近一级运动员水平；并使学生系统地掌握足球运动的基本理论和基本知识，培养学生能够理论联系实际，提高学生的技战术分析能力和讲解纠错的能力，掌握专项教学和训练的一般理论与方法及特点，学会制定各种教学训练文件，胜任专项教学、训练工作以及社会性专项活动开展与指导工作。重点培养和发展学生组织运动竞赛的能力、组织和实施专项教学训练工作的能力、裁判能力以及从事专业工作所需要的创新与实践活动能力。

高校足球学习内容与课时分配

××大学体育学院足球课程学习内容与课时分配如下。

(1)普修课学习内容与课时分配:普修可主要分为理论和实践两部分。

1)理论部分主要学习:

足球运动概述	2 学时
足球技战术教学	2 学时
足球运动裁判规则及裁判法	2 学时
足球运动的竞赛组织编排	2 学时

2)实践部分主要学习:

足球运动的基本技战术	30 学时
足球运动的比赛能力	8 学时
足球运动所需要的身体素质	4 学时
足球运动的裁判能力	4 学时

(2)专修课学习内容与课时分配:专选课主要分为理论学习、技术学习和技能培养三部分。

1)理论部分主要学习内容如下。

足球运动概述	2 学时
足球技、战术分析	12 学时
足球运动员身体训练	4 学时
足球规则与裁判法、竞赛组织	6 学时
青少年足球教学与训练	2 学时
足球科研工作方法	4 学时
足球运动教学概述	2 学时
足球运动技术教学的综合知识	8 学时
足球运动训练的内容与方法	6 学时

2)技术部分主要学习内容如下。

身体素质训练	20 学时
足球基本技术	65 学时
足球基本战术	65 学时
教学比赛意识与能力	34 学时

裁判执法能力与配合等　　　　　　　　　10 学时

3）技能培养部分主要学习内容如下。

足球教学与训练实习　　　　　　　　　　30 学时

足球运动竞赛的组织与编排活动　　　　　12 学时

足球俱乐部的实践活动　　　　　　　　　 6 学时

有关足球运动的小型科研活动　　　　　　 4 学时

足球运动各专项技术演示活动　　　　　　 2 学时

足球运动知识竞赛活动　　　　　　　　　 2 学时

第二节　校园足球人才培养体系研究

在校园足球运动发展过程中,除去物的因素外,人才是足球运动发展的最为重要的因素。要想促进我国校园足球运动的健康、快速发展,建立一个足球人才培养体系,培养一大批足球人才是我国足球运动走上快速发展道路的根本途径。

一、足球运动文化素质培养

作为一名足球运动员,不仅要具备良好的体能、技战术能力,同时还需要了解和掌握有关足球运动的基本知识,形成良好的足球文化素养,这对于足球运动员技术水平的提高起着潜移默化的作用。

(一)校园足球运动文化的内涵

校园足球文化是校园文化的一种,是广大师生在校园足球运动中长期形成的关于足球的思想、理念、习惯、行为以及特点的氛围。校园足球文化是校园文化和足球文化这种文化体系交汇而产生的一种横跨两种文化体系,具有深刻内涵和独立形态的亚文化。校园足球文化通过对校园文化与足球文化的选择与重构,使其有可能在不断构建自身的同时,映射出校园文化与足球文化完美结合、水乳交融的光辉。校园文化与足球文化之间有着密切的联系,二者互相影响、互相渗透、互相融合、互相促进,任何一方的发展都会给另一方带来一定的影响。因而,充分挖掘校园文化、足球文化与校园足球文化的内涵,认清校园足球的发展方向,对促进我国校园文化和校园足球文化的发展具有重要的意义。

（二）了解和掌握的足球运动基本知识

1. 现代足球运动的起源

众所周知，古代足球运动起源于中国的蹴鞠，山东的齐国故都临淄是古代足球的发源地。而现代足球运动的发源地则是英国。据史料记载，1066年之后，类似足球游戏的罗马的"哈巴斯托姆"开始传入英国，并逐渐盛行起来。当时，这种踢球的游戏没有任何规则的限制，场地也不固定，或在城镇街区或在村庄小巷，而且比赛可以手脚并用，比赛中常会发生激烈的身体冲突，被称为"暴民足球"。由于这种游戏比较野蛮，1314年，英国国王爱德华二世颁布法令禁止此项运动。从此，这种足球游戏进入了发展的缓慢期，1314—1660年英国颁布的禁止足球的法令超过30次以上，这在一定程度上阻碍了足球运动的快速发展。从1680年起，足球运动重新开始得到英国王室贵族的支持和保护，足球在英国又迅速开展起来。

19世纪初期，现代足球运动在公立学校中得到了广泛的开展。1823年，一名叫埃利斯的学生先是为橄榄球制定了简单的比赛规则，1846年，完善的英式橄榄球规则制定完成。1849年，伊顿公学废除了橄榄球规则中用手传球、带球的条款。因此伊顿公学的场地足球被看成是现代足球的雏形。后来，英式橄榄球与英式足球逐渐分化，并得到了不同程度的发展。1863年10月26日，来自伦敦和郊区的6所公学的足球队代表，组成了英格兰足球协会。与此同时，协会进一步发展和完善了比赛规则，使得英式足球极具观赏化，一些俱乐部受利益的驱使开始向观众收取入场费，这就是职业化足球的雏形。1865年，英足总承认了职业足球的合法性，世界上最早的足球职业俱乐部和职业联赛在英国诞生，现代足球运动便正式发展开来。

2. 足球运动主要赛事

（1）世界杯足球赛。1928年，国际足联在荷兰的首都阿姆斯特丹召开会议，会议决定每四年举行一届世界足球锦标赛。参赛队员不受职业和非职业选手的限制，各国都可以组织本国最高水平的球队参赛。随着时间的进行，后来又将世界足球锦标赛改名为朱尔·里梅杯，后来简称里梅杯或世界杯足球赛。

世界杯足球锦标赛，设专门的流动奖杯——"里梅杯"即"雷米特杯"，也称为"金女神杯"，同时还规定如果一个国家三次获得世界杯赛冠军，将永久地占有这座奖杯。在 1970 年,巴西队首先第三次获得冠军,永久地占有了金女神杯。后来国际足联又制作了新的奖杯,被称为"大力神杯",这个奖杯不能归某支球队永久占有,是流动性的。

(2)奥运会足球赛。从 1896 年第 1 届现代奥运会到 1908 年第 4 届奥运会,足球一直都是表演项目,比赛属表演性质的,1912 年第 5 届奥运会才把足球列为正式比赛项目。1930 年,由于允许职业选手参加世界杯足球赛,奥运会足球赛的统治地位便被世界杯足球赛取代了。

1978 年,国际足联召开代表大会,会议明确规定欧洲和南美洲凡是参加过世界杯足球赛的足球运动员不得参加奥运会。1984 年 4 月,国际足联又宣布,除上述不准欧洲和南美洲参加过世界杯足球赛的队员参加奥运会的限制外,今后不再区分职业和业余球员,但奥运会比赛对参赛队员的年龄加以限制,使它成为世界足球 4 个级别比赛中的一个。1993 年召开的国际足联执委会决定,允许每个参加奥运会足球决赛阶段比赛的球有 3 名年龄超过 23 岁的队员。至此,奥运会的足球比赛水平才有所提高。在 1996 年第 26 届奥运会上,女子足球成为正式比赛项目。

(3)世界青少年足球锦标赛。世界青年足球锦标赛包括世界青年(20 岁以下)足球锦标赛和世界少年(17 岁以下)足球锦标赛。

1)世界青年(20 岁以下)足球锦标赛。1975 年,国际足联召开会议,决定每两年举办 1 次世界青年足球锦标赛,由于本次比赛是由美国可口可乐公司提供的赞助,因此又被叫作"国际足联可口可乐世界青年足球锦标赛"。世界青年足球锦标赛获得国际足联的承认是在 1981 年,澳大利亚举办的第三届世界青年足球锦标赛被国际足联命名为"世界青年足球锦标赛可口可乐杯"。因此,又将第三届世界青年足球赛称为第一届世界青年足球锦标赛。

2)世界少年(17 岁以下)足球锦标赛。1985 年,在中国国际足联试办了 16 岁以下柯达杯世界足球锦标赛,此次比赛获得圆满成功。经过 1987 年和 1989 年两届的进一步试行,在 1991 年,正式成为国际足联的世界少年(17 岁以下)锦标赛,全称为"国际足联 17 岁以下柯达杯世界锦标赛",每两年举行一次。

世界少年(17 岁以下)足球锦标赛的参赛资格为:国际足联下属会员协会均可报名参加。比赛分预选赛和决赛两个阶段。决赛阶段参赛队为 16 支。

（4）世界女子足球锦标赛。1988年，在国际足联的倡导下，在中国广东举办了有12个国家参加的国际女子足球邀请赛，这为世界女子足球锦标赛的正式进行打下良好的基础。1991年第1届世界女子足球锦标赛在中国广东举行。同男子世界足球锦标赛一样，每4年举行一届，进入决赛的有16支球队，这16支球队必须由各大洲预选赛产生。决赛阶段比赛的名额分配：欧洲5个名额，南美洲1个名额，北美及加勒比海地区2个名额，非洲2个名额，大洋洲1个名额，亚洲3个名额加东道主和上届冠军队。

（5）世界俱乐部足球锦标赛。世界俱乐部足球锦标赛是国际足联新设立的比赛，它的前身是在1980年于日本举办的"丰田杯"。从2005年起，"丰田杯"被"国际足联世界俱乐部冠军杯"所取代。最后一届的丰田杯在2004年，葡萄牙的波尔图成为最后一队夺得丰田杯的得主。而首届"国际足联世界俱乐部冠军杯"是在2000年1月5日至14日在巴西举行的。

（6）世界室内五人制足球锦标赛。20世纪70年代初，美国、加拿大等国兴起职业足球，并先开展了室内足球。1975年1月，首届全国室内足球联赛由北美职业足球联盟发起。到1978年，美国室内足球协会成立。最初室内足球比赛的规则非常混乱，为了统一世界室内足球比赛规则，1981年"室内足球国际联合会"宣告成立，总部设在澳大利亚。该组织在1982年、1987年举行了两届世界室内足球锦标赛。

1988年，室内足球国际联合会宣布加入国际足联五人制足球委员会。为了推动室内足球运动的开展，国际足联于1989年在荷兰举办了首届五人制室内足球赛，此后每4年举行一届比赛。

二、体能与心理素质培养

作为一名合格的足球运动员，首先必须要具备出色的体能素质和心理能力，这是参加足球运动的根本，没有体能和心理能力做保证，足球运动的开展就难以得到保证。

（一）体能素质培养

作为一名足球运动员，必须具备的体能素质主要有五个方面，即力量素质、速度素质、耐力素质、柔韧素质和灵敏素质。在日常训练中，必须要结合自身的具体实际，通过合理的手段与方法提高自己的以上几项体能素质。

1. 力量素质培养

（1）发展颈部、上肢和肩背力量。

1）两手扶头，在颈部转动时给予一定的抵抗力。

2）在垫上做颈桥并推举哑铃、壶铃或轻杠铃。

3）俯卧撑。俯卧撑向侧、前跳移，双杠双臂屈伸，单杠引体向上。

4）推小车。甲俯卧，两臂伸直。乙两手抬起甲的两脚，甲用两手向前"行走"。

5）两人面对坐地，两腿分开，抛、传实心球或足球。

6）重叠俯卧撑。甲保持俯卧姿势，乙在甲的背上做俯卧撑，或者甲、乙二人同时做俯卧撑。

（2）发展腰腹力量。

1）仰卧起坐、仰卧举腿、仰卧快速屈体。

2）侧卧做体侧屈、俯卧做体后屈。

3）仰卧，两脚夹球离地 15～20 厘米，以腰为圆心画圆。

4）肩负杠铃做体前屈或转体、抓举杠铃。

5）展腹跳。爆发起跳并充分展腹，向后屈膝，两手尽可能地触脚跟。

6）跳起空中转体或收腹用力顶球。

7）跳绳中的两摇一跳和三摇一跳。

8）联合器械的腰腹练习。

（3）发展腿部力量。

1）肩扛杠铃做提踵或脚掌走、肩负杠铃由站姿下降至深蹲。

2）向前后连续快摆大、小腿。腿上可绑沙袋。

3）远距离传球和大力射门练习。

4）斗鸡。相互用大腿撞或挑、压对方大腿，用肩冲撞对方或闪躲对方撞击。以将对方撞击成两脚着地者为胜。

5）小腿负重踢球。要求在不影响正确动作规格的前提下尽力踢球。

（4）发展全身力量。

1）负重杠铃挺举。要求完成每一环节时都必须采取爆发性动作。

2）合理冲撞练习。二人面向或侧向做跳起冲撞练习。或甲运球，乙贴身跟随并冲撞甲，甲要稳住重心。也可两人同时争顶并在其间运用合理冲撞。

3）蹲跳顶球。连续蹲跳中顶球，要求取半蹲姿势。可负重。

2. 速度素质培养

（1）60～80～100米的全速跑、加速跑、提高位移速度。

（2）在长约20米的距离内，设置不同距离间隔和有方向变化的标杆或锥体，让运动者以尽可能快的速度做绕杆跑，发展运动者绕过对手的快跑能力。

（3）在快速跑中看教练员手势或抛球等信号，做急停、转身、变向、跳跃和翻滚等动作。

（4）抢球游戏，全队分为两排，相距20米，面对站立，在中间10米处画一条线，每隔2米放一球，队员依次面对球站好。当教练员发出信号后，双方快速跑上抢球，抢球多的一方胜。

（5）追球射门，两人一组，可分为若干组在中圈外的中线两侧站好，利用两球门同时练习，球集中于中圈教练员脚下。当教练员将球向一个球门方向踢出时，两翼队员快速起动追球射门。

（6）两侧移动。两个物体相距3米，高1.2米，练习者站中间，做左右两侧移动，用左手摸右侧的物体，右手摸左侧的物体。

（7）规定最高速度指标的练习。如在限定的时间内快速完成传—接—传，运传—接—射门等动作，以建立快速动力定型。

（8）提高肌肉感觉的快速精确分析机能练习。两人或多人一组，在连续奔跑中完成同一传接球练习。

（9）在较小场地内做2对2、3对3的传抢练习。

3. 耐力素质培养

（1）有氧耐力训练。

1）确定距离跑。如3000米、5000米、8000米、10 000米等不同距离的越野跑、公路跑。

2）定时跑。如12分钟跑等。

3）足球场上穿足球鞋的长距离跑，绕乡间小路的慢跑。

4）100～200米间歇跑，400～800米的变速跑，距离一定要长。

（2）无氧耐力训练。

1）编组练习，训练内容可以是折线快跑20米—仰卧屈体5次—冲刺10米—突停转身铲球—向左右做旋风腿各1次—快跑中跳起头顶球3次—冲刺射门两次—三级蛙跳。

2）重复多次的30～60米冲刺。

3）100～400 米高强度的反复跑和 1～2 分钟极限练习。

4）原地快速跳绳,30 秒×10 次,60 秒×5 次(每次间歇 30～60 秒)。

5）进行 5 米、10 米、15 米、20 米、25 米折返跑练习。

6）往返冲刺传球,队员甲往返冲刺在限制线之间(间距 10 米),在限制线附近回传乙、丙分别传来的球,乙、丙离限制线约 5 米。

7）1 分钟内一对一追拍或一对一过人。

8）规定时间做不同人数的传抢练习。1/4 场地 4 对 4 传抢,1/2 场地 6 对 6 传抢,全场 9 对 9 传抢。

9）100～400 米逐渐缩短间歇时间跑,一般采用 80%～90% 的练习强度,心率达到 180～190 次/分。一次练习的持续时间和距离稍长,练习的重复次数不宜过多。要求运动员间歇时间逐渐缩短,可采用段落相等或不等的练习。如果段落不等,练习顺序由短到长,在最后一组练习时基本保持规定的强度。

10）100 米、110 米栏、100 米栏、200 米短段落间歇跑,可采用 30～60 米距离,间歇时间 1 分钟左右。采用 95% 以上的大强度练习,持续时间 10 秒左右。要求运动员保持高训练强度。较多的练习重复次数,组数根据练习者情况而定。

11）短距离追逐跑,教练员发出信号后①号追②号,当他们踏上 X 限制线时立即返回,此时③号和④号分别追逐②号和①号,冲出 Z 限制线为安全。

12）100～400 米固定间歇时间跑,要求运动员采用 80%～90% 的练习强度,心率达到 180～190 次/分。一次练习的持续时间和距离稍长,练习的重复次数不宜过多。要求间歇时间固定不变,可采用段落相等或不等的练习。如果段落不等,练习顺序由短到长,在最后一组练习时基本保持规定的强度。

13）有持续时间的往返带球、扣球练习。

14）100 米、110 米栏、100 米栏、200 米长段落间歇跑,可采用 100～150 米距离,间歇时间 2 分钟以上。采用 95% 以上的大强度练习,持续时间 10 秒以上。要求运动员保持高训练强度。练习的重复次数可以较多,组数根据练习者情况而定。

4. 柔韧素质培养

（1）一般柔韧素质训练。

1）颈前屈、侧屈、后屈并绕环，体前屈、侧屈、后屈并振动。

2）前弓步和侧弓步压腿，纵劈腿和横劈腿。

3）前踢腿、后踢腿、侧踢腿和腿绕环。

4）站立体前屈下压，或靠墙站立体前屈下压，背伸、展腹屈体练习及腿肌伸展练习。

5）模仿内、外侧颠球动作，单、双腿连续做内翻和外翻练习。模仿内扣、外扣动作，单腿连续做内转、外转动作。

6）两腿交叉的各种跨步、转身动作。

7）踢球、顶球和抢截球等各种技术动作的模仿练习。

8）跪压正脚背（上体后仰、轻轻振压）及全脚背着地的俯卧撑练习（主要拉长脚背韧带和小腿前肌群）。

9）模仿和结合球的大幅度振摆腿、铲球、侧身踢凌空球及倒勾射门等练习。

（2）专项柔韧素质训练。

1）踢球、头顶球和铲球等各种技术的模仿练习。

2）模仿和结合球的大幅度振、摆腿、踢侧身凌空球、倒勾球等练习。

3）双人背向两手头上拉住，同时做弓箭步前拉。

4）手扶一定高度体前屈压肩。

5）俯卧背屈伸。腿部不动，积极抬上体、挺胸。

6）体前屈手握脚踝，尽量使头、胸、腹与腿相贴。

7）两脚前后开立，向左后转，向右后转，来回转腰。

8）站在一定高度上做体前屈，手触地面。

9）肩肘倒立下落成屈体肩肘撑。

10）用脚内侧、外侧、脚跟、脚尖走。

11）做脚前掌着地的各种方向、各种速度的行走练习。

5. 灵敏素质培养

（1）一般灵敏素质训练。

1）各种滚翻与起动跑。队员分散站开，听一声长哨做前滚翻，听一声短哨做后滚翻，然后向规定的方向起跑。

2）听掌声或哨声起动跑，教练员可不断变换信号。

3）喊号追人。将练习者分成若干组,每组若干人,分别坐在中圈内,教练员喊某一编号各组该号队员沿中圈快跑,以最快返回自己位置者为胜。

4）躲闪摸杆。防守队员站于杆前,进攻队员用虚晃动作骗取防守队员的重心偏离,然后超过防守队员用手摸杆。

5）两人冲撞躲闪。两人一组,在慢跑中试图冲撞对手,对手应尽可能运用躲闪技术,避免被撞到。

6）多种动作过障碍。在场地一区域设若干障碍物,要求队员做跳、滚翻、爬、跑等多种动作并尽可能快地完成练习。

（2）专项灵敏素质训练。

1）进行身体各部位的颠球及各种挑反弹球练习。

2）将球踢向身后,然后迅速向前绕过障碍折回接反弹球练习。

3）距墙约 10 米远,利用两个球,快速、连续地向对墙踢。

4）带球跑。做带球跑练习,并在运球的过程中做各种颠耍、虚晃、起动、拨挑、回扣等动作。

5）虚晃摆脱。三人一组,甲传球,乙盯防,丙利用左右虚晃动作突然摆脱乙或利用前跑反向要球。练习中甲与丙相距 5 米左右,乙紧逼丙,三人轮换职能。练习中丙要注重动作的突然性以及身体在各种姿势下的控制能力。

（二）心理素质培养

在足球人才培养与训练中,心理能力训练也是重要的组成部分。在足球比赛中运动员要想充分发挥出应有的技术水平,除了必须具备出色的身体素质外,同时还要有过硬的心理素质以应对场内发生的突发状况,有时候运动员的心理素质甚至起到决定性的作用。

1.集中注意力训练法

培养足球集中注意力的能力时要注意以下几点。

（1）在足球心理训练的过程,要时刻培养专注的能力,将意念集中于某一个方面而不松懈。

（2）听技战术要领,观看技战术后进行复述练习,养成足球运动训练中集中注意力的习惯。

（3）采用提示语、警示语的方式培养队员集中注意力的习惯和能力。

2. 自我暗示训练法

在足球训练中,通过有效的自我暗示、诱导和放松训练能有效地提高心理素质。自我暗示依靠意念与语言对自己的行动进行控制和约束,以调整情绪,排除不安、焦虑和烦恼等不良心理影响,坚定信念,增强意志力。

3. 放松练习法

放松练习是指通过意念和呼吸,使全身肌肉得到充分放松,以提高心理能力的练习方式。放松练习具有"外松内静"的良好效果,能帮助运动员放松肌肉,降低大脑皮层的兴奋度,对克服紧张心理和调节不良情绪具有重要的作用。

4. 念动训练法

念动训练,是指运动员有意识、有次序地在脑中重复再现原已成形的运动动作表象的心理训练的方法。运动员在足球比赛前进行技术或战术配合中的表象体验,可有效地动员运动员的运动器官,帮助其更好地完成技术动作和执行战术行动。

5. 心理反馈训练法

心理反馈训练,是指通过专门的仪器,以声光信号来识别自己生理功能变化的状态,并将这种状态与自身的感知觉联系起来的心理训练方法。这种训练方法能帮助运动员逐步学会根据反馈信息调整自身机能能力,以充分动员与发挥机体能力的状态。这种训练方法对改善运动员的不良情绪状态具有非常显著的作用。

6. 模拟训练法

模拟训练,是指尽可能将训练安排为与比赛条件相似的一种实战心理训练方法。这种训练方法有助于运动员在不同的比赛条件下适应比赛环境,临场发挥出较高的技战术水平。

三、技战术能力培养

技战术是足球运动的核心,因此加强足球运动员技战术能力的培养就成为重中之重,在对校园足球人才进行技战术能力培养时,指导教师不仅要讲解基本的技战术动作,同时还要教给学生技战术训练的方法。

(一)足球技术能力培养

足球技术主要包括运球技术、踢球技术、颠球技术、抢断球技术、头顶球技术、掷界外球技术和守门员技术等,通过以上基本技术的训练,能有效地提高足球运动人才的能力。

1. 运球技术

运球,是指运动员在跑动中用脚连续推拨球,使球处于自己控制范围内的触球技术动作。利用运球可以变换进攻的速度,调节比赛的节奏。运球技术主要有以下几种。

(1)脚背正面运球。上体稍前倾,步幅不宜过大,运球脚提起,髋关节前送,膝关节稍屈,提踵,脚尖下指,在着地前脚背正面部位触球后中部将球推送前进。

(2)脚内侧运球。脚内侧运球要求在运球前进时支撑脚位于球的侧前方,始终领先于球,肩部指向运球方向,支撑腿膝关节微屈,重心放在支撑腿上,另一条腿提起屈膝,用脚内侧推球前进,然后运球脚着地。

(3)运球过人。

1)拨球过人:拨球利用脚踝关节向侧的转动,来达到脚背内侧或脚背外侧触球,将球拨向身体的侧前方、侧方、侧后方。在过人时若使用拨球,还要在拨球后立即跟上推球,使球按预定方向运行。

2)拉球过人:将前脚掌放在球的上部或侧上部,另一脚放在球的侧后方支撑,然后触球向后下方用力将球拉回。回拉球一般都是躲开或引诱对方出脚抢球的瞬间将球拉回造成对方抢球落空,使其重心随抢球脚前移,乘对手难于返回的瞬间将球迅速推送出去越过防守者。

运球技术的熟练掌握不是一时一日而成的,要经过长期的训练才能提高运球技术的能力,一般来说,常见的运球技术训练的方法有以下几种。

①练习者用脚内侧做斜线内引运球,控制速度,运球平衡,当教练员发出信号,练习者快速改用脚外侧拨球,并起动加速跟上球,将球控制后再做斜线内引运球,以此重复练习。

②队员分成两组,由教练员传球。每组每人都做一次进攻,一次防守,计算各组的成功率以分胜负。

③练习者运球至旗杆处做变向过杆,旗杆间距为5米。练习者做完后慢速运球返回原处,依次循环练习。

④一人持球,一人防守进行过人突破练习,防守者可由消极防守逐步过渡到积极防守,可定时交换,也可谁控制球就由谁进攻,另一人防守。

2.踢球技术

（1）脚背踢球。

1）脚背正面踢球。脚背正面踢球，又称正脚背踢球。脚背正面踢球的力量大，准确性也高，在比赛中经常运用。

①踢定位球。直线助跑，支撑脚积极着地支撑，在球的侧面10～12厘米处，脚尖正对出球方向，膝关节微屈，踢球腿随跑动向后摆动，小腿屈曲，支撑的同时踢球腿以髋关节为轴，大腿带动小腿由后向前摆动。当膝关节摆至接近球的正上方时，小腿做爆发式的摆动，脚趾屈，以脚背正面部位击球的后中部。击球后身体及踢球腿随球前移。

②踢反弹球。根据来球的速度、落点和运行轨迹，支撑脚踏地在球落点的侧面。在球落地时，踢球腿爆发式前摆，在球刚弹离地面时，用脚背正面击球的后中部，并控制小腿的上摆。

③踢侧面半高球。踢侧面半高球时，身体侧对出球方向，身体向支撑脚一侧倾斜展腹，踢球腿抬起，大腿伸直、小腿微屈，大腿带动小腿由后向前急速摆动，用脚背正面击球的后中部，同时身体向出球方向扭转，击球后踢球脚随球前摆着地以维持身体的平衡。

④踢倒勾球。根据来球的速度、运行轨迹，及时移动到位。选择支撑位置时应考虑将击球点放在身体的前上方，支撑腿膝关节微屈，上体后仰，踢球腿以髋关节为轴向上方摆动，当球落到身体前上方适当高度时，用脚背正面击球后部，将球向身后踢出。

2）脚背内侧踢球。

①踢定位球。斜线助跑，助跑的方向和出球的方向约成45°，最后一步要稍大，以支撑脚底积极着地，脚尖指向出球方向，距球内侧后方约20～25厘米，膝关节微屈。在支撑同时，踢球腿已完成后摆，并且开始以髋关节为轴大腿带动小腿由后向前摆动，当大腿摆至支撑腿接近同一平面时，小腿做爆发式摆动。此时脚背绷直、脚尖外转，以脚背内侧部位触击球的后中部。击球后踢球腿及身体继续随球向前。

②踢反弹球。踢反弹球与踢定位球动作基本相同，只是在踢球时，要在球反弹时离地的瞬间踢球。

③踢地滚球。根据来球的速度、运行轨迹，选好击球时的位置并及时移动到位。在选择支撑点时应考虑到来球的情况与摆腿的速度，以保证脚触球的瞬间，球和脚的相对位置仍能保持规格要求。

（2）脚内侧踢球。

1）踢定位球。直线助跑，支撑前的最后一步稍大些，支撑脚站在球侧面约15厘米处，脚尖正对出球方向，支撑腿膝关节微屈。在支撑脚着地时，踢球腿大腿带动小腿由后向前摆动，在前摆的过程中大腿外展，当膝关节的摆动接近球的正上方时小腿做爆发式摆动，在触球前将脚跟送出使得脚内侧部位所形成的平面或出球方向垂直，踢球脚脚底与地面平行，脚尖微微翘起，踝关节功能性地紧张使脚型固定，击球后身体跟随移动，髋关节向前送。

2）踢空中球。注意来球并移动到位，踢球腿大腿抬起并外展，小腿屈并绕额状轴后摆，利用小腿绕额状轴由后向前摆动，当摆至额状面时与球接触，击球的中部。

踢球技术训练的方法主要有以下几种。

①踢固定球练习。可以采用一人把球踩在脚下，另外一人用脚的不同部位踢球，体会脚的触球部位。

②踢定位球练习。可对足球墙、足球网自己练习，也可采用各种形式的对练，练习的距离由近至远，这一阶段练习的重点应放在动作的协调性和准确性上，而不是放在踢球的力量上。

③踢地滚球练习。通过观察、判断来球的速度和方向，调整自身的控制能力，并根据出球目标选择支撑脚的位置。可以踢从正面、侧面或侧后方传来的球；可以限定脚法，也可视来球任意选用脚法进行练习。

3.颠球技术

颠球是指运动员用身体的各个有效部位连续地触击球，并加以控制，尽量使球不落地的技术动作。颠球技术可以分为以下几种。

（1）头部颠球。两脚开立，膝盖微屈，头部上仰，用前额部位连续顶球的下部。顶球时，用力不要太大，两眼要注视球。

（2）大腿颠球。抬腿屈膝，用大腿的中前部位向上击球的下部，两腿可交替击球，也可一只脚支撑，用另一侧的大腿连续击球。

（3）肩部颠球。两臂自然下垂或微屈肘，两脚自然左右开立，身体重心移至两脚间。当球下落至接近颠球一侧肩部高度时，肩上耸，击球的下中部将球向上颠起。

（4）正脚背颠球。双脚交替向前上方摆动，用脚背击球。击球瞬间踝关节紧张，击球的下部。由于摆腿的原因，击球后球产生一定的内向旋转是正常的。颠球时两脚可交替击球，也可一只脚支撑，另一只脚连续击球。

（5）脚内、外侧颠球。①脚内侧颠球：支撑腿膝关节微屈，身体重心移至支撑脚上，用脚的内侧向上摆动，击球的下部，两脚内侧可交替击球，也可单脚连续击球。②脚外侧颠球：动作方法与脚内侧颠球相仿，只是改脚内侧为外侧，提脚颠球时脚由外往上提起。

颠球技术课采用以下两种方法进行练习。

（1）原地颠球练习。每人一球用某一部位颠球，或用多部位颠球（如脚背正面和脚内侧交替进行）。亦可安排高、低交替颠球，让练习者用某个部位颠几次球后用力将球颠高，接着改颠低球，高高低低，反复交替进行。体会触球部位和力量，可增加难度，提高控球能力。

（2）行进间颠球练习。每人一球颠球向前移动，保持稳定性，尽量使球不落地。可由慢到快逐步提高练习难度。

4. 抢球技术

（1）合理冲撞抢球。当防守者并肩与运球者跑动追球时，防守者重心稍下降，靠近对手一侧的手臂紧贴身体，利用对方同侧脚离地的过程，用肘关节以上部位适当冲撞对手同样部位，使对手身体失去平衡，趁机将球控制住。

（2）正面上步抢断球。抢球者两脚前后开立，迎着运球者而站，两膝微屈，身体重心下降并置于两脚之间。当运球者和抢球者间的距离缩小到一定范围，运球者脚触球后即将落地或刚刚落地时，抢球者后脚蹬地并跨步向前，以脚内侧去堵截球。堵住球时，另一只脚应迅速上步。

抢断球技术的训练方法主要有以下几种。

1）两人一球练习。队员甲运球向乙突破，队员乙选择好时机实施正面脚内侧堵抢动作。两人脚内侧同时触球时，队员乙立即提拉球，将球拉过队员甲的脚面并控制住球。在练习中可以先慢后快。

2）在两人面前6米左右处放一球，听哨音后同时冲向球，要求两人同时跑动在适当的位置和时机进行合理冲撞抢球。经过一段练习后，可将静止的球变为活动球，即教师送球，两队员同时追赶球，利用合理冲撞将球控制住。

3）铲球练习。将球放在前面离练习者3~3.5米的位置，练习者原地蹬出做铲球动作，体会和掌握铲球技术动作。当原地铲球掌握以后，练习者可将球沿地面缓慢抛出，自己追球并铲掉，以体会如何对滚动的球实施铲球动作。

5. 头顶球技术

（1）前额正面头顶球。

1）前额正面原地头顶球。身体正对来球方向,两脚左右开立(或前后开立),膝关节微屈,重心置于两脚间的支撑面上(或后脚上),两臂自然张开。当球运行到将垂直于地面的垂线时,迅速向前摆体,两腿用力蹬地,微收下颌,在触球瞬间颈部做爆发式的振摆,用前额正面击球中部,上体随球前摆。

2）前额正面原地跳起头顶球。两膝屈,重心下降,然后两脚用力蹬地起跳,同时两臂屈肘上摆,在身体上升阶段展腹挺胸,眼睛注视来球,两臂自然张开,身体自然成背弓。当球运行至身体额状面时,迅速收腹,上体前摆,触球瞬间颈部做爆发性振摆,用前额正面将球顶出。同时两腿向前做振摆,球顶出后两腿屈膝屈踝落地。

3）前额正面鱼跃头顶球。判断好来球的路线、选择好顶球点,以单脚或双脚用力向前蹬地,身体接近水平状态向前跃出,同时两臂微屈前伸,眼睛注视来球,手掌向下,利用身体向前跃出的冲力,前额正面顶球。顶球后,两手先着地,手指向前,以胸部、腹部和大腿依次着地。

4）前额正面跑动跳起头顶球。根据来球的速度、运行轨迹,选好起跳位置,及时跑到起跳点,起跳的前一步要稍微大些,起跳脚蹬地跳起。同时,另一腿屈膝上摆,两臂屈肘自然上提。其余各环节和原地跳起头顶球相同。

（2）前额侧面头顶球。

1）前额侧面跳起头顶球。起跳动作及第一环节和前额正面跳起头顶球相同。在起跳后的身体上升阶段上体向出球的相反方向侧摆,在身体达到最高点时,上体急速向来球方向摆出,颈部扭摆甩头,用前额侧面击来球的后中部,将球击向预定的目标。落地时屈膝以缓冲落地力量并保持身体平衡。

2）前额侧面跑动头顶球。前额侧面跑动头顶球和原地前额侧面头顶球动作要领基本相同,不同的是此动作是在快速跑动中开始和完成的,而且注意完成动作后的身体平衡。

头顶球技术的训练方法主要有以下几种。

（1）做头顶球模仿动作练习。

（2）利用吊球进行练习。改变吊球架上足球的高度进行各种顶球的练习。

（3）利用足球墙进行练习。自抛球由墙弹回时,进行各种顶球练习。

（4）两人一组一球，面对面站立，间隔10米，一人抛球，一人原地和跳起头顶球。

（5）两人一球，相距20米左右，甲传头顶球飞向乙，乙顶回给甲。数次后轮换传、顶球。

（6）两人一球，相距20米左右，甲传高球飞向乙，乙再顶回给甲。数次后轮换传、顶球。

（7）向后蹭顶球。三人一组排成一条直线，各相距10米左右，甲抛球给乙，乙蹭顶给丙，丙接球后再给乙，乙又蹭给甲，如此循环往复。

5. 掷界外球技术

掷界外球是指运动员按照规定用双手将球掷入场内预定目标的动作。在掷界外球时，掷球队员必须要面向球场，用双手将球从头后经头顶用一个连续动作掷给场内的队员，双脚可以踩在边线上，但不得越过边线。掷界外球可以分为两种：原地掷界外球和助跑掷界外球。

（1）原地掷界外球。面对出球方向，两脚前后或左右开立，每脚均应有一部分站立在边线上或边线外。膝关节弯曲，上体后仰成背弓，重心移到后脚上（左右开立时，重心在两脚间），两手自然张开，拇指相对，持球的侧后部，屈肘将球置于头后。掷球时，后脚用力蹬地（或两脚用力蹬地），两腿迅速伸直，身体重心由后脚移到前脚，收腹屈体，同肘两臂急速前摆。当球摆到头上时用力甩腕将球掷入场内。掷球时，后脚可沿地面向前滑动，两脚均不得离地。

（2）助跑掷界外球。助跑时，双手将球持于胸前，在迈出最后一步时，上体后仰或背弓，两脚前后开立。若助跑速度较快，在最后两步可采用垫步的方法来控制身体向前的冲力。掷球动作同原地掷界外球。

助跑掷界外球时，可通过助跑的前冲速度，快速将球掷于同伴，使同伴直接射门得分。该技术具有突然性和直接性，掷出的距离较远，但掷球的时机和落点的准确性较难掌握。

掷界外球技术的训练方法主要有以下几种。

（1）两人一球，相距15米，原地互掷界外球。

（2）两人一球，相距25米，两端设两条平行线，助跑互掷界外球。

（3）前场界外球战术练习。

7. 守门员技术

守门员是一个足球队全队防守的核心，其主要任务是不让对方将球射入本方球门。守门员位置职责决定了其与场上其他队员在技术、战术、活动方式和心理等方面具有极大的区别。守门员技术主要包括以下内容。

（1）准备姿势。两脚左右开立，与肩同宽，两脚跟稍提起，身体重心落在前脚掌上。两腿要屈膝并稍内扣，上体稍微前倾，两臂自然屈肘于体前，手指要自然张开，眼睛注视来球。

（2）移动。守门员为更好地堵截和接住对方的传球和射门，必须根据对方射门前球和人的位置变化而相应调整自己的位置，向左右调整位置移动，一般采用交叉步和侧滑步。

1）交叉步。大多用于扑接两侧高球。向左侧交叉步移动时，身体先向左侧倾斜，同时右脚要用力蹬地，并及时向左前方跨出一步成交叉步，然后左脚应向左侧移动，右脚和左脚依次快速移动并蹬地跃出。向右侧交叉步移动时，动作是相同的，但方向是相反的。

2）侧滑步。常常用于扑接两侧低平球。向左侧滑步时，要先用右脚用力蹬地，左脚要稍离地面并向左滑步，右脚快速跟上。向右侧滑步时，动作相同，但方向相反。

（3）接球。

1）接地面球。接地面球分为两种：直腿式接球和跪撑式接球。

①直腿式接球。面对来球，弯腰时两膝伸直，两腿分开，距离不得超过球的直径，两手掌心向上，前迎触球后将球抱于怀中。

②跪撑式接球。多用于向侧移步接球。接左侧球时，左腿屈，右腿跪撑于左脚附近，距离不得超过球的直径，其余动作与直腿式接球相同。接右侧球时，动作相同，但方向相反。

2）接平空球。指膝以上、胸以下的空中球。接球时面对来球，两手掌心向上，两手小指相靠，前迎接球。上体前屈，当手触球时微后撤以缓冲来球力量，将球抱于胸前。

3）接高球。面对来球，两臂上伸，两手拇指相对呈八字形，其余四指微屈，手掌对球。在最高点手触球瞬间，手指、手腕适当用力，缓冲来球并将球接住，顺势转腕屈肘、下引将球抱于胸前。

（4）发球。发球是守门员接球后组织进攻的手段。常用的方法有手掷球和脚踢球。

1）手掷球。

①单手低手掷球：两脚前后开立，两膝弯屈，单手持球于体侧，掷球前持

球手臂后摆,同时身体随之侧转成侧前屈,重心移到后脚上。掷球时,利用后脚向后蹬地和挥臂、甩腕、手指拨球的力量将球掷向预定的目标。

②单手肩上掷球:两脚前后开立,两膝弯曲,单手持球,屈臂于肩上。掷球前,持球手臂后引,同时身体随之侧转,重心移到右脚上。掷球时,利用后脚用力蹬地转体和挥臂、甩腕的力量将球掷向预定的目标。

③勾手掷球:两脚前后开立,身体侧对出球方向,单手持球后引,臂微屈,同时重心移到后脚上,掷球时,后脚用力向后蹬地,同时转体,重心由后脚移向前脚,当持球手臂由后经体侧沿弧线摆至肩上时,手指和手腕用力将球掷向预定的目标,球出手后,掷球手臂继续前摆,上体前倾后脚向前迈出,维持身体平衡。

2)脚踢球。

①踢空中球:将球置于体前,在球自由下落过程中踢球。它多用于远距离或雨天场地泥泞时。

②踢反弹球:体前抛球,球落地后反弹起来的瞬间将球踢出。它比踢空中球准确性要高,速度要快,出球弧度低,隐蔽性强。

(5)扑球。

1)倒地侧扑球。扑两侧球时,首先做好准备姿势,两眼注视来球,身体重心置于两腿之间,两脚时刻准备蹬地,精力集中。扑球时,异侧脚内侧侧蹬发力,同侧脚屈膝迎球跨出,上体顺势压扑以加速重心的前移倒地,双臂同时迎出接球,腕关节稍内扣,用手掌挡压控球。触球后屈臂收球于胸前,并快速抱球起身。侧倒过程以小腿、大腿、臀部、肩和手臂外侧顺序缓冲着地。

2)跃起侧扑球。扑球时,确定来球路线后,迅速降低重心,身体向球侧倾斜移动。向侧脚侧上步,用脚掌外侧蹬地发力,使身体呈水平状腾空,两手同时快速迎球,身体展开。接球手形成球窝状,靠压腕和手指用力将球控住。落地时,两手按球,随即屈肘,以前臂、肩部、上体侧面和下肢依次着地。注意屈膝团身护球,并顺势抱球起身。

3)拳击球。拳击球一般用于出击时的防守,在争抢高球无把握接住球的情况下,可利用单拳或双拳将球击出。击球时要准确判断来球运行路线,及时移动到位,握紧拳,在接近球的刹那迅速出拳击球。

守门员技术的训练方法主要有以下几种。

1)两腿跪在地上,两手持球上举,向两侧做大腿、上体、手臂依次触地的扑球练习。

2）将球掷向左、右、前、后，守门员依次扑接球。

3）队员运球直逼守门员，守门员选择最佳时机扑接脚下球。

（二）足球战术能力培养

战术进行足球运动的保障，制订一个合理的战术计划对足球比赛的走势具有重要的影响。在制订足球战术前，首先要对足球战术有一个大体的了解，然后才能制订战术计划进行训练。

1.进攻战术

（1）个人进攻战术能力训练。个人进攻战术是指在比赛中为了战胜对手而采取的符合整体进攻目的的个人行动。个人进攻战术包括传球、射门、运球突破等。

1）传球。足球比赛中，传球是运用最为频繁，最基础、最重要的技战术手段，同时，传球水平的高低也是一个足球队整体比赛能力的重要体现。

①比赛中，要及时掌握传球的时机。

②气候条件影响传球效果，例如，雨天或是雪天要多尝试传脚下球。

③场地条件影响传球效果，例如，泥泞时少传地滚球，多传空中球。

④掌握好传球的弧线和力度，方向要与接球队员的跑动方向一致。

⑤传中球的弧线要与冲顶射门的同伴的跑动方向相反。

⑥顺风进攻时少传直传球和长传球，传球力量适当小些。

⑦传球路线应尽量避开对方的抢截半径和断球的可能。

⑧逆风进攻时多采用短传球和低球，力量适当大些。

⑨中距离传球可以加快进攻推进速度，失误又相对较少，所以多采用中距离传球。

2）射门。射门是一切进攻战术配合的最终目的和进攻得分的唯一手段。射门时，运动员应根据场上瞬息万变的情况，通过敏锐的观察，判断来球的速度、落点和防守队员及守门员所处位置的情况选择最佳的射门时机和有效的射门方法。当射门失去角度时，不要盲目射门，通过合理运球、传球寻找射门的更大空间。

3）运球突破。在运球突破时要注意以下时机的把握。

①运球突破主要是在没有射门、传球机会时应用，可以利用假动作、巧妙的技术和速度进行突破，从而创造射门和传球的机会。

②在攻守转换过程中,控球队员在进攻三区内,面对最后二名防守队员,并且起身后留出较大空间时,应大胆选择突破其防守。

③控球队员在对手贴身紧逼,失去传球和射门的角度时,应采用运球突破摆脱其逼抢,寻找更好的进攻机会。

④同伴处于越位位置而又没有其他更好的传球选择时,应果断运球突破,直接攻门。

(2)局部进攻战术能力训练。局部进攻战术是指进攻中两个或两个以上队员之间的配合方法。它是集体配合的基础。局部进攻战术有很多的配合方式,如交叉掩护二过一配合、传切二过一配合、三过二配合等。

1)交叉掩护配合。交叉掩护配合是指在局部地区两名进攻队员在运球交叉换位时,以自己的身体掩护同伴越过防守队员的配合方法。交叉掩护配合要注意以下两点。

①运球队员要护好球,同时挡住对方防守队员,将球传给同伴后,要继续向前跑动。

②接球队员必须主动迎面跑向运球同伴,交叉距离贴近,接球后快速向前运球。

2)传切配合。局部进攻战术使用最为频繁的战术配合就是传切配合,即控球队员将球传给切入的进攻队员的配合方法。传切配合的形式主要有两种,一是局部传切配合,二是长传转移切入。

①局部传切配合。按传切的线路可分为斜传直切和直传斜切两种。

②长传转移切入。一侧进攻受阻,长传转移到另一侧,切入队员得球后展开进攻。

3)三过二配合。比赛中局部地区由三个进攻队员通过相互配合摆脱防守的配合方法,称为三过二配合。

(3)集体进攻战术能力训练。

1)阵地进攻。阵地进攻是指防守方运动员在本方的半场占据防守位置时组织的进攻。阵地进攻由于攻守双方的人数基本平衡,因此没有较大的空间。这就要求进攻方不断的频繁活动,将跑动、穿插、策应有效地结合起来,达到扰乱对方防守的目的,尽可能地在局部地区打出空间,给对方造成人数上的不平衡。阵地进攻的关键是要利用场地长度和宽度进行机动跑位,不断调动防守者的位置。具体方式有以下几种。

①中路渗透。前场发动进攻、中场发动进攻、后场发动进攻,是中路渗

透的三种基本形式。前场发动进攻:前场发动进攻主要靠前锋回撤后在其身后形成的空当,由其反切插入;或由后排的前卫、后卫插入。具体方法是在罚球区附近做踢墙式二过一的配合,对突破对方中路密集防守有显著的效果。中场发动进攻:中场发动进攻,前卫队员担负着组织核心的重要角色。常常采用短传配合的方法来进行,并以各种二过一来摆脱对方的防守。

②边路传中。在对方半场的两侧组织发动进攻,以传中为主要的射门手段就是边路传中。由于边路进攻直接得分的可能性不大,因此大多是由异侧队员和中路队员插上,边路传中完成射门。传中球要弧度低、球速快,具有明显的内旋。这种球对于防守队员和守门员来说,在其判断、抢断上难度都非常大,并且有利于射门得分。

③中边转移。一般来说,足球场上中路人数较为密集,中路渗透很难达到预想的效果。如果中路没有机会进攻,应快速地将球转移给边路,分散防守队员的注意力,然后由边路突破再将进攻方向转到中路。

2)快速进攻。快速进攻战术是由守转攻时,抓好对方组织的时间差,通过快速有效的传接配合,创造射门机会。具体方式有以下几种。

①中路突破。中路突破快攻主要形式有个人突破和配合突破两种。配合突破是通过整体进攻完成的。

②边路传中。快攻中通过边路的进攻主要有个人突破及边路队员快速插上到防守者的身后接球突破两种形式。

③中边转移。快攻中的中边转移主要形式是中后场得球后一次性直接将球长传至边路,由边路队员突破,或者经过中场的一两次传递后再将球分到边路,由边路队员突破。

2.防守战术

(1)个人防守战术能力训练。

1)断球。断球是指拦截或破坏对方传球的战术行为。断球是本方由守转攻、由被动转主动的最有效的战术活动。能够迅速地组织反击,同时也是得分的有效手段之一。在断球时需要注意以下几个要点。

①恰当的时机:在对方出脚传球的一瞬间,快速启动,先于对方的接球的路线,将球拦截。

②正确的判断:根据自身的经验和观察,准确判断对方传球意图和路线,做到提前预判,提前行动。

③合理的位置:在正确选位的基础上,偏向有球一侧移动,并"松动"

防守。

2）抢球。抢球是指将对方控运的球抢过来或破坏掉的战术行动。在个人战术中，抢球占有重要的地位，也是个人防守能力的重要体现。在抢球时需要注意以下几个要点。

①合理的距离：通过移动与持球对手保持最适宜的距离。

②准确的时机：在对手接控球未稳或控、运球两个触球动作之间的时机，将球抢下来或破坏掉。

③正确的站位：抢球首先要选择有利的位置，最好是在持球对手与球门中点之间站位，这个位置挡住了对方突破的最佳路线。对方运球向两侧扯动时，即为抢球创造了有利条件。

（2）局部防守战术能力训练。

局部防守战术是指两个或两个以上防守队员之间的配合方法。它是集体防守战术的基础。其基本配合形式有：补位、保护和围抢。

1）补位。补位是同伴之间相互协助的一种战术配合，是防守队员弥补同伴在防守中出现漏洞。足球比赛中，同伴间的相互补位，有利于制约对手的进攻行动，有利于变被动为主动。补位的方式主要有以下几种。

①当前卫队员或后卫队员来不及插上时，临近的队员应暂时填补该位置，以制约对方运球的速度，防止对手反击。

②当同伴被突破后，保护队员要及时补位防守，将球夺回来或阻断其进攻路线，被突破的队员也要积极回撤，补位同伴的位置或是协助同伴进行防守。

③守门员出击时，后卫队员要及时回撤到球门线附近，弥补守门员的位置，防止守门员出击失误，对方突然射空门。

2）保护。保护是指对逼抢对手的同伴行动上和心理上的支持，使同伴没有顾虑，能够将全部注意力放在逼抢对手上。如果被对方突破，负责保护的队员还可以及时补防，拦截球权或封堵进攻路线。如果逼抢队员夺得了控球权，保护队员可以与同伴进行技战术配合。保护有以下几个要求。

①保护队员要通过语言指挥同伴抢截和选位，并且彼此都应了解对方位置，从而进行默契的配合。

②保护队员选位要根据临场具体情况随时调整角度，如果同伴堵内放外，保护队员选位角度偏向外线。如果同伴堵外放内，保护队员选位角度应偏向内侧，配合同伴形成夹击之势。

③保护队员与逼抢队员的距离是动态变化的,根据不同场区应有所不同:后场3~5米;中前场4~8米。根据持球队员的不同特点也应有所变化,对速度型队员距离应稍远些,对技术型队员距离应近些。

④保护队员选位时还应考虑双方人数的对比。二防一时,全力保护;夹击二防二时,既要保护同伴防突破,又要兼顾自己应盯防的对方接应队员。二防三时,主要是延缓对方的进攻速度,为其他队员争取回防的时间。

3)围抢。围抢是指两个或两个以上队员围攻或夹击对方持球者,同时把球破坏或抢断的战术行为。在进行围抢时需要注意以下几个要点。

①要在局部地区守方人数较多的地区进行围抢,并用统一思想,配合协调、默契。

②被围抢的人控球不稳时,并且附近没有队友接应时,应果断地进行围抢。

③一般应在边、角场区,对方身体方向和观察角度较差时或在守方门前接球、运球、射门时,坚决展开围抢封堵。

(3)集体防守战术能力训练

集体防守是指全队都参与防守并进行配合。集体防守基本分为三种形式:人盯人防守、区域盯人防守和混合盯人防守;集体防守基本打法有:前逼压式打法、层次回撤式打法和快速密集式打法。

1)人盯人防守。人盯人防守是指全队每人都有固定的防守对象。其中主要特点就是在全场攻防的空间、时间中,对进攻方的每个队员都进行打压和制约。人盯人防守要注意以下几点。

①每个队员都应具备较强的技战术能力。

②每个队员都应具备较强的身体素质。这主要是每个队员在场上频繁的跑动和逼抢决定的。

③每个队员之间配合要默契。当同伴盯人失误时,邻近队员根据场上情况,迅速、灵活补位,以保全整体人盯人防守的严密性。

2)区域盯人防守。区域盯人防守是指防守队员占有一定的区域,当进攻方进入此区域时,负责区域防守的队员应迅速防守逼抢,制约进攻方的一切有利行动。每个区域中,队员都有明确的任务,但也需要同伴之间的相互协作,当某一区域盯人防守失败时,邻近队员应及时补位,被突破防守队员应迅速回撤并及时换位,使机体防守具有较高的严密性。区域盯人防守要特别注意各区域间交界处的防守。因为这些交界处常常由于防守职责不明确而给进攻者带来可乘之机。

3)混合盯人防守。混合盯人防守是人盯人防守和区域盯人防守的结合打法,这种防守方式能够灵活地综合以上两种方法的特点,取长补短,提高集体防守的实效性。在采用这种防守形式时,应选择体力好、个人综合能力强的优秀队员,其他队员采用区域盯人防守。例如,对进攻方前场得分手和中场组织者实施人盯人防守,其他队员采取区域盯人防守。采用这种防守方式时一定要注意彼此间的配合,相互协作好,才能发挥其最大的功效。

第六章

校园足球训练体系与评价体系研究

第一节 校园足球训练体系研究

一、足球运动训练的现状与发展

(一)我国足球运动训练现状

1. 训练管理体制现状

随着当前我国对足球运动发展的重视,足球训练及其管理日益完善,并获得了良好的发展。同时,伴随着足球培训体质的市场化运作,足球人才的培训开始讲求投资的效益,而政府和行政管理部门则逐渐向组织、协调和业务上的指导方面转化,足球后备人才的培养呈多样化发展。具体如下。

(1)职业俱乐部和由俱乐部主办的少儿足球学校训练体制。

(2)省级、解放军、行业体协全运会代表队和市级城运会代表队训练体制。

(3)各类业余俱乐部青少年训练体制。

(4)各类足球学校青少年训练体制。

2. 训练系统构成现状

我国青少年足球的训练系统分为竞技系列、普及系列两个训练系统。职业俱乐部体系方面,U19 和 U17 这两个年龄阶段不管是在生理方面,还是训练年限方面都趋近成熟,训练管理按照职业队的管理模式进行。U15 年龄阶段是训练和文化课各占一半,普及系列各足球学校中也采用这种形式。中小学生和业余的足球俱乐部则一般安排在课后业余时间组织训练。

竞技系列各年龄阶段足球训练的组织和安排非常严格和规范,并且具有更高的训练要求。竞技系列的训练规范化程度较高,具有强有力的后勤保障,确保训练的顺利进行。

3. 训练理论研究现状

和发达国家相比,我国足球运动发展落后,对足球运动训练的理论研究不够全面、深入、系统,同时缺乏理论创新,这些都严重阻碍了我国足球运动的发展。足球训练得不到科学的理论指导,由此陷入足球发展的恶性循环。

目前,在我国足球训练中,具备足球基础理论方面的教练员和学者较少,这种理论与实践相脱离的现状很难保证足球运动员获得良好的训练效益。而面对这样的情况,足球训练又缺乏训练理论水平方面的必要引导,足球运动员的技战术训练水平不能得到很好的提高。

4. 教练员队伍现状

运动训练实践表明,高水平的足球教师必须具备丰富的足球训练理论知识,较高的教学与训练能力,还要对足球运动实践的认识感性而深刻,这对于足球教学与训练水平的提高具有重要的作用和意义。

调查发现,我国大多数青少年足球的教练员并未参加过相关的岗位培训。这造成青少年足球教练员虽然有着相应的专业经历,但是观念保守、落后,并不能从宏观上把握足球的发展趋势,对于新的足球理论缺乏深刻的认识和细致的研究。青少年足球教练员虽然专业操作能力较强,但是并不能很好地把握青少年足球训练的规律,因此,其训练缺乏系统性和科学性。主要存在以下两个问题。

(1)教练员的整体足球理论知识比较缺乏,包括足球运动实践经验和足球专项训练理论知识,大多数教师对足球训练的认识不深刻,难以调动学生参与教学与训练的积极性。

(2)教练员对足球训练的指导不足。以校园足球训练为例,训练多是学生之间的交流,教师与学生缺乏有效的互动,对学生技战术的指导不足,严重阻碍了学生足球技能的进一步发展。

4. 运动员训练水平现状

通过对我国青少年训练进行调查分析发现,我国青少年足球运动训练存在以下问题。

(1)技术方面。我国青少年足球运动员球感有欠缺。在运球时,容易出现失误和被抢断;虽掌握了较多的动作技术,但是并不能干净利落地运用,掌握的精细程度不足;两只脚训练和使用的次数不同,两只脚的技术差距较大,表现为习惯脚的技术要明显优于不习惯脚;能够基本掌握头顶球技术,但是其技术水平普遍较差,并且表现出不精细和不全面的特点;停球方面,我国青少年足球运动员普遍存在停球不够准确的技术缺陷,这也是技术动作掌握不精细的重要表现形式。此外,也不能很好地控制传球路线。

(2)战术方面。战术方面,我国大多数足球运动员对足球战术的基本原则了解较少,如攻守原则等。球员很少主动跑位接应队友。在足球比赛中,不能与队友之间形成良好的主动配合,只有当持球队友遇到麻烦时,才会去提供帮助。即使是一些相对优秀的主力队员,也不能与其他队员之间形成很好的配合,甚至出现"耍大腕"现象,整体来看,足球运动队的团队战斗力不高。

(3)体能方面。由于训练不科学,我国很多青少年足球运动员都存在由于过早进行力量素质方面的训练而导致伤病多发的现象,常见伤病有脊柱、腰椎伤病、胸骨损伤(过早进行胸部停球训练导致)等。足球运动对运动员的耐力素质要求较高,因此足球耐力训练强度较大,而针对青少年足球队员的耐力训练的心率经常在140～150次/分,这种高强度的训练使得青少年的心脏体积增大变硬,心脏弹性发展受到限制,对其以后的有氧耐力发展十分不利。

(4)心理方面。我国缺乏针对青少年的训练个性特点的发掘和培养,队员没有自身的风格特点。青少年队员在训练和比赛中不能长时间集中注意力,影响训练的效果和水平的发挥。此外,由于当前我国青少年中独生子女较多,他们对失败的承受能力很差,情绪容易受影响,容易失去信心,在紧张情况下,判断和处理事情的能力不足。这些都对其在足球运动比赛中技能的正常发挥产生了不利影响。对青少年足球运动员的训练,必须重视心理素质训练。

6. 竞赛状况

当前,足球竞赛活动少,成为制约我国足球训练水平提高的一大重要因素。比赛是足球训练的杠杆和导师,而我国的足球竞赛活动太少,尤其是对于学校足球来说,各高校高水平足球队一般只有在4年一届的全国大学生运动会中才有参加比赛交流的机会。另外,全国大学生运动会是以省为单位的,从而使得许多高校高水平足球队只能参与本省内的足球竞争。这样大部分高校高水平足球队在大部分时间里处于只练不赛的窘境。这种现状严重影响了高校组织足球队训练的积极性。

足球技能发展必须到比赛中去检验,足球竞赛少、足球竞赛水平低使我国足球运动员的训练热情大大减弱,同时也不利于足球运动员技能的进一步提升。

7. 经费状况

经费问题始终是制约我国青少年足球运动发展的突出问题。我国对青少年足球运动训练的经费投入相对不足,严重阻碍了我国足球运动的发展。随着我国足球训练管理体制的改革,政府的资金投入逐渐减少,相应的社会投资比例逐渐增加,如今财政拨款并不是支撑足球事业的唯一资金来源,这在一定程度上调动了社会各方面力量办体育的积极性。

目前,中超俱乐部的梯队建设相对较好,具有固定的经费来源,主要有三种途径,即政府的行政拨款、收费以及企业赞助。青少年足球俱乐部和体校应积极学习和借鉴中超俱乐部的经费创收,增加足球发展的经费来源。

8. 校园足球

校园足球体现了让足球回归教育的宗旨。早在 2009 年,体育总局和教育部就联合下发了《关于开展全国青少年校园足球活动的通知》,这一文件下发之后,各教育行政部门根据要求,与体育部门进行密切配合,对青少年校园足球工作进行安排和部署。其后,体育总局和教育部在北京召开了关于青少年校园足球活动工作的会议,从而使得青少年校园足球活动正式开展起来。在升学过程中,学生足球特长水平纳入学生综合素质评价,并供上层学校招生参考。2015 年,清华新增男子足球项目(B 类)招生测试,选拔品学兼优、足球水平突出的学生运动员。教育部的目标是,到 2017 年,在全国建设 2 万所中小学校足球特色学校、200 个高校高水平足球队、30 个校园足球试点区县。

开展校园足球,不仅能够使得学生的体质健康得到增强,还能够丰富学校体育教学活动的内容,特别是有足球特长的学生将更能够从中受益。而且,全国青少年校园足球活动也改变了职业化以来青少年培训追求成绩和效益的指向。通过开展校园足球将会对我国青少年足球的训练与培养体系产生积极的影响。

但是,也必须认识到,由于校园足球在我国开展时间尚短,因此其仍处于不断发展和探索阶段,需要各方面的积极、持续努力。

（二）我国与足球强国的训练差距

我国目前的足球水平相对较为落后,与欧美足球强国之间具有较大的差距,主要表现在以下几个方面。

1. 技战术风格

纵观各足球强国,都有统一的技战术风格。这些足球强国的风格各异,并且在相互较量中相互产生着一定的影响。这些足球强国的青少年足球训练与成年队的训练都有着统一的风格特点,而我国的足球技战术风格特征不明显。

我国的足球技战术风格,一直以来都没有统一。其原因是多方面的,主要是因为足球各级领导没有深入细致地研究中国的技战术特点,只是一味地学习其他国家的技战术风格,要么学习德国,要么学习英国,结果不仅导致了哪个方面的技战术风格也没有形成,还导致了国内教练员的思想非常混乱。由于技战术发展方向不明确、不统一,也就导致了技战术打法也没有较为系统的指导思想,从而使得我国的足球运动水平较低。

2. 足球训练方法

欧美足球强国以对抗、实战训练为主,并且在很早就开始进行对抗训练,这为以后的训练奠定了一定的基础。在训练过程中突出对抗特点,对青少年实施紧逼防守训练,能够提高其在高强度防守状态下的技术水平。这种积极的训练方法能够使得队员对于激烈比赛的适应能力较强,能在各种类型、级别的不同足球比赛中均表现出良好的竞技状态。

我国的足球训练理念较为落后,尤其对于青少年来说,通常进行的都是以非对抗为主的训练内容和训练方法、手段,这与实际的比赛需要是不符的。而在成年队中,足球运动员的高速度、高强度的剧烈对抗也是不多见的,这种脱离实际需要的训练方法不可能取得理想的训练效果,更不可能与欧美的足球强国抗衡。

3. 身体素质训练

欧美足球身体训练与实战相结合,欧美强国非常重视对青少年足球运动员的身体训练,并且随着队员年龄和训练水平的提高,训练的强度也在相应增加。良好的身体准备是球员适应高强度比赛的基础。在训练过程中,通过身体训练与实战相结合,能够使得队员的身体素质与运动比赛相适应。

目前,我国的绝大部分职业足球队都是通过采用越野跑、12 分钟跑、长跑、重复跑、变速跑等方法来进行体能训练的,这对提高身体素质的基础是非常重要的,但仅靠这些还不足以满足足球比赛对运动员身体素质和运动能力的需求。

和欧美足球强国进行比赛,我国足球运动员体力不支表现明显,尤其是连续冲刺与对抗的能力不及欧美运动员。

4. 训练选拔机制

和欧美强国联赛与选拔机制固定完善相比,我国足球竞赛与选拔机制不健全。

就职业足球来讲,国家队以及中超、中甲联赛是中国足协工作的重点。除此之外,其他固定的联赛与杯赛,尤其是青少年同年龄段的联赛非常少,从而严重地影响了青少年实战能力的培养,同时也影响了他们训练的积极性和训练质量。

就校园足球来讲,学生的足球训练基本处于无人管理和组织,自主发展的状况,无法形成不同年龄段的层层选拔和培养机制,严重地影响了青少年人才的选拔与培养,使许多有发展前途的青少年被迫流失掉了。

5. 训练大纲建设

欧美足球强国有着较为完善的足球训练和培养体制,足球训练大纲也非常科学和统一。相比之下,我国足球训练大纲不统一十分明显。

就我国足球现状来看,我国各级俱乐部、足球学校及中小学足球队的青少年训练,都没有统一的训练大纲。因为许多地方受"唯成绩论"的影响,以大打小、弄虚作假的问题非常严重。因此,各年龄段的青少年训练不规范,技战术训练不系统,基础不扎实,对抗能力很差。因而到了成年队,甚至到了国家队后,还要进行技术训练,训练不科学、不系统,运动员足球技能水平提高比较困难。

6. 训练理论指导

欧美足球强国对足球运动训练的研究较为深入,在足球训练实践中能够科学运用足球训练理论指导。

我国足球教练员多数是运动员出身,自小踢球,文化水平、专业理论知识和基础知识水平较差,尤其是现代先进的训练理论认识较差,在训练中主要凭自己的经验安排训练,无法以理论指导足球训练实践。

(三)我国足球运动训练的发展

结合前面对我国现阶段足球运动训练现状的具体分析,当前,要想促进我国足球运动训练的科学化发展,以促进我国足球运动训练水平的提高,应重点做好以下几个方面的工作。

1. 创造优良的学训环境

加强青少年足球运动员的训练,重视校园足球运动的发展,充分利用学校体育教育培养素质全面发展的足球运动人才是当前我国发展足球运动的一个重要和有效途径。

推动校园足球训练的良性发展,必须正确处理学生的足球学习和足球训练之间的关系,加强学生训练的管理制度,更好地发挥学校管理机构的作用,为学生创造一个优良的学训环境,这是我国校园足球训练的重要发展趋势之一。具体来说,要创造一个优良的学训环境,应从以下几方面着手。

(1)由校长负责,通过学校、学院的教务处与体育部的协调,加强对学生的足球训练的管理。

(2)针对足球水平较高学生进行单独编班,结合学生和本校的实际情况,延长学制或实行完全学分制管理。

(3)安排经验丰富的教师进行授课,教师重视对学生训练情况的指导、关心学生的学习和生活。营造良好的校园氛围和和谐的师生关系,激发学生参与足球训练的积极性和主动性。

2. 加强组合技术的训练

组合技术训练有助于提高足球运动员在比赛中灵活运用各种足球技术的能力,足球组合技术训练应重视训练原则、内容、负荷、方法等的合理安排。足球组合训练的理论主要是针对讲述校园足球并非只有高校高水平足球运动员的体能素质、技战术水平、心理素质、比赛经验等综合竞技状态而提出训练。

在足球训练中,足球技术组合训练有助于加强足球各种组合技术的训练和应用,使运动员全面掌握足球运动的停、踢、顶、抢等各种技术动作以及技术方法之间的有机联系,并有助于运动员充分发挥自己的创新能力,是运动员理解和掌握足球技战术、提高运动成绩的根本途径和方法。

3. 重视竞赛组织和参加

参加竞赛有助于提高足球运动员的实战竞技能力,是提高足球运动员技能的重要方法之一,因此要重视和利用竞赛的杠杆作用,以赛促练,这是当前提高运动员足球竞技水平的重要发展趋势。

现阶段,建立多层次的比赛体系,使运动员参赛机会不断增加,对足球比赛合理运作应做好以下方面的深化改革。

（1）完善我国青训体系运动员的训练管理和赛事管理,管理部门积极参与建立区域内、区域间的足球竞赛体系,以促进不同地区和梯队之间的足球训练成果的交流,增加青少年运动员、大学生运动员参加足球竞赛实战的机会。

（2）重视大学生足球竞赛的举办,突出大学生足球竞赛的特色,用"文化"包装足球竞赛,使足球竞赛成为校园文化的重要组成部分,使足球训练成为大学生课余文化生活的重要组成部分。

4.增加训练经费投入

正如前面所提到的,训练经费不足是影响我国足球训练的重要因素之一,因此,重视足球训练,增加足球训练经费的投入将是未来一段时间内我国足球运动训练发展的重要趋势之一。

大力发展足球运动,增加足球训练经费投入,应充分运用政策和竞赛机制的干预,同时,加强社会集资对足球发展的支持,为我国足球运动训练创造良好的条件。

5.完善足球设施建设

在足球训练中,足球场地、训练器材等硬件设施建设是促进提高足球训练水平的重要物质保障。因此,足球运动训练发展必然离不开足球设施的建设与完善。

新时期,发展足球运动,提高我国足球运动训练水平,从完善足球设施建设的角度来讲,应做好以下两个方面的工作。一方面,重视对高新技术的研究,进一步利用现代高科技设备和仪器服务于足球训练,以为足球训练提供量化的生物学、生物化学指标,使足球的训练工作更有针对性、更加科学;另一方面,重视校园足球运动发展,进一步完善高校足球场地、器材等基础设施建设,使在校学生参与足球运动训练有更加完善的足球训练环境。

二、足球运动训练的基本理论

（一）足球运动训练的目标

1.足球技战术训练目标

足球技战术训练目标就是通过科学的技战术训练方法,使运动员掌握先进的足球运动技战术知识,具备全面的足球运动技战术运用能力。具体来说,足球运动技术、战术训练目标如下。

（1）足球运动技术目标是运动员通过训练全面的掌握足球的运球、过人、传球、射门、头球以及假动作等技术,并能够在足球比赛中进行充分的发挥。

（2）足球战术训练目标则是运动员掌握战术知识,理解自己在足球阵容中的位置意义和作用,并在比赛中能够充分发挥自己在整个足球战术阵容中的作用。

2. 足球身体素质训练目标

现代足球运动身体素质训练的目标是要求足球运动员保持较好的有氧能力,还需要具备相应的无氧能力,并以各项身体素质的全面协调发展为目标,围绕足球运动专项特点,提高足球运动专项速度、力量、耐力、柔韧、灵敏等素质水平。

3. 足球心理素质训练目标

现代足球运动心理素质训练的目标是增强运动员的自信心,促进足球运动员自我控制能力和稳定注意力的提高。除此之外,还要提高足球运动员的良好的意志力、竞争意识、沟通能力、角色的定位和责任感等心理素质。并能使足球运动员的心理素质与足球运动专项比赛能力（包括技战术能力和专项身体素质）充分结合起来,提高足球运动员的竞技状态和竞技能力。

（二）足球运动训练的基本规律

1. 身心发展的基本规律

科学的足球运动训练应建立在充分遵循足球运动员身心发展规律的基础之上,训练不能违背运动员的生长发育。就现代足球运动训练来讲,随着运动员身体各系统功能的逐步成熟,各种运动素质也不断得到发展和提高。但不同时期的足球运动员生长发育特征存在着一定的差异,有的运动员生长发育快,有的生长发育慢;有的系统发育早,有的系统发育晚,这是正常现象。因此,运动员在训练时要遵循机体生长发育的基本规律,合理安排训练。

此外,足球运动训练还应充分考虑不同运动员的身心差异,因材施教,提高训练的针对性。

2. 运动竞技能力的规律

所谓足球竞技能力,具体是指运动员参加足球比赛的能力。足球运动员竞技能力的构成要素主要包括技术、战术、身体素质和心理素质四个方面。其中,技术和身体素质是战术的物质基础,战术发展影响技术和身体素质的发展;心理素质是技术、战术和身体素质正常发挥的保证,直接影响运动员竞技水平的发挥,上述四个要素相互影响、相互制约,需共同发展,缺一不可。

还应认识到,足球运动员竞技能力的发挥不仅取决于球队本身,也要受制于对手竞技水平的发挥。因此,要在足球运动训练中综合分析、合理安排训练。

3. 足球运动实战性规律

足球训练的根本目的是提高运动员的实战水平,因此在训练中必须围绕实战开展训练,遵循以下几个基本规律。

(1)技战术能力培养全面而系统。现代足球比赛竞争激烈,比赛情势瞬息万变,突发状况时有发生,因此足球运动员要全面了解和掌握足球运动的技战术知识,然后才能投入训练实践中。在比赛过程中,运动员要仔细分析对手的技战术特点、同伴以及球的运动变化等各种因素,从而选择出合理的技战术行动,并总结成功的技战术经验,全面而系统地提高技战术能力。

(2)技战术发展要适合实战性。足球运动员技战术水平的发挥是通过实战来检验的,因此采用的技战术训练的手段和方法要结合实战进行。一方面,足球运动员的技术训练应使运动员的技术运用能力在原有基础上得到不断发展和提高,因此在训练中要不断地修正技术动作,使运动员运用技术的能力得到不间断、持续的发展。另一方面,足球运动员的战术训练要遵循战术发展的一般规律,从局部战术逐步过渡到整体战术。各个不同时期的训练要结合实际情况,选择恰当的训练方法和负荷强度,循序渐进地在训练中引入比赛因素。不同年龄阶段运动员训练应符合年龄段比赛特点,不能过度训练。

(3)职业素质与技战术发展相统一。运动员的职业素质在足球运动训练中具有重要地位,在训练的过程中,要加强运动员职业素质的培养。具体来说,运动员的职业素质反映在训练比赛中的纪律性以及与同伴的交流、合作等方面,实践证实,优秀的足球运动员往往具有较高的职业素质水平,这对于其更好地应对复杂的社会环境,处理好遇到的突发状况具有重要的帮助作用,因此要在足球训练中重视足球运动员的职业素质训练,并与足球运动技战术发展紧密结合起来。

（三）足球运动训练的基本原理

1. 机体代谢原理

足球运动训练中,机体承受负荷需要消耗大量的能量,能量的消耗对应的是能量的补充。物质和能量代谢原理是足球运动员从事运动必须遵循的重要理论依据之一。

新陈代谢是人体生命活动的基本特征之一,它具有非常重要的作用和意义。一方面,研究表明,在参与运动训练过程中,人体内的物质和能量代谢过程较平时会得到加强,能量的消耗也会随之增大。从事有效的训练能够提高人体组织细胞内酶系统的适应性,使酶的活性得到提高,从而促进人体的物质代谢和能量代谢,能量物质的恢复更加充分,从而达到比锻炼前更高的水平,人体各器官系统的功能也得到进一步增强。另一方面,能量的供应是运动训练时运动员保持充沛的体力和获取良好运动成绩的重要条件。

总之,物质和能量是人体参与运动的基础,了解运动训练过程中机体代谢情况及规律有助于足球运动员更加科学地参与足球训练。

2. 训练负荷原理

足球运动训练在于提高运动员的身体素质和运动水平,目的主要是通过运动员在运动训练过程中不断承受和适应训练负荷来实现的,通过机体的不断适应来提高机体的运动能力和对外界(运动负荷)的适应能力。这就是训练负荷原理。

机体训练负荷原理要求足球运动训练必须注意以下两点。首先,根据负荷因素的基本特征,在训练初期,为了尽快进入运动状态,通常以增加负荷量使机体的适应过程逐步实现。在专项训练阶段,以提高负荷强度刺激来加深运动员的机体适应过程。其次,对于足球运动员而言,训练负荷和内容安排应与足球运动专项特点保持一致。

3. 训练适应原理

生理学研究表明,运动训练过程中机体对训练内容的适应需要经过以下几个阶段。

（1）刺激阶段。训练初期,运动员的机体需要接受来自各方面的各种刺激,机体对各种刺激表现为不太适应。

（2）应答反应阶段。在运动负荷的刺激下,运动员机体各器官和运动系统产生兴奋,并将兴奋传输到各器官中,最后整个机体都进入运动状态,实现机体对外界刺激(运动负荷)的生物应答反应。

(3)暂时适应阶段。一段时间的系统训练后,运动员的机体器官和系统持续接受刺激,并持续对这种刺激做出反应,运动员的机能就会进入良好的工作状态,各项生理指标表现稳定,随着运动训练的继续进行,当机体某应答指标虽不再上升也能承受外部刺激时,表明机体已经适应了当前的运动训练刺激。

(4)长久适应阶段。长期训练使运动员在全面增加和系统重复各种外部运动刺激的基础上产生较为明显的身体结构和机能方面的改造。机体运动器官和身体机能在训练状态下表现良好。

(5)适应衰竭阶段。如果运动训练安排不科学,运动员的身体某些机能会出现衰竭的情况。如为了快速实现训练效果而不合理地加大运动量,机体承受过度训练而遭受损伤。

在足球运动训练中应注意遵循不同训练阶段机体的客观变化特征,合理安排训练,切忌急于求成诱发不必要的运动伤病的产生。

4.超量恢复原理

超量恢复是关于运动时和运动后休息期间能量物质消耗和恢复过程的超量恢复学说。超量恢复在一定程度上受到疲劳程度、运动量的大小和营养供给等因素的影响。运动量的大小是超量恢复强弱的重要影响因素。具体分析如下。

运动训练中,运动量越大,人体内各器官和肌肉的功能动员的就越充分,能量物质消耗的就越多,超量恢复也就会越显著。如果运动量过大,超过了人体正常承受的范围,就会使得恢复过程延长,甚至可能会因过度疲劳而对身体健康产生不利的影响。如果运动量过小,身体得不到充分的运动,疲劳程度较小,超量恢复的效果就不显著,甚至不会出现,这不利于获得良好的训练效果。超量恢复理论指导下的足球训练应注意以下几点。

(1)运动时间短,运动强度不大,不能使机体产生较大的反应,超量恢复不显著。

(2)重复性的足球训练应掌握好间歇的时间。间歇时间太短,身体始终处于疲劳状态,对运动员的身心健康不利;间歇时间太长,只能保持原来的体质水平,不能有效提高足球技能水平。

(3)要掌握好两次训练间隔的时间,一般通过测定心率的方法来进行控制,如运动后的心率达到 140 ~ 170 次/分钟,以在心率恢复到 100 ~

120次/分钟时进行下一次训练为宜。

5.运动素质转移理论

运动素质转移是指某些素质的发展会引起其他素质的发展,为了取得理想的训练效果,运动训练者应熟练掌握运动素质转移的基本理论及内在规律。

研究表明,运动者运动素质转移的决定性因素主要包括有机体的整体性、动作结构的相似性以及能量供应来源的同一性。首先,有机体的整体性是影响运动训练过程中运动素质转移的重要机制之一。运动训练中,运动员所表现出的同一种运动素质或不同的运动素质,都是在中枢神经系统的支配下发挥各器官系统的综合作用的结果,而并非仅仅依靠某一器官和系统。其次,运动素质的转移得益于技术动作结构的相似性。训练动作的结构及肌肉各种特征越相似,则运动素质转移的可能性就越大。最后,运动素质的转移得益于机体能量供应来源的同一性。对于运动训练过程中的运动素质而言,能量供应来源的同一性能有效促进相同能源供应动作技能的有利转换。

科学足球训练就是要最终实现足球运动员整体素质的提高。因此,在训练中,应注意训练内容的相关性,以促进素质的良性转移,提高训练效果和效率。

（四）足球运动训练的基本原则

1.趣味性原则

现代足球竞争激烈,训练异常艰辛,因此,训练中对足球运动员训练积极性和兴趣的培养非常重要,它是提高运动员训练氛围和调整训练心态的关键所在。由于运动训练的枯燥和大强度的影响,许多足球运动员在训练时往往会出现一定的心理疲劳,造成运动员注意力不集中,训练积极性不高的情况,进而直接影响训练效果。因此,现代足球运动训练过程中必须要重视趣味性原则,尽量采用多样化的训练形式来提高足球运动员的训练积极性和自觉性。

2.系统性原则

足球运动员只有坚持进行多年不间断的系统训练,才能对所要掌握的运动技能进行不断重复和巩固,才能完成运动技能系统化积累。另外,这种多年的系统性训练也是在现代竞技运动中获得优异运动成绩所不可或缺的一环。多年的系统训练和周期性训练是贯彻系统性原则的重要手段。因此,训练的系统性原则是运动员提高自身足球运动技能的重要途径,只有这样,运动员才能充分完成训练任务,取得预期的训练效果。

3. 周期性原则

周期性原则的依据是竞技状态的客观规律,即后一周期应在前一周期的基础上提高,以创造出最佳的运动成绩。在每一个周期或不同的训练阶段中,都有着各自的训练任务、训练内容与负荷量、训练手段与方法,它们彼此之间既相互独立又相互衔接。

足球运动训练中,贯彻周期性原则要做到以下几点。首先根据训练对象的特点和任务,来合理地安排训练周期。其次,做好各个周期之间的衔接,使每个周期都能在前一周期的基础上有所提高,并起到"承上启下"的作用。最后,把握好每个小周期的训练,并对不适之处进行及时纠正。

4. 细节性原则

重视训练细节是球员顺利完成运动训练任务的重要保障。因此,在训练中足球运动员必须要时刻注意自己的训练细节,教练员在制订足球训练计划时,要对整个足球训练计划的内容进行认真分析,并将之细化为具体的实施细则。教练员还要对训练的各个细节进行严格细致的要求,并在训练实践中认真贯彻,做到一丝不苟。

5. 循序渐进原则

循序渐进原则符合人体动作形成的客观规律。在运动训练中,人体结构的改变,运动能力的提高都是由于机体的神经系统通过对运动系统及其他内脏循环系统反复多次调节而形成的适应性反应。这种适应性的形成是一个相当复杂的协调过程,仅仅靠几次训练和练习是无法实现的。运动训练需长期坚持,运动员运动技能的提高是长期训练的结果,而且需要经历一个由量变到质变的过程。因此必须坚持循序渐进的原则,让机体在健康的情况下逐步形成新的生理平衡。

6. 因材施教原则

不同的足球运动员在身体素质、技战术能力方面都存在着一定的差异,因此在进行足球运动训练时必须遵循个体差异性原则。个体差异性原则要求教练员要根据训练对象的不同,有区别地、合理地安排训练内容和运动负荷。对于技术能力强或者有天赋的足球运动员要采取积极的手段和方法以充分挖掘他们的潜力,对运动水平较差的运动员要制订专门的训练计划以促进技战术水平的快速提高,使整个训练安排符合运动员自身的特点,做到有的放矢。

7.训练与比赛相结合原则

训练与比赛相结合的原则,是指要将训练的内容、形式和要求尽可能与足球比赛的实际情况保持一致,使训练最大限度地接近比赛。通过这种形式,可对训练的成果进行检验,及时发现训练中存在的问题,并找出解决问题的对策。

8.一般训练与专项训练结合原则

将一般训练与专项训练相结合是促进足球运动员运动水平不断提升的基础。一般训练的目的是增进健康,促进身体机能的全面发展。而专项训练则是提高足球运动的专项素质、技战术技能和培养战术意识。在足球运动训练过程中,要将两者紧密结合起来。

三、足球运动训练理念与运用

(一)足球教育性训练理念及其运用

足球教育性训练理念是在"以人为本""全面发展"的教育思想基础上提出来的,目的是培养高素质的、全面发展的足球运动员。在具体的足球运动训练实践中,要求教师或教练员应重视以下几点。

1.转变传统教育和训练观念

传统教育训练理念单纯强调运动队整体运动水平的提高,所有运动员参与的训练具有统一性的特点,不能做到因学施教,在足球训练实践中,运动员的独立性、创造性和创新性得不到发展。

在新时期足球运动快速发展的背景下,必须转变教育和训练观念,重视足球运动员的整体实力和特色技能水平的发挥,强调运动员的共性和个性的协调发展。

2.以足球运动员为训练主体

重视学生在教育教学活动中的主体地位是创新教育理念与传统的教育教学理念最根本的区别。创新教学理念改变了传统教学中教师对学生的"填鸭式"教学,使学生在课堂上的被动学习变成主动学习。能充分调动学生学习的积极性和主动性,有助于提高学生的自学能力、创新能力。

传统足球教学训练认为,足球运动是以"球"为主的运动项目。显然,

"球"在足球运动中处于主要地位,而"人"在足球运动处于次要地位,因此,教学训练活动多围绕"球"展开,而忽视了人的主观能动性。这是极不科学的。足球运动中,人是运动的参与者、是运动的主体,因此,足球教学训练必须围绕人来展开,只有促进足球运动中运动员的发展,才能促进足球运动的发展。

以足球运动员为训练主体还要求教练员关心运动员、关爱运动员,在足球训练中,管理应当尽量向人性化靠拢,有效结合制度操作和情感投入。

3. 重视教训结合、以教为学

我国足球运动的发展受传统教育制度的制约性较大,运动员很难在重视应试教育中得到重视,专业体校运动员以及普通高校大学生运动员的教学与训练长期受教训矛盾的困扰,很难实现学业与运动训练的和谐、统一发展。

在创新教育理念指导下,发展校园足球、重视校园足球训练必须实现"教训结合、以教为学",在最大限度地发挥教师"传道授业、解惑"作用的基础上,将创新教育贯彻到足球运动的教育教学过程中去,以培养学生的足球意识、道德情操、人文素质为重点,健全学生的人格,使学生通过自主学习和参与训练,发展和提高其创新能力,促进学生运动素质和水平的全面发展。

（二）足球操作性训练理念及其运用

1. 足球操作性训练理念内涵

足球运动是一项操作性很强的体育运动,训练中,教练员应将自己所掌握的理论、技术和经验有效地结合起来,通过训练实践不断提高足球训练的质量,从而提高足球运动员的运动能力和运动潜力。

校园足球操作性训练理念对教练员对足球训练规律的认识和把握有重要意义。足球操作性训练理念要求教练员重视运动员的身心发展、足球发展二者的规律及运动员学习认识的客观规律、比赛能力的提高。要求教练员有针对性地指导学生的训练,增加训练过程的趣味性和有效性,挖掘青少年足球运动员的足球运动潜力。

2. 足球训练理念的特征分析

（1）足球训练组织的理念特征。和足球运动强国相比,我国足球训练组织缺乏科学性,具体来说,我国足球教练员在训练内容的安排上缺乏针对性和可操作性,主要表现在以下几方面。

1）训练计划。我国足球训练中,教练员的专业知识和素养都较低,对足球训练计划的重要性认识不够,缺乏制订足球训练计划的能力。一些教练员甚至认为,制订足球训练计划的重要性不大,甚至有些教练员根本就不会写足球训练计划,足球训练缺乏系统性,训练内容缺乏针对性,教练员不能根据不同运动员的特点合理安排训练。

2）训练内容。合理安排训练内容是足球运动员运动能力提高的重要前提,只有科学、合理的足球训练内容,才能更加具有针对性和实战性,使运动员的足球运动能力得到真正提高。在足球比赛中,大多数球员过于趋向于有球区,而不观察整个赛场形势,失去了很多传球和进攻机会。因此,足球教练员应该将球员的个人突破、传切配合渗透到足球训练当中,并在训练中提高运动员的进攻和防守能力,从而使学生个人运动能力和集体协作配合的默契程度得到提升。总之,足球训练的内容安排要有针对性,并符合阶段性特征。

3）训练负荷。就我国青少年足球训练现状来看,比较重视大强度、长时间的重复训练。对比国外足球强国的足球训练,其训练的次数和训练时间均比我国足球训练的次数和时间少,但训练安排紧凑、合理,训练强度和训练密度比较科学,而我国的足球训练次数和训练强度没有结合球训练,因此导致了运动员掌握的技术动作粗糙、发挥不稳定、动作不熟练等诸多问题,使运动员的体能不足、技术不规范。在足球训练中,运动员想要在竞争激烈、干扰性强、体能下降的赛场上取得较好的成绩,其中足球训练的次数、频度、强度起着十分关键的作用。因此,教练员要重视制订科学合理的训练计划、训练内容和训练负荷,既要重视整个球队的发展,也要重视球员个体的发展,关注球员个体,根据每个球员的体能素质、运动能力和位置职能等科学地安排训练。

（2）足球训练指导的理念特征。

1）结合实战。我国青少年足球运动员在训练过程中,普遍存在缺乏热情、自觉性不足和积极性不高的问题。因此,在训练前教练员应该制订详细的训练计划和训练内容,并能针对每个球员的特点和整个球队的风格安排适合的训练内容,以使学生积极主动地投入足球训练,而不是被动接受训练。此外,在训练过程中,教练员应避免呆板、抹杀球员的训练激情,而是要根据实际情况灵活变化方法。足球运动不能为了训练而训练。应该充分认识到训练只是一种提高足球运动技能的手段,实现足球运动员的个人发展才是足球训练的根本目标。

2）注重细节。科学的足球运动训练要求教练员重视对运动员动作细节的指导和训练,对运动员在训练中出现的错误能够认真分析、细心指导,从而使运动员准确掌握符合实际需要的技战术内容。例如,青少年足球运动员在运球训练时习惯于低头看球,忽视对场上赛况的观察。究其原因,在日常足球训练中,教练员没有仔细观察和严格要求运动员,更没有能结合战况实际组织训练。为了避免类似情况的出现,教练员要注重运动员的每一个动作细节,要让运动员明白足球训练内容和训练目标,做到结合场景向运动员讲解如何做、为什么这样做,结合实战开展训练,重视足球技战术在实战中的细节运用。

3）重视球员。运动员是足球运动的主体,因此,在足球训练中必须重视球员。具体来说,足球训练内容只有通过球员自身的体验和突破,才能实现其运动技能的快速提高。以往足球教练员灌输式训练,习惯手把手地教授球员足球的技术动作和战术应用方法,要求按照教练事先安排好的技战术进行训练,一旦运动员想要发挥个人技巧的时候就会遭到教练员和队友的斥责。这种训练扼杀了球员个性特征的发挥和训练的积极性和主动性,容易导致运动员失去自我体验、想象、创造、创新的机会,最终导致球员在赛场上表现得技不如人、不会比赛。长期来看,也不利于球员的健康成长。因此,在足球训练中,"球员是足球训练的主体"必须得到教练员的足够重视。

（3）球员自信与兴趣激励的理念特征。心理学研究表明,兴趣能使人指向愿意接近的对象,使人愿意对事物进行探索。在足球运动中,教练员必须认识到,兴趣是青少年足球运动员从事足球运动的重要心理动因,有利于个体进行建设性、创造性的活动。此外,积极的兴趣投入还有助于提高足球运动员在训练和比赛中的自信心,而良好的自信心本身就能使运动员能以积极的态度对待自己和自己的足球运动能力。自信心对球员完成任务起着重要的作用,它能使运动员在球场上积极主动、果断行动。在足球比赛中,有自信的球员往往能够抓住进攻的机会,能良好地控制比赛节奏,增加得分的机会;自信的球员能在自己的进步以及从足球运动中获得的感受判断成功与失败,能积极地面对和对抗失利或失败,为下一次比赛积累经验和教训。

因此,足球训练过程中,教练员要积极鼓励足球运动员,帮助运动员认真分析训练中出现的错误并寻找改正方法,在训练中培养运动员的自信心,这对于足球运动员在比赛中创造性地发挥技战术也具有非常重要的促进作用。

3. 足球训练理念的发展完善

（1）让球员在训练中享受足球。在足球训练中，应在充分认识和了解足球运动员身心发展特点的基础上合理安排训练，让球员学会享受"踢球"的乐趣，有助于足球运动员的健康成长，积极引导他们将足球运动看作是一种游戏去体验和享受，增加他们踢球的兴趣，让他们在轻松的氛围中发现和感受足球的魅力并积极参与到足球训练中去。

（2）足球训练突出球员各项特点。足球训练内容和训练强度的安排要有针对性，选择合理的方式方法，确保足球运动员的训练符合其成长过程，使其从初学者到顶级运动员的过程能够实现良性发展。

（3）足球训练要重视球员的个人发展。足球训练不能只重视比赛成绩，更要关注运动员职业生涯的发展。在足球训练中，教练员想要做到训练指导与球员的发展需求相适应，用批判的观点审视足球运动训练的组织设计和计划安排，时刻考虑足球训练过程还需要什么改进才能更好地适应运动员的长期发展，为足球运动员的个人发展奠定良好的训练基础。

（4）结合足球发展趋势开展足球训练。足球是一项集体运动，因此，在进行足球训练时应考虑全面、计划周详，并重视训练与足球运动发展趋势的统一性。具体来说，应做好以下几点：第一，注重运动员的全面运动能力的提高。现代足球比赛更加重视队友之间的默契配合，这就必然要求足球运动员具备全面的足球技巧，能在赛场上灵活地处理各种复杂多变的情况。第二，重视足球运动员体能素质的训练。现代足球竞争激烈，球员在赛场上的运动量和运动强度都很大，足球比赛对球员的体能素质是个很大的考验。第三，加强足球运动员心理素质训练。现代足球比赛竞争激烈，对足球运动员的心理素质要求非常高，在对抗双方实力水平相当的情况下，具备良好的心理素质显得尤为重要。只有具备了良好的心理素质，才能在赛场上掌握主动权并赢得比赛。

总之，在足球训练中不能闭门造车，要结合现代科技，分析当前足球运动发展趋势，与时俱进地开展足球训练。教练员必须无时无刻地通过各种渠道去学习和吸收世界足球强国足球训练理念发展动态，以此来指导我国青少年足球训练理念的创新与"本土化"进程。

（三）足球战略性训练理念及其运用

1. 足球培养理念内涵与问题

常年来，我国的足球培养的目标以球队为重，目的在于取得良好的比赛成绩、提高球队的比赛力，忽视了足球运动员的个人发展和运动创新。现代足球球员的培养，应将足球运动员的比赛成绩、个人技战术水平、场上应变能力结合起来，最大限度地挖掘足球运动员的潜力。因此，对于现代足球运动员的培养，正确理念应为发现人才、培养人才，而不是只注重比赛成绩。长期重视比赛成绩的足球运动发展观念使得我国足球运动训练存在着许多问题，主要有以下几个。

（1）选才问题。科学选材是现代足球成材率的基础，是发现和挖掘足球人才的保障。传统选才只强调运动员的身材、对抗能力和奔跑能力，忽视运动员的足球意识、观察能力、协调性等特质的挑选，选材不准确、不科学。

（2）教练员过于注重球员在重大比赛中的成绩，导致我国各梯队足球运动员中，各年龄段中小一岁的运动员较少，足球运动员的短期培养明显，对应年份的比赛中可选球员少，足球后备人才严重浪费。

（3）我国足球运动员的体能素质较差，因此很多教练员都将足球训练变成体能训练，且不遵循足球运动员的生长发育规律和足球发展规律来进行系统的训练，运动员的技战术能力严重缺失，且对足球意识的重要程度认识不够，比赛缺乏创新。

（4）足球理论认识落后是我国足球训练的重要问题之一，我国的足球教练员普遍缺乏对足球理论的系统研究，知识积累不够，对理论知识的理解能力差，不能有效吸收先进的足球理念。足球训练实践缺乏理论指导。

2. 足球发展规划的实施理念

发展足球运动一直以来都是我国体育事业和教育事业发展的一个重要内容。中国足协在1993—2002年《中国足球事业十年发展规划》中提出："要把开展青少年足球运动，培养大量优秀后备人才作为足球的战略重点。我国足球运动水平要提高，青少年的技术、意识、作风和良好的身体素质、文化素质是重要环节，必须下大力气，把青少年足球运动广泛地开展起来，形成良好的竞争机制，以此推动高水平后备人才的大量涌现。"

中国足协在《2003—2012年中国足球十年发展规划》中强调："足球活动更加普及。全国中小学校普遍开展足球活动，运动员力争达到5000人，系统参加足球训练的青少年达到 100 万人建立青少年足球训练营体制。从 2002 年开始,在全国逐步建立分级、分区、层层选拔的青少年训练营体制。"

2006 年底,教育部、国家体育总局、共青团中央联合发布了《关于开展全国亿万学生阳光体育运动的决定》。作为阳光体育运动的"配套工程",校园足球活动备受教师和广大青少年学生欢迎。

2009 年开始,国家体育总局和教育部正式推出和实施校园足球发展规划。

2014 年,教育部制定的新一轮《中国青少年校园足球发展规划(2015—2025 年)》(征求意见稿)中提出,到 2020 年全国校园足球定点学校要达到 2 万所,每所学校要有 1 块足球场,每周进行两次或两次以上足球活动的人数达到 2000 万。

2015 年年初,习近平主持中央深改小组会议通过了《中国足球改革总体方案》,青训体系建设和改革写入方案。

2016 年 4 月 11 日,国家发展改革委发布《关于印发中国足球中长期发展规划(2016—2050 年)的通知》,中国足球史上首次有了一部时间段明确的长远发展规划。

从以上我国的足球发展规划中可以看出,我国足球的发展旨在培养青少年的足球意识、加速我国足球后备人才的培养,重视从小抓起,注重个体发展。目前参与校园足球活动的人数已经超过百万,校园足球已在全国全面展开,并初具规模。

3. 足球战略观念和训练理念的有机结合

现代足球战略性的发展理念在足球训练中的应用要重视战略观念与训练理念二者的有机结合。构建先进的足球训练理念是足球运动不断发展、创新的前提,也只有这样,才能为我国的足球事业培养更多的人才,才能从根本上改变我国足球运动水平落后的局面。足球战略观念主导足球战略决策,而足球战略决策决定着足球战略的结果。足球训练理念是否具有准确性、科学性、先进性,决定着我国青少年足球的发展模式、发展水平和发展方向,因此,必须从根本上改变足球训练的理念,重视运动员体能发展的同时,促进其运动技术的灵活性和比赛应变能力及心理素质的提高。从足球运动训练及其发展实践来看,先进的足球训练理念对足球实践具有重要的指导性作用,正确的、科学的、先进的足球训练理念是保证足球训练实践正常进行的基础。足球训练是一个长期的过程,在我国的足球运动,尤其是青少年足球运动都证实:运动训练及比赛成绩的落后在很大程度上是由于训练指导理念的落后和不规范、不系统造成的。

因此,要促进足球运动的发展,就必须在认准足球运动发展形势的前提下,制定科学化的足球战略发展目标,在足球战略观念制定下运用先进的足球训练理念做指导,以培养优秀的足球运动后备人才。

四、足球运动训练监控体系的建设

(一)足球运动训练监控体系构成

1.训练监控内容

在足球运动训练科学化的过程中,构成训练的各种元素也就自然而然地成为监控的实质性内容,这些元素主要包括足球运动员的身体机能状态、训练的负荷、训练的方法与手段、训练的效果、营养、运动损伤、心理状况等方面内容。

2.训练监控方法

科学的训练监控需要科学的监控方法的合理选用,在足球训练监控过程中,训练内容不同,训练监控方法也不同。常见训练监控方法主要有营养学方法、心理学方法、运动医学方法、训练学方法、生理生化方法等。各种不同的监控方法共同构成了监控体系丰富的方法系统。

3.训练监控指标

足球运动训练监控方法丰富,种类较多,各方法都有其自身较为成熟的监测指标,如训练学中的快速力量测试、速度测试、灵敏测试等指标;生理生化监控中的最大摄氧量、乳酸阈、血睾酮等指标,从而形成了监控指标体系。在整个的监控体系中,所有的监控指标都是用来了解足球训练状况的信息来源。

通过监控指标获取所需要的信息并不是监控训练的最终目的,通过各类指标搜集信息并对这些信息进行分析、加工、处理,进而获得反馈信息,从而科学调控整个足球运动训练过程,最终实现提高足球运动员的竞技能力,这才是足球运动训练监控的最终目的。

(二)足球运动训练监控模式

1.实验室监控模式

实验室监控模式是指专业人员在实验室环境条件下,通过运用各种相关的仪器设备对足球运动员的竞技能力进行客观评定的过程。其评价内容主要包括足球运动员的身体形态和机能两个方面。其中,对身体机能的评价是实验室评定模式的主要内容,包括对运动员肌肉力量、有氧和无氧机能的评价。

实验室监控的优点在于,在封闭的实验室环境下对足球运动员进行测试,能有效排除外界因素的干扰。有助于教练员及相关的科研工作者更好地了解和掌握运动员的机能状况。

实验室监控的缺点在于,实验室监控费时、费力、费物,再加上实验室条件自身所限,很难对足球运动员的专项运动能力做出评价。因此,监控测试的专项化程度不是很高。

2. 场地测试监控模式

场地测试监控模式具体是指在足球场上测试足球运动员体能的过程,它是足球运动员体能测试中比较专项化的一种方法。在场地测试中,主要的评价内容包括足球运动员力量爆发力测试、专项耐力测试、速度灵敏测试等。目前,场地检测监控多用于足球运动选才和高水平足球运动员的训练效果检测。

和实验室检测监控相比,场地测试虽然没有实验室测试精确,但能与足球的专项特点有着更为紧密的结合,有着更高的专项化程度。而且,场地测试设备更为简单,对场地和环境的要求不高,可操作性较强。

场地检测监控的缺点主要是,由于场地检测受场地、风向、温度等影响因素干扰较大,因此,在场地测试的过程中一定要有一个标准的测试程序,且测试设备必须有很高的准确性,以便提高测试结果的可靠性,增加结果的可比性,否则会产生比较大的误差。

为了提高足球运动训练监控的科学性与准确性,在训练监控实践中,应将实验室监控与场地测试监控结合起来进行。

(三)足球运动训练监控内容

1. 身体机能监控

足球运动员的身体机能监控是通过采用现代科技手段监控和评定足球运动员的身体机能,它是现代足球运动员训练监控的核心环节,也是足球训练科学化的重要体现。

在足球训练中,通过采用有效的手段和指标评定和调控足球运动在赛前训练过程中的身体机能状态,已经成为现代足球训练监控研究领域中的重要内容。

2.训练负荷监控

足球运动员的训练负荷监控具体是指通过对足球训练中及训练后的运动员一些简单易测的生理和生化指标,如心率、最大摄氧量、血睾酮、血乳酸等进行测试和分析,从而对青少年足球运动员的训练负荷(包括训练负荷量和负荷强度)进行定性和定量分析。

训练负荷监控可及时得到测试结果,能及时将训练的效果反馈给教练员,有利于教练员及时、合理调整足球训练。

3.营养调节监控

足球运动员的技能提高离不开科学的营养补充,良好的营养在足球训练中可以为足球运动员的身体活动提供良好的物质和能量保证。因此,通过科学的方法和手段了解足球运动员的营养状况,并采取相应的改善措施,是足球运动训练监控的重要环节。

通常采用对足球运动员的身体成分进行测试、调查其膳食状况、血液和尿液等指标来了解足球运动员的营养状况,并根据检测、调查结果合理补充营养、调节膳食、安排训练。

4.心理干预监控

优秀的足球运动员必须具备良好的心理能力。因此,在足球训练中必须高度重视足球运动员的心理疲劳和心理恢复。对足球运动员的心理干预与监控可以通过问卷调查、访谈、心理咨询等形式进行。

第二节 校园足球评价体系研究

校园足球的教学与训练是针对学生开展的以提高他们足球运动技战术能力的专门性教学训练活动。为了能够客观、准确地洞悉学生接受足球教学与训练的效果,对它的测量与评价就成为必不可少的环节。因此,本章就主要对此进行详细的研究。

一、学生的身体素质评价

学生的身体素质即学生的体能状况。足球运动是一项高强度、高对抗和高速度的球类运动,因此,充沛的体能是参与足球运动的人士不可或缺的,当然这也是支撑学生顺利参与到足球运动当中的关键因素。因此,在建立校园足球教学训练评价体系的工作中就一定不能忽视对学生身体素质方面的评价。具体来讲,人体的体能一般通过五种身体素质的形式表现出来,即力量、速度、耐力、灵敏和柔韧。所以对于学生身体素质的评价也需要从这五方面入手。

(一)对学生足球运动的决定性身体素质评价

1.对力量素质的评价

(1)力量素质的评价内容

实际上身体的五大素质各有各的侧重,它们都在运动中发挥着各自的作用。其中,力量素质无疑可以被称为五大身体素质之首,它是各项身体素质的基础,它对多项身体素质都能起到影响,如力量越大的人爆发力就相对越强,启动速度就相对越快。足球运动是一项高对抗的运动,在这一过程中,运动者除了要在自身技术动作上消耗体力,还会在与对手的对抗中消耗体力。因此,力量素质是学生掌握多种运动技能、提高足球运动实战能力的重要保障。

现代足球比赛较之以往更具竞争性。激烈程度的加剧使得球员之间出现了更多的身体接触以及为了抢占有利的空间位置,经常要运用合理冲撞、变向、急停转身、传球、跳起、射门等技术动作。为了使这些动作在做出后获得理想的效果,就需要充足的腿部力量和腰腹力量做保障。因此,鉴于足球运动的运动特点,在制定力量素质评价内容时就应将重点放在检验学生是否具备足够的腿部力量。在评价过程中应优先选择反映学生腿部力量与全身协调用力的指标进行评价。

(2)力量素质的评价方式

1)立定跳远

评价目的:测试和评价学生腿部向前的爆发力。

场地器材:一块平整的地面;一把测量尺。

评价方法:学生应穿足球鞋,每人试跳3次。

评价标准:取最好成绩为最后记录。跳得越远表明腿部力量素质越好。

2)原地双脚纵跳

评价目的:测试和评价学生腿部向上的爆发力。

场地器材:一块平整的地面;一个摸高测量仪。

评价方法:学生站在墙边,将手臂尽量靠近墙面并努力向上伸,双脚脚跟不能离地,在指尖摸到的最高点做一个记号。然后学生离开墙边,尽力双脚同时用力做向上纵跳动作,再次在指尖摸到的最高点做一个记号。2个记号之间的距离就是所得的成绩。

评价标准:取3次测试中最好的成绩进行记录。距离差越大表明腿部力量素质越好。

3)助跑单脚纵跳

评价目的:测试和评价学生腿部向上的爆发力。

场地器材:一块平整的地面;一个摸高测量仪。

评价方法:和原地双脚纵跳基本相同。学生站在墙边,将手臂尽量靠近墙面并上伸,注意双脚脚跟不能离地,在指尖摸到的最高点做记号;学生离开墙边,经助跑后,尽力做单脚向上纵跳,再次在指尖摸到的最高点做记号。前后两个记号之间的距离就是学生所得的成绩。

评价标准:取3次测试中最好的成绩记录。距离差越大表明腿部力量素质越好。

4)立定三级跳

评价目的:测试学生腿部向前的爆发力与全身用力的协调性。

场地器材:一块平整的地面;一把测量尺。

评价方法:学生应穿足球鞋,每人试跳3次。

评价标准:取最好成绩为最后记录。跳得越远表明腿部力量素质越好。

5)引体向上

评价目的:测试与评价学生的臂力。

场地器材:一副单杠。

评价方法:在单杠上,学生双手正握杠(掌心向前,拇指相对),身体静止悬垂开始,拉臂引体向上,下颌超过杠面计一次。

评价标准:20次为优秀,18次为良好,15次为中等,10次为及格。

6)1分钟仰卧起坐

评价目的:测试与评价学生的腰腹力量。

场地器材:一块垫子;一块秒表。

评价方法:学生仰卧在垫上,两腿并拢屈膝约成30°,两臂平放在大腿上,由测量者压住学生双脚踝部,起坐时双肘触及两膝即为成功一次。仰卧时,两肩胛骨触垫。学生发出"开始"口令的同时,打开秒表进行计时,记录1分钟内学生正确完成动作的次数。测试过程中学生不得借助肘、手撑垫或臀部起落的力量。

评价标准:70次/分为优秀,60次/分为良好,50次/分为中等,36次/分为及格。

7)1分钟悬垂举腿

评价目的:测试与评价学生上肢、腰腹部、腿部的力量和协调性。

场地器材:一副单杠;一块秒表。

评价方法:学生双手握杠成悬垂姿势,双腿直腿连续快速上举,举腿幅度必须超过90°,测量者记录学生在1分钟内完成的次数,每人测试一次并记录成绩。

评价标准:1分钟内完成次数越多,则力量素质越好。

8)1分钟俯卧撑

评价目的:测试与评价学生的上肢力量。

场地器材:一块垫子;一块秒表。

评价方法:学生用双手和双脚尖撑地,呈俯卧姿势。接着双臂弯曲,身体下落,直至胸部接近地面,然后再将双臂伸直,还原成原俯卧姿势,至此完成一次动作。测量者记录学生在1分钟内正确完成的次数。测评过程中学生进行下落和上推时,不得弓背。在俯卧撑的过程中,塌腰、提臀、屈臂大于90°均不计成绩。

评价标准:22次/分为优秀,18次/分为良好,15次/分为中等,10次/分为及格。

9)掷界外球

评价目的:测试与评价学生上肢、腰腹部以及下肢的力量和协调性。

场地器材:一块平整的足球场;一把测量尺;一个足球。

评价方法:在规则所要求的界外球规格条件下,学生进行界外球掷远,用测量尺测量掷界外球的距离。

评价标准:取2次中的最好成绩。掷球距离越远,力量素质越好。

2.对速度素质的评价

(1)速度素质的评价内容

在一场足球比赛中,学生为了完成战术要求和积极拼抢,经常要做快速的冲刺奔跑,同时还要根据足球场上情况的变化与需要,在各种技术动作中结合诸多急停急起、急停变向等动作。这些都需要学生具备出色的速度素质才可以完成。

速度对于足球运动的意义是不言自明的,无论是位移速度还是动作速率,都属于速度的范畴,高水平的足球比赛通常都会以较快的速度和在高速下的动作成功率作为评判。因此,根据足球运动的这一特点,可以确定在针对学生的体能评价体系中,对速度素质的评价核心应为速度耐力素质。

(2)速度素质的评价方式

1)3 米侧滑步

评价目的:测试与评价学生快速横向移动速度。

场地器材:一块平整的水泥或沥青地面;一块秒表。

评价方法:在地面上画两条相距 3 米的平行白线,中间 1.5 米处画一条细中线。每次可有 2~4 人(监测人相同)共同参与测试,预备时,学生站在两条边线之间,后脚踩一边。听口令后,尽快在两条边线之间往返滑步跑。每次须一只脚踩到边线,计 30 秒踩到边线的次数。测评过程中,要求学生穿胶鞋参与测试,且每次往返,必须踩到边线。

评价标准:测 2 次,取最好的一次记录成绩。30 秒踩到边线的次数越多,速度素质越好。

2)3 米交叉步摸地

评价目的:测试与评价学生快速移动的灵敏性与协调性。

场地器材:一块平整的水泥或沥青地面;一块秒表。

评价方法:在水泥或沥青地面上画两条相距 3 米的平行白线,中间 1.5 米处画一条细中线。测试人数及准备同上。听口令后,用交叉步快速在两条线之间往返跑(始终面向一方),每次只能用一只手摸到边线,计 30 秒摸到边线的次数。测评过程中,要求学生穿胶鞋参与测试,且每次往返,必须摸到边线。

评价标准:测 2 次,取最好的一次记录成绩。30 秒摸到边线的次数越多,速度素质越好。

3)30 米绕杆跑

评价目的:测试与评价学生直线短距离快速跑动中身体的协调性和灵敏性。

场地器材:一块平整的足球场地;一根标志旗杆;一块秒表。

评价方法:在平整的足球场树立几个不同间距的标志旗杆。学生在开始的端线准备站立式起动,自己决定开始跑动的时机,跑动时必须绕过每一根标志杆,跑2次。

评价标准:要求学生跑2次,取最好成绩记录。用时越短,成绩越好。

4)三角跑

评价目的:测试与评价学生快速、持续移动的速度素质。

场地器材:一块平整的足球场地。

评价方法:在平整的场地上划出边长为10米的等边三角形,选出一角的顶点做起、终点。学生采用站立式起跑,人动表开,沿三角形做顺时针、逆时针平跑各1次,学生到达终点线停表,人到表停。如果在跑的过程中,踩到或进入三角形边线则不计成绩。

评价标准:测试3次,取最好的一次成绩记录。用时越短,成绩越好。

5)5×25米折返跑

评价目的:测试和评价学生折返跑的速度和耐力素质。

场地器材:一块平整的60米×25米的场地;一块秒表。

评价方法:在场区内每5米画一条6米长的线。学生站在起终点线后,手动开表,学生快冲跑从起终点到5米、10米、15米、20米、25米线依次做折返跑,在折返跑中的每个转身动作必须单脚过线。最后冲过起终点线计时停止。如果出现滑倒或转身没踩到线的情况均不计成绩。

评价标准:间歇2分钟后再进行第2次测试,共测2次,取2次中最好的成绩做记录。用时越短,成绩越好。

3. 对耐力素质的评价

(1)耐力素质的评价内容

足球运动的运动特点必然需要消耗人体大量的能量。这主要体现在一场完整的正规足球比赛时间较长,常规时间为90分钟,而在一些赛会制比赛的淘汰赛中双方打平还要进行30分钟的加时赛,甚至还有最终的点球决战。长时间、大强度的奔跑对学生的体能是一个极大的考验,因此,足球运动对学生的耐力素质具有较高的要求。根据这一运动特点,就可以制定学生耐力素质评价的主要内容,是学生在摄取氧气充足的情况下长时间坚持运动的素质能力,即有氧耐力素质。

(2)耐力素质的评价方式

1)12分钟跑

评价目的:测试与评价学生的有氧耐力。

场地器材:一块田径场地;一块秒表;一把皮尺。

评价方法:在田径场 400 米跑道上进行。由考评员计时,并发出出发信号起跑,测试学生采用站立式起跑,12 分钟时间到时,考评员发出停止信号,测试学生即刻停止跑动并在停止地点做出标记,由考评员计算学生跑的距离。

评价标准:12 分钟跑 3200 米为优秀,3000 米为良好,2900 米为中等,2800 米为及格。

2)固定距离跑

评价目的:通过测试学生的前进、侧向跑、后退、转身、障碍跑以及跳跃动作,来评价学生的有氧耐力及跑动中的灵敏性。

场地器材:一块足球场地;一块秒表。

评价方法:根据场地中的测试循环路线,学生在尽可能短的时间内完成 4 次测试循环。测试循环线路可设置在足球场的四周,测试循环线路的安排可以发生变化,但在重复测试时要尽量使用相同的场地设置。学生在测试中可以每隔 15 秒命令学生出发,直到测试达到 8 人为止。

评价标准:用时越短,成绩越好。

3)YOYO 测试

评价目的:测试与评价学生的有氧耐力。

场地器材:一块足球场地;一块秒表;一台录音机。

评价方法:YOYO 跑即 YOYO TEST,在平坦的场地上或在田径跑道上划出相距 20 米的两条线,学生采用站立式起跑,从一条线出发跑向另一条线,在两条线之间按录音机播放的 YOYO TEST 录音带的节奏做往返跑。学生必须在每次发出节奏的鸣叫声时踩到线(按节奏踩到的线)并折返跑向另一条线,如不能按时、按节奏踩到该踩到的线时即为犯规,第一次警告,第二次即停止测试并记录跑的时间,按跑的时间评分。

评价标准:12 分为优秀,11 分 30 秒为良好,10 分 50 秒为中等,9 分 40 秒为及格。

(二)对学生足球运动的辅助性身体素质评价

1.对灵敏素质的评价

(1)灵敏素质的评价内容

现代足球运动的主流打法与过往早已有很大的差别了,现代足球更加注重对控球率的制球,强调短传渗透。尽管更新的打法使得有针对性的长传再度与短传打法相融合,但大多数组织进攻的方式仍旧需要从短传开始。这种打法对于球员脚下技术的娴熟运用提出了较高的要求。校园足球教学与训练要紧随足球运动发展规律和趋势进行,因此对于学生的短传技术及其相关技术要做重点训练。从技术角度上看,为了完成这些近乎精细的技术动作,学生需要经常进行短距离的直线、折线与弧线的快速冲刺跑,另外急转变向和为了躲避对方的防守的跳步等动作都非常依赖良好的灵敏素质。因此,根据这一运动特点,就必须在校园足球教学训练评价体系中选择适当的身体灵敏素质指标进行测评。

（2）灵敏素质的评价方式

1）3 米往返跑

评价目的:测试与评价学生的灵敏性素质。

场地器材:一块平整的木板或平坦的土场地;一块秒表。

评价方法:在木板地或平坦的土场地上划两条线相距 3 米,受试者站在线上,听口令开始在两条线间做往返跑,每次必须有一只脚踩到白线。计 30 秒内受试者的踩线次数。

评价标准:测 2 次,取最好一次成绩。32 次/分为优秀,30 次/分为良好,28 次/分为中等,26 次/分为及格。

2）越障碍变向跑

评价目的:测试与评价学生快速奔跑与变向的能力。

场地器材:8 个锥形标记物;1 把卷尺;1 块秒表;笔和纸。

评价方法:学生趴在地上,腹部着地,双手与胸部平齐,任何体重都不能压在手上,双腿伸直,脚掌朝上,鞋钉不能着地。学生听到"开始"口令后马上爬起,向触摸线冲刺,必须触线;然后按所示路线绕锥形标志物快速冲刺;绕过锥形标志物后返回触摸线,然后以最快速度跑向终点。

评价标准:测 2 次,取最好的一次记录成绩。用时越短,成绩越好。

3. 对柔韧素质的评价

（1）柔韧素质的评价内容

在足球运动中,柔韧素质与上述四种身体素质相比好像作用不大。而实际上柔韧素质对于学生来说将是一种十分重要的运动素质,之所以经常被人们忽视,主要是因为它的作用表现通常处于一种隐性的状态。

在足球运动训练中,学生的柔韧素质一般表现为对自身身体协调性的控制,发展柔韧素质既可以帮助动作幅度的加大,使动作更加优美和协调,又能够有效提高身体重要部位的力量,以此为在运动中的骨骼和关节提供有效保护,减少运动性伤病发生的概率。因此,在针对学生的柔韧素质评价时,也要将柔韧素质融入评价体系。

（2）柔韧素质的评价方式

学生的柔韧素质评价主要是采用直立摸低的方法来进行。

评价目的:测试与评价学生的柔韧性和协调性。

场地器材:高度不等的台阶若干个。

评价方法:学生站在垂直的台阶上进行测试。学生两腿并拢伸直（膝关节不能弯曲）,双脚并拢,脚尖与台阶前沿对齐,上体前屈,两臂伸直,双手沿台阶向下摸,指尖尽力向下摸。计分时以台阶平面边沿为0点,向下为正值,向上为负值。测量学生指尖摸到的最低点距0点的距离。

评价标准:23厘米为优秀,18厘米为良好,13厘米为中等,7厘米为及格。

二、学生的技术能力评价

足球运动技术是该项运动区别于其他运动的最显著特征。另外,技术也是每一位参与足球运动的参与者必须掌握的。对于足球运动技能的评价主要是针对诸多基础技术的考察,具体包括接球技术、运球技术、传球技术、射门技术和守门员技术。本节就主要对校园足球教学与训练的技术能力评价进行研究,以期准确了解学生对足球运动技术学习的效果。

（一）接球技术评价

在足球运动实战中,接球技术并不是单一存在的,它更多是与其他技术相结合使用。从技术动作的顺序来看,就能很明显地发现一切后续动作（运、传、射）的基础都是"接"。因此,在对学技能评价中要将接球技术与相关的其他技术结合进行评价,其评价方法可以采用接球传准的方法,通过这种方法来测验学生接四方高低球的技术和传球的准确性水平。

场地器材:在球场或平坦的地面上画一条长度大于5米的白线。以白线为一边,在白线中段一侧画边长为3米的正方形接球区。接球区两边1米处各画1条与白线垂直的线,与接球区边线构成传球区。在白线中段的另一侧距白线中点20米处插1根高1.5米的标志杆,以杆为中心画半径为1米和2

米的两个同心圆。准备一块秒表。

具体评价方法:学生站在正方形的接球区内,接四个方向传来的不同高度的来球,然后迅速带球至传球区并踢向标志杆。打中标志杆和落点在中心圈内得 5 分,落点在外圈得 3 分,落点在圈外不得分。

要求接球后分别向右、左传球区带球 1 次,用右、左脚各踢 1 球。每 4 球为 1 轮,共测 3 轮 12 个球。从第一个球进入接球区开始计时,到第 12 个球踢出时停表。在传球区外踢球扣 1 分,记录学生的所得总分。测试时间为 1 分钟。

测试注意事项:没有在接球区接到球,需要运回区内再带往传球区踢准;传球人需及时将球传出。

(二)运球技术评价

1. 折线运球

折线运球主要是测试和评价学生尽可能快地从起点运球经过折线运球到达终点的能力,测试学生折线运球速度的快慢。

场地器材:在场地上划两条间距为 9 米的平行线,在平行线上分设 A、B、C、D、E、F,共 6 个点,每条线上各点之间的距离不等。

具体评价方法:学生站在起点线后自行决定测试开始时间,球动起表。起动后,学生按虚线轨迹带球,在各个标志前过线后做折线变向运球,在 E、F 之间的终点线之外踩停住球,停止计时。

测试注意事项:严格要求学生不能让球触碰两条线上的标志;球的整体在运球折返时必须越过标志前的线;队员、球不得绕过标志。

2. 折返运球过杆

这项测试的目的在于通过学生运球绕杆的快慢程度来评价他们掌握运球技术的熟练程度。

场地器材:在平整的场地上距离划两相距 20 米的线,两条线中间插 10 根距离不等(1~3 米)的标杆;一块秒表。

具体评价方法:听学生口令,学生从端线起运球,开表计时,从左右两侧依次过杆,往返运回到端线,人球到线时停表。测 2 次,取最好的一次成绩记录。

测试注意事项:学生不得将标杆碰倒;漏杆者须补过杆;计时精确到 0.1 秒。

3. 运球转身

运球转身测试主要是评价学生在运球过程中对转身方法以及完成运球转身技术动作水平。只有学生具备出色的速度和良好的身体协调性才能在测试中获得良好的成绩。

场地器材:平整的场地;足球。

具体评价方法:在场地上划相距 4.5 米的 A 线和 B 线。学生持球站在 A 线后,球动开始计时,学生带球从 A 线到 B 线,过 B 线后迅速转身返回 A 线,过 A 线后再迅速转身返回 B 线,最后返回 A 线并停球,计时停止。

测试注意事项:要求学生在 1 组测试中至少要完成 3 个相同的转身动作;每个学生测试 3 组,取 3 组成绩平均数作为最后成绩;测试中,学生每组的转身技术动作不能相同。

(三)传球技术评价

1. 吊圈传准

吊圈传准主要测试和评价学生的传球准确性。

场地器材:在足球场上划出一个外圆半径为 4 米,内圆的半径为 2.5 米的双环,在与双环相距 20 ~ 40 米的地方划出一个矩形作为传球区。

具体评价方法:学生将足球放在第一条线上,向传球区内拨球,随后跑上去向圈内传球,让球保持运动状态,每人踢 5 脚。进球第一落点在小圈得 2 分;进球第一落点在大圈得 1 分;未传到圈不得分。

测试注意事项:要求学生在传球时必须使用脚背内侧踢球。在熟练后,可以安排脚背外侧的踢球。

2. 三角形地滚球传准

三角形地滚球传准主要测试和评价学生传接地滚球的能力。

场地器材:在平整的场地上划出一个 3 个直径 5 米的圆圈构成 3 个测试区域(A 区、B 区和 C 区),每两个区的中心之间距离为 17 米,3 个测试区域共同构成一个等边三角形;一个足球。

具体评价方法:将学生分成 3 个小组,每组 1 名学生。3 名学生分别站在三个测试区内。测试开始,A 区学生持球,将球按逆时针方向传给 B 区学生,B 区学生再将球传给 C 区学生,依次重复。测试时间为 30 秒,计 30 秒之内的传球次数。

测试注意事项:对学生传球的脚的部位不做限制;球传出或弹出测试区

外则快速运球回到测试区内继续传球。

（四）射门技术评价

1.头顶球射门

头顶球射门主要测试和评价学生头球技术的准确性,以及学生把握头球的时机和头球射门进球的能力。

场地器材:在与球门相距2米的地方画一条直线作为抛球限制线,并在距球门线10米或12米处画头顶球区域线,在距头球区域线5米的地方画条助跑限制线。

具体评价方法:学生站在助跑限制线外,抛球者抛球后,学生助跑在头顶球线前顶球射门。每个学生限顶3次,球直接进门计1分,球弹地进门计2分,球弹地2次以上(含2次)不计成绩。

测试注意事项:学生要站在助跑线外起动助跑;抛球者抛球后学生判断好球落点,助跑并在顶球线前利用头顶球射门。如果在顶球线内顶球则不计成绩。

2.踢球射门

踢球射门主要测试和评价学生利用脚背内侧和脚背正面射门的能力。

场地器材:球门中心设一锥桶,两球门柱外2米处也设置一锥桶。罚球区线内2米处画1条标志线,罚球区线与球门区延长线外画1个长3米,宽2米标志区。

具体评价方法:学生站在罚球区外标志区内,开始计时后,学生运球进入罚球区,在球滚动过程中起脚射门。球射入球门线中点至远门柱区域得3分;射入球门线中点至近门柱区域得2分;射入球门远门柱至锥形桶之间区域得1分;球踢在门梁、门柱、近门柱外得0分。

测试注意事项:学生必须使用中等以上力量射门,过于绵软无力的射门应被判为无效;学生的6次射门必须在25秒钟之内完成;要求学生在每个区域各射门3次,左侧用左脚射门,右侧用右脚射门,左右脚各射门3次。

3.球门墙射准

球门墙射准主要测试和评价学生左右脚定点射门的技术。

场地器材:按标准球门画球门墙(内高用鲜明线均分为3份,内宽均分为7份,标明各部位得分)。球门墙前画罚球区和罚球弧,以球门底线中点为圆心,16.5米为半径画弧。

具体评价方法:在罚球弧线外侧放 4 个足球,罚球区两角弧线的外侧各放 3 个足球。学生左、右脚各踢 5 个球,记录 10 次踢球射中部位的总得分,再由教练根据踢球的质量(力量、脚法等)给予技术评定。

测试注意事项:学生站在正面观察射中部位报分,射中点正压在区分线上的球记录两部位的平均分。

(五)守门员技术评价

在足球运动中,守门员防守一方的最后一道防线。因此,在足球界中一直有"一个好的守门员顶半支球队"的说法。

守门员的重要作用在于在本队中只有守门员是可以通过双手控制足球的,而通过双手能够更有效地控制和获得球。为了能够使最后一道防守屏障发挥出最大的作用,就需要对足球教学中的守门员进行严格的教学与训练。因此,根据这一特点,就要将守门员技术的评价纳入校园足球教学与训练技术能力评价体系。

1. 持球踢准

持球踢准主要用来评价守门员脚踢发球的准确性。

场地器材:选择一块标准的足球场地,在球场中圈里画一个直径为 5 米的圆,在两边线和中线相交的两角分别画出边长为 5 米和 8 米的两个正方形。

具体评价方法:守门员持球站在罚球区内,向中场方向的两个正方形区域内各踢 6 个球,向中圈内踢 4 个球。球落点在小方形及小圆内得 3 分;球落点在小方形外大方形内、小圆外大圆内得 2 分;球落点在场内得 1 分;球落点在场外得 0 分,记录守门员踢 10 个球的总得分。

测试注意事项:得分的判定是以球的落点为准,而不是以球落地后滚动停止的落点位置为准。

2. 防守定点射门

防守定点射门测试法主要用于测试和评价守门员连续防守定点射门的扑接球的技术能力。

场地器材:选择一个标准足球场。在罚球区内,以球门底线中点为圆心,以 16.5 米为半径画弧。

具体评价方法:在罚球弧内及小禁区 45°外 5 米左右的位置各放 5 个球,球员根据计时员每隔 3 秒所发出的口令,依次用各种力量、角度、脚法射门。守门员接到球后从左右两侧将球抛出。记录并计算防守员防守的成功率。由教练对球员射门的平均质量做出优、良、中、差评定,分别对防守成功率乘以1、0.9、0.8、0.7,计算守门员的得分,记录防守定点射门的成功率(取整数)。

测试注意事项:球员将球踢出界需补踢;如果守门员触碰到了出界的球则仍旧判定防守成功。

3. 扑定点球结合发球

考评守门员扑定点球、退守速度、手抛发球的准确性。

场地器材:在标准的足球场中,球门区内罚球区两角连线的延长线外5米处为圆心画直径为2米的两个圆;在球门区两角各放4个球;一块秒表。

具体评价方法:守门员从球门底线中点出发计时,先向右倒地扑右角球后起立用于发往右方圆内。倒退或侧向跑回球门底线中点,再扑左角球起立,用手发往左方圆内,直至8个球发完返回球门底线中点时停表。每一个球落点发到圆外加计1秒记录完成的总秒数。

三、学生的自我评价

学生对教学内容的主动学习始终是学好的关键,也就是说学习理应是一种主动性和自觉性的行为。令人欣慰的是,足球运动以其独特的魅力和价值深学生们的喜爱,他们在课余时间也经常会参与到足球运动当中。因此,对于校园足球教学与训练的评价来说,一定不能忽视学生的自我评价,因为学生本人才是最清楚自身学习情况的人,别人无论通过何种测试方法都不能完全准确地得出。因此,掌握正确的自我评价方法,并使之成为校园足球教学与训练评价体系中的一部分就显得格外重要。

对于学生的自我评价来说,主要应该从体适能、基本技术和技战术综合能力三方面进行评价,具体如下。

（一）足球体适能的自我评价

对于足球体适能的自我评价,学生可根据自己日常活动和训练算出相应的活动指数,然后再根据总得分(强度×时间×次数)区分体适能的类别,如果指数总得分低于40,学生应增加足球运动的训练时间、训练强度、训练次数。

（二）足球基本技术的自我评价

足球运动基本技术是参与足球运动需要掌握的必不可少的技术,它是足球进阶技术的基础。拥有扎实的基本技术对学生理解和实践足球运动大有益处,因此,将此列入自我评价的内容中是很有必要的。

1．颠球技术自我评价

（1）原地颠球

评价方法:学生连续进行颠球,球落地或手触球则颠球结束,以球碰触身体各部位次数的多少来评定成绩。

评价标准:做 2 次,取最好的 1 次成绩记录。

（2）行进间颠球

评价方法:学生用头、肩、胸、大腿、脚等部位进行向前行进、连续颠球,根据行进间连续颠球的距离长短计算成绩,球落地或手触球视为一次颠球结束,核定距离以最后一次明显控制住球的触球为准。

评价标准:做 2 次,取最好的 1 次成绩记录。

2．运球技术自我评价

（1）运球绕杆射门

场地器材:一块足球场地;至少 1.5 米的标志杆或标准桶;一个足球。

评价方法:在足球场罚球区线中点两侧 50 厘米处各画一条垂线。场地上插六根标杆,在右侧垂线上距罚球区线 2 米处插一根标杆,在距左侧垂线 2 米处插一根标杆,在距右侧垂线 2 米处插一根标杆,在距起点为 12 米处插一根标杆。标杆固定垂直插在地面上,插入深度不限,以学生碰竿不倒为宜。测试开始,学生从起点线开始运球,脚触球的一刻开表计时。运球逐个绕过杆后射门,球越过球门时停表。

评价标准:做 2 次,取最好的 1 次成绩记录。运球漏杆或未射入球门内的视为成绩无效。射中球门横木或立柱的可补测 1 次。

（2）接运球综合测试

场地器材:一块足球场地;一个足球。

评价方法:在球场上画两条相距 5 米的平行线,两条平行线的长度均在 5 米以上,规定一条线为起点线,测评开始,学生从起点线处抛球,球的落点必须在另一条线外,然后快速跑向落点并按照规定动作（双脚脚内侧、双脚脚背外侧、双脚脚前掌各一次）接反弹球后转身将球带回起点线,然后再抛、再接、再带,共往返六次以第一次抛球到最后一次带球抵达起点线的总时间和学生对球接动作技能来综合评定成绩。

评价标准:测 2 次,取最好的 1 次成绩记录。

3.踢定位球技术自我评价

（1）定位球传准

场地器材：一块平整的场地；一面1.5米高、插有彩色小旗的标志杆；一个足球。

评价方法：以标志杆为圆心，以3米和6米为半径分别划两个同心圆。以插有彩旗的标志杆作为传准的目标。根据学生水平的高低，两个同心圆的半径可适当地缩小或扩大。以25米长为半径，以插有彩旗的标志杆为圆心向任何方向划一条25米的长弧作传球限制线。测评开始，学生将球放在限制线上，用脚背内侧向圈里传球。

评价标准：观察学生踢出的球的第一落点，根据不同的落点位置给予相应的不同的分值。

（2）定位球踢准

场地器材：一块平整的场地；一面足球墙；一个足球。

评价方法：场地在距"足球墙"下沿中心20米处画一条平行于"足球墙"下沿的3米长的限制线。测评开始，学生将球放在限制线上，向足球墙踢球。注意可以擦着地面射到墙上，但不能踢地滚球。

评价标准：教练员根据学生的踢准情况进行成绩评定。

（三）足球技战术综合能力的自我评价

技战术综合能力水平是衡量足球运动参与者的重要指标。而在校园足球中，对于学生的技战术能力的教学与训练占据了大多数时间。从实践的角度来考虑，学生的技战术能力是最为核心的评价内容。因此，为了更加客观和准确地了解自身足球技战术能力，就需要对相关内容开展自我评价。

在日常的运动训练中，学生可以通过多种等级评价和级别认定的标准对自己的接球能力、传球能力、运球能力、射门能力、防守能力等进行系统的自我评价，其自评方法具体如下。

（1）接球能力自我评价。足球学生的接球能力的自我评价等级及级别认定。

（2）传球能力自我评价。足球学生的传球能力的自我评价等级及级别认定。

（3）运球能力自我评价。足球学生的运球能力的自我评价等级及级别认定。

（4）射门能力自我评价。足球学生的射门能力的自我评价等级及级别认定。

（5）防守能力自我评价。足球学生的防守能力自我评价等级及级别认定。

第七章

校园足球科研工作与心理体系研究

第一节　足球运动竞赛规则及组织工作

随着大量的足球运动赛事的举办,足球运动竞赛水平也随之不断提高,作为足球赛事的组织与管理者,必须与时俱进地学习和理解最新的足球竞赛规则,加强足球赛事的组织与管理工作,如此才能保证足球比赛的顺利进行。本章重点阐述最新的足球运动竞赛规则,以及研究足球运动竞赛组织工作与竞赛方法编排的方法与流程。

一、足球运动竞赛规则解读

(一)比赛场地与器材

1.场地

(1)比赛场地应为长方形,其长度不得多于 120 米或少于 90 米,宽度不得多于 90 米或少于 45 米。

(2)场地的画线。较长的两条线称为边线,较短的称为球门线。场地中间所画的一条横穿球场的线,称为中线。场地中央应做一个明显的标记,并以此点为圆心,以 9.15 米为半径,画一个圆圈,称为中圈。

(3)角球区。以边线和球门线交叉点为圆心,以 1 米为半径,向场内各画一段 1/4 的圆弧,这个弧内地区称为角球区。

(4)罚球区。比赛场地两端距球门柱内侧 16.50 米处的球门线上,向场内各画一条长 16.50 米与球门线垂直的线,一端与球门线相接,另一端画一条连接线与球门线平行,这 3 条线与球门线范围内的地区称为罚球区,在两球门线中点垂直向场内量 11 米处各做一个清晰的标记,称为罚球点。以罚球点为圆心,以 915 米为半径,在罚球区外画一段弧线,称为罚球弧。

2. 球门

(1)球门应设在每条球门线的中央,由两根相距 7.32 米与角旗距离相等的直立门柱与一根下沿离地面 2.44 米的水平横木连接组成。球网附加在球门后面的门柱及横木和地上。

(2)球门区。在比赛场地两端距球门柱内侧 5.50 米处的球门线上,向场内各画一条长 5.50 米与球门线垂直的线,一端与球门线相接,另一端画一条连接线与球门线平行,这 3 条线与球门线范围内的地区称为球门区。

3. 足球

足球比赛规定比赛所用的足球为圆形,材料为皮革或其他适当的材料;球的圆周不长于 70 厘米(28 英寸)、不短于 68 厘米(27 英寸);重量在比赛开始时不多于 450 克(16 英两)、不少于 410 克(14 英两);压力在海平面上等于 0.6~1.1 个大气压力(600~1100 克/平方厘米、8.5~15.6 磅/平方英寸)。

(二)比赛人数和时间

1. 比赛人数

一场比赛应有两队参加,每队上场队员不得多于 11 名,其中必须有 1 名守门员。如果任何一队少于 7 人则比赛不能开始。在由国际足联、洲际联合会或会员协会主办的正式比赛中,每场比赛最多可以使用 3 名替补队员。

2. 比赛时间

比赛分为两个时间相等的半场,每半场 45 分钟。两个半场之间有中场休息,中场休息不得超过 15 分钟。在每半场比赛中损失的所有时间应予补足,补充消耗时间的多少由裁判员酌情决定。

(三)比赛开始和重新开始

1. 开球

(1)开球是比赛开始和重新开始的一种方式。

①在比赛开始时。

②在进球得分后。

③在下半场比赛开始时。

④在加时赛两个半场开始时。

⑤开球可以直接射门得分。

（2）一个队进球之后,由另外一个队开球。

（3）所有队员必须在本方本场之内。

（4）防守队员距球至少9.15米直到比赛开始。

（5）开球时,球必须放定在球场中点上。

（6）裁判员给出信号方可开球。

（7）当球被踢并向前移动比赛即为开始。

（8）踢球队员在其他队员未触及球之前不得再次触球。

（9）重新开球。如果开球队员在其他队员触球前再次触球:由对方队在违例发生地点踢间接任意球(参见"任意球的位置")。在开球程序上的其他违例:重新开球。

2. 坠球

坠球是重新开始比赛的一种方式。当比赛进行中,裁判员因竞赛规则未提及的原因而需要暂停比赛,之后应以坠球重新开始比赛。

裁判员在比赛停止时球所在地点坠球。除非比赛在球门区内被暂停,在此情况下,应在与球门线平行的球门区线上、在比赛停止时距球最近的位置坠球重新开始比赛。

当球触地,比赛即为重新开始。重新坠球的情况:如果球在接触地面前被队员触及;如果球在接触地面后未经队员触及而离开比赛场地。

（四）替补

所有比赛,开始前必须将替补队员名单提交裁判员。任何未在赛前提交姓名的替补队员不得参加比赛。替换队员时必须遵守以下规定。

（1）替换前必须通知裁判员。

（2）替补队员在被替换队员离场,并得到裁判员信号后方可进入比赛场地。

（3）替补队员只能在比赛停止时从中线处进场。

（4）当替补队员进入比赛场地,即完成了替换程序。

（5）从那时起,替补队员成为场上队员,而被替换队员终止为场上队员。

（6）被替换下场的队员不得再次参加该场比赛。

（7）所有替补队员无论上场与否,裁判员均有权对其行使职权。

（五）更换守门员

任何场上队员都可与守门员互换位置,并规定:

(1)互换位置前通知裁判员。

(2)在比赛停止时互换位置。

(六)犯规与不正当行为

1. 直接任意球

裁判员认为,如果队员草率地、鲁莽地或使用过分的力量违反下列 6 种犯规中的任何一种,将判给对方踢直接任意球。

(1)踢或企图踢对方队员。

(2)绊摔或企图绊摔对方队员。

(3)跳向对方队员。

(4)冲撞对方队员。

(5)打或企图打对方队员。

(6)推对方队员。

如果队员违反下列 4 种犯规中的任何一种,也判给对方踢直接任意球。

(1)为了得到对球的控制而抢截对方队员时,于触球前触及对方队员。

(2)拉扯对方队员。

(3)向对方队员吐唾沫。

(4)故意手球(不包括守门员在本方罚球区内)。

2. 点球

比赛进行中无论球在什么位置,如果队员在本方罚球区内违反了犯规中的任何一种应被判罚点球。

3. 间接任意球

如果守门员在本方罚球区内违反下列犯规中的任何一种,将判给对方踢间接任意球。

(1)在发出球之后未经其他队员触及,再次用手触球。

(2)用手触及同队队员直接掷入的界外球。

(3)用手持球时间超过 6 秒。

裁判员认为,如果队员有下列情况时,也将判给对方踢间接任意球。

(1)动作具有危险性。

(2)阻挡对方队员。

(3)阻挡对方守门员从其手中发球。

(4)因违反规则而停止比赛被警告或罚令出场。

4.黄牌

如果队员违反下列7种犯规中的任何一种,将被警告并出示黄牌。

(1)犯有非体育道德行为。

(2)以语言或行动表示异议。

(3)持续违反规则。

(4)延误比赛重新开始。

(5)当以角球或任意球重新开始比赛时,不退出规定的距离。

(6)未得到裁判员许可进入或重新进入比赛场地。

(7)未得到裁判员许可故意离开比赛场地。

5.红牌

如果队员违反下列7种犯规中的任何一种,将被罚令出场并出示红牌。

(1)严重犯规。

(2)暴力行为。

(3)向对方或其他任何人吐唾沫。

(4)用手故意破坏对方的进球或明显的进球得分机会(不包括守门员在本方罚球区内)。

(5)用可判为任意球或点球犯规破坏对方向本方球门移动着的明显的进球得分机会。

(6)使用无礼的、侮辱的或辱骂性的语言。

(7)在同一场比赛中得到第二次警告。

(七)越位

1.越位位置

队员处于越位位置本身并不构成犯规。

(1)队员处于越位位置:队员较球和最后第二名对方队员更接近于对方球门线。

(2)队员不处于越位位置:①队员在本方半场内;②队员齐平于最后第二名对方队员;③队员齐平于最后两名对方队员。

2.犯规

处于越位位置的队员,在同队队员踢或触及球的一瞬间,裁判员认为其下列方式参与了比赛才被判为越位犯规。

(1)干扰比赛。

（2）干扰对方队员。

（3）利用越位位置获得利益。

3.没有犯规

如果队员直接在下列情况下接到球,则没有越位犯规。

（1）球门球。

（2）掷界外球。

（3）角球。

4.犯规与判罚

对于任何越位犯规,裁判员应判给对方在犯规发生地点踢间接任意球。

（八）比赛进行与停止

比赛进行:

（1）球从球门柱、横梁或角旗杆弹回场内。

（2）球从比赛场地上的裁判员或助理裁判员身上弹回场内。

比赛停止:

（1）当球无论从地面或空中全部越过球门线或边线时。

（2）当比赛已被裁判员停止时。

（九）计胜方法

（1）进球得分。当球的整体从球门柱间及横梁下越过球门线,而此前攻进球的队未违反竞赛规则,即为进球得分。

（2）获胜队。在比赛中进球数较多的队为胜者,如两队进球数相等或均未进球,则比赛为平局。

（3）竞赛规程。当竞赛规程要求一场比赛或主客场两回合比赛成平局后需要决出胜者时,只能遵循下列经国际足球理事会批准的程序:

1）客场进球规则。

2）加时赛。

3）踢球点球决胜。

（4）球门线技术系统。球门线技术系统可以用于判断球是否进入球门,以支持裁判员的判罚。当使用球门线技术系统时,必须在相应的竞赛规程中做出规定。

（十）裁判员与助理裁判员

1. 裁判员

（1）裁判员的权利。每场比赛由一名裁判员控制，他具有全部权力去执行与比赛有关的竞赛规则。

（2）裁判员的权限和职责。

1）执行竞赛规则。

2）与助理裁判员和第四官员（如有）合作控制比赛。

3）确保任何比赛用球符合竞赛规则。

4）确保队员装备符合规则要求。

5）记录比赛时间和比赛成绩。

6）决定是否由于违反规则而停止、中断或中止比赛。

7）决定是否由于外界干扰停止、中断或中止比赛。

8）如果裁判员认为队员受伤严重，则停止比赛，并确保将其移出比赛场地。受伤的队员只有在比赛重新开始后才能重返比赛场地。

9）如果裁判员认为队员只受轻伤，则允许比赛继续进行直到比赛停止。

10）确保队员因受伤流血时离开比赛场地。该队员经护理后流血停止，在得到裁判员信号后方可重回场地。

11）当一个队被犯规而根据"有利"条款能获利时，则允许比赛继续进行。如果预期的"有利"在那一时刻没有接着发生，则判罚最初的犯规。

12）当一名队员同时犯有一种以上的犯规时，则对较严重的犯规进行判罚。

13）对应实施纪律处罚的队员进行警告或罚令出场。根据情况，纪律处罚不一定立即做出，但在比赛下一次停止时必须做出。

14）向对自己行为不负责任的球队官员进行处罚，并可酌情将其驱逐出比赛场地及其周围地区。

15）对于自己未看到的事件，可根据助理裁判员的建议进行判罚。

16）确保未经授权的人员不得进入比赛场地。

17）比赛停止后示意重新开始比赛。

18）向有关部门提交比赛报告，报告内容包括赛前、赛中和赛后所有对于队员和球队官员的纪律处罚，以及其他事件的情况。

（3）裁判员的决定。裁判员根据与比赛相关的事实所做出的决定，包括是否进球和比赛的结果是否是最终的决定。

裁判员如果意识到其决定错误,或经助理裁判员、第四官员建议后,可以改变决定,但必须在比赛未重新开始且未终止前做出。

2. 助理裁判员

(1)职责。每场比赛可以指派两名助理裁判员。助理裁判员服从裁判员的决定,其职责如下。

1)当球的整体离开比赛场地。

2)应由哪一队踢角球、球门球或掷界外球。

3)当队员处于位置可能被判罚越位。

4)当要求替换队员。

5)当不正当行为或任何其他事件发生在裁判员视线外。

6)无论何时,当犯规发生时,助理裁判员比裁判员观察角度更好(特别是这种犯规情况发生在罚球区内)。

7)当罚球点球时,守门员在球被踢之前是否移出球门线,以及球被踢出后是否越过球门线。

(2)协助。助理裁判员还应依据竞赛规则协助裁判员控制比赛。在特殊情况下,助理裁判员可以进入场内协助裁判员控制好9.15米(10码)的距离。

助理裁判员如有过分干预比赛或不合适的表现,裁判员可解除其职责并将报告提交有关部门。

二、足球运动竞赛组织工作

(一)足球运动竞赛工作概述

1. 足球运动竞赛的意义

通过足球运动竞赛的举办,不仅可以激起大众参与体育运动锻炼的热情,同时还更加有利于足球运动和体育运动的长远发展,这对于增强人们的身体素质,丰富精神文化生活同样具有非常重要的意义。足球运动深受人们的欢迎和青睐,我国的职业足球联赛每年也在持续进行中,近年来尤其是广州恒大足球俱乐部的异军突起,更是让亚洲乃至全世界眼前一亮,广州恒大分别先后在2013年和2015年两次夺得亚洲足球冠军联赛的冠军,成为国人的骄傲,这对于宣传我国的职业足球联赛,促进我国足球运动水平的进一步提高都具有重要的意义。

2.足球运动竞赛分类

依据足球运动竞赛的性质分类,可将足球运动竞赛分为职业足球竞赛和业余足球竞赛两种。如中国足球超级联赛就是属于职业足球竞赛,它也是我国目前足球俱乐部最高水平的比赛。而全国或各省大型运动会上的足球竞赛,如青少年、儿童竞赛等则属于业余足球竞赛。不论是职业足球竞赛还是业余足球竞赛都对我国足球运动水平的发展和提高具有重要的推动作用。

依据不同的任务和目的进行分类,可以将足球运动竞赛分为以下几种:全国足球联赛、邀请赛、选拔赛、锦标赛(杯赛)、表演赛(友谊赛)、冠军赛等。

3.足球运动竞赛计划

足球运动竞赛计划是指为了实现某一个时期的竞赛目标,预先规划和拟订竞赛内容及步骤的文件,它是指导足球运动竞赛活动的重要依据。

足球运动竞赛计划分不同的等级,制订竞赛计划时应依照上级有关的竞赛工作计划,再根据本地区或单位的实际情况制订出各自的竞赛计划。制订足球竞赛计划应遵循价值性、可行性和可塑性的基本原则。

(二)足球竞赛前的筹备工作安排

1.确定竞赛组织方案

在足球运动竞赛开始前,要做好充分的准备工作。首先就是确定好竞赛组织方案,其内容主要有研究确定组织方案、组建组织机构、拟订具体工作计划和行为准则、制定运动会规程、编制秩序册等。足球竞赛前的管理工作在运动会组委会(或领导小组)正式建立前,由运动会筹备委员会(或筹备小组)负责。组委会正式建立后,则由组委会负责。

足球运动竞赛活动的开展要有一定的步骤,先应进行总体设计构思并提出有效的组织方案,再根据足球竞赛工作计划和竞赛的性质来讨论和确定组织方案。通常情况下,讨论和确定的内容一般包括以下几个方面。

(1)足球运动竞赛的名称、目的和任务。

(2)足球运动竞赛的规模。主要内容应包括主办单位、承办单位,参加单位和运动员人数、竞赛地址和日期等。

(3)足球运动竞赛的组织机构。主要包括竞赛的组织形式、工作人员的名额、组织委员会下设的主要工作部门及负责人名单等。

（4）足球运动竞赛的经费预算。主要包括器材设备、奖品、食宿、医药、奖金、工作人员补贴金等项目的经费预算。

2.确立竞赛组织机构

在足球运动竞赛中，确立竞赛组织机构是至关重要的，通常情况下都采用委员会制的形式。足球运动竞赛的组织委员会是全面领导整个足球竞赛组织工作的最高机构，它的机构编制、人数等都不存在具体限额，组织机构的形式与规模应与竞赛规模相适应，根据工作需要来组建。足球运动竞赛组织机构一般包括以下内容。

（1）组织委员会（领导小组）。

组织委员会的主要职责是领导足球运动竞赛的筹备、进行和总结工作。

1）掌握竞赛的方针。

2）研究和批准竞赛规程。

3）研究和批准竞赛的工作计划。

4）赛前听取筹备工作汇报，研究解决有关问题。

5）赛后批准总结或处理有关的问题。

（2）办公室（或秘书处）。

1）根据组委会的决议，组织配备各部门的工作人员。

2）拟订工作日程计划。

①组织委员会会议。

②裁判员报到日期。

③场地器材的准备。

④动员工作。

⑤各代表队领队会议。

⑥组织学习报告或经验交流。

⑦竞赛总结等项工作。

3）制定各种规章制度与须知。

4）负责对外联系。

5）召开有关会议，统一解决各（处）组之间的问题。

6）编造预算等事宜。

（3）宣传处（组）。

1）组织好足球竞赛的宣传报道工作。

2）组织通讯报道与编辑会刊。

3）研究制定先进队和先进个人的评选条件和细则。

4）准备学习材料,组织学习和讨论。

（4）竞赛处（组）。

1）筹备足球运动裁判工作。制订足球裁判员计划,包括人数、来源等。当裁判组到位后,在裁判长领导下开展裁判工作。

2）组织报名,编印秩序册。

3）准备足球运动场地和各种器材、设施设备等。

4）召开有关会议,解决有关比赛的各种问题。赛前要召开裁判长、教练员联席会议。比赛期间必要时召开有关会议,解决比赛中出现的问题。

5）安排各队练习,组织经验交流、座谈等。

6）排列出各队名次。

（5）总务处（组）。

1）编造足球运动竞赛经费预算。

2）做好足球运动竞赛的物质准备。

3）做好足球运动竞赛参赛人员的生活管理工作。及时召开各单位管理人员的会议,解决有关生活方面的问题。

3.制定竞赛规程

足球运动竞赛规程是竞赛组织者和参加者的基本文件,也是足球运动竞赛工作的重要依据之一,足球运动竞赛规程是在竞赛前由主办单位制定,并提前发给有关单位以便做好准备工作。一般而言,足球运动竞赛规程主要包括以下内容。

（1）足球运动竞赛的名称。

（2）足球运动竞赛的目的和任务。

（3）足球运动主办单位。

（4）足球比赛日期和地点。

（5）参加单位和各单位人数及资格等。

（6）报名和报到日期。

（7）足球运动竞赛办法。

（8）足球裁判员。

（9）本次足球运动竞赛采用的比赛规则和用球。

（10）本次足球运动竞赛录取名次和奖励办法以及其他事宜。

4. 制订工作计划

（1）依据足球运动竞赛方案，竞赛规程规定的竞赛日期，各部门根据自己的职责范围拟订出具体工作日期计划。

（2）依计划做好足球运动竞赛前的各项准备工作。

（3）办公室（或秘书处）应定期检查准备工作落实情况。

（三）足球竞赛期间的工作安排

1. 比赛活动的管理

足球竞赛正式开始后，足球运动竞赛的主要指挥管理人员要深入赛场第一线，对比赛活动实施全面的组织与管理。

（1）在足球运动竞赛期间要进行一定的思想教育，端正比赛态度，正确对待比赛胜负，正确对待裁判员，正确对待观众，表扬先进队和运动员。有关成员应经常深入球队中去，征求意见及时改进工作。

（2）场地组应经常对比赛场地、器材和设备进行一定的检查和管理，从而保证足球运动竞赛的顺利进行。

（3）如遇有特殊情况需要更改比赛日期、时间和场地时，竞赛组及时通知有关部门和比赛各队。

（4）治安保卫组注意住宿和比赛场地安全和秩序。

（5）各部门应经常与各队取得联系，听取意见改进工作。必要时召开领队、教练员、裁判长联席会议，及时处理和解决比赛中所发生的各种问题。

2. 竞赛人员管理

（1）裁判员的管理。在足球竞赛开始之前，学校要组织裁判员学习足球竞赛规程、规则和裁判法，使裁判员统一认识、统一尺度，周密研究可能出现的问题和处理办法。在比赛进行中，要对裁判员的工作进行合理分工，慎重安排水平较高的裁判员担任临场工作，对抗性强的项目尽量安排与参赛队无关的裁判员，做到万无一失，公正准确。在足球竞赛结束后，要组织裁判员做好总结工作。

（2）对参赛运动队（员）的管理。在足球竞赛开始前，事先拟定运动队（员）的管理教育计划，提出统一要求和具体规定，采取分级管理办法及时处理各队之间出现的问题。

（3）对观众的管理。观众是足球运动竞赛的重要参与者，如果管理不当，很可能会阻碍足球竞赛的顺利进行，或造成伤害事故的发生。因此，组委会应加强对观众的组织管理,预防突发状况的发生。

4. 竞赛后勤管理

良好的后勤管理能有效保证足球运动竞赛的顺利进行,足球运动竞赛的后勤管理工作主要包括检查足球竞赛场地、设备和器材的布置与使用管理情况,落实裁判员的安全工作,做好足球运动竞赛的伤病防治和临场应急准备等。

5. 足球运动竞赛结束后的工作安排

(1)各部门总结大会期间的工作。

(2)组织和举行闭幕式,做大会总结报告和颁发奖品。

(3)安排和办理各足球运动队离会的有关事宜。

(4)组织委员会向上级汇报工作情况。

三、足球运动竞赛方法的编排

足球运动竞赛中常用的竞赛制度主要有循环赛、淘汰赛和混合赛三种,赛事组织者要根据比赛的目的、任务,参赛时间的长短,参赛队的多少等来合理选择哪种竞赛制度。

(一)循环赛的竞赛方法

1. 循环赛的种类与特点

(1)循环赛的种类。循环赛是指各参赛队之间互相比赛,按照各参赛队在全部比赛中的胜负场数、得分多少排定名次的比赛方法。一般情况下,循环赛主要分为单循环、双循环和分组循环三种形式。

(2)循环赛的特点。一般而言,循环赛主要有以下两个特点。

1)确定参赛队名次的办法较为客观,能够准确地反映出各参赛队之间的真正技术水平。

2)比赛结果的偶然性和机遇性相对较小。

2. 单循环赛的编排

(1)单循环赛比赛轮次安排。单循环比赛轮次、顺序的安排方法具有一定的可变性,其编排方法如下所述。

1)逆时针轮转法。当参赛队数为偶数时,一般都采用这种方法来编排各轮的比赛。

2)顺时针轮转法。若参赛队为单数时,如仍按逆时针轮转将会出现一些因轮空休息而带来的不合理现象,会造成其中某一队连续多次遇到的对手,都是前一轮轮空的队,使该队疲于应付。克服这一不合理现象的方法是采用顺时针轮转法,其第一轮比赛与双数队相同,只在最后一个数后补"0"。第二轮是固定"0"号不动,其余号码按顺时针方向转动一个位置,各轮次以此类推。还可以采用固定右上角"0"号不动,其他号则用逆时针轮转来进行编排。

3)其他特殊轮转法。单循环比赛的顺序安排除上述常用的方法外,有的竞赛项目有其固定和特殊的编排方法。也可以根据比赛的实际需要,采用合理的方法,如足球比赛中一组3支队进行单循环赛,并规定录取前两名的队参加下阶段比赛时,可以按以下顺序进行编排。若第一轮2、3队赛成平局时,则可以按常规的轮转法安排顺序。

在足球运动比赛中采用这一方法安排比赛,一方面可以使每场比赛都有较大的吸引力;另一方面也能尽量避免消极比赛的现象。因为第二轮由每一轮之胜队对轮空队比赛,其结果最多只能明确一个出线队,另一个出线队必须在最后一场比赛结束方能确定。这样使第三场比赛仍具有一定的悬念。

(2)制作运动竞赛日程表。在确定好足球比赛秩序表后,竞赛组织者要把各轮次的比赛制定成竞赛日程表印发给各参赛队。在制定竞赛日程表时应注意做到公平、合理,保证各参赛队之间公平的比赛。

(3)单循环赛成绩记录表。比赛成绩记录表的内容有比赛单位名称、比分(双方比赛结果)、积分、积分相等时排定名次的方法、名次等。在足球比赛中,通常会出现各队同分的情况,这时就要把在有多个参赛队积分相同的情况下如何最后确定名次的方法说明清楚,否则就容易出现各种纠纷。

3. 双循环赛的编排方法

所有参赛队相互之间都轮流比赛两次,最后按其在两个循环比赛中的得分多少排定名次的竞赛方法,称作双循环赛。

双循环赛的场数和轮数,均为单循环赛的一倍。双循环赛比赛轮次表的编排与单循环赛相同,只要排出第一循环的轮次表,第二循环再重复赛一次。也可重新抽签排定比赛位置。第二循环的比赛如何进行,应在竞赛规程中明确规定。

4.分组循环赛的编排方法

当参赛队数量较多、比赛时间较短时,可以安排比赛分阶段进行。在第一阶段或多个阶段中把参赛队分成若干小组进行单循环赛,按其在小组循环比赛中的得分多少排定名次的竞赛方法,称作分组循环赛。

分组循环赛一般采用"确定种子"分组或"蛇行排列"分组的办法进行。

(1)确定种子分组。"种子队"可以依据参赛队在上届比赛的名次或实际的运动水平来确定。种子队的数目一般是组数的倍数。分组时首先将种子抽签平均分到各组中去,然后再抽签确定其他参赛队的组次和位置。例如,16支球队参加比赛,分为4组,设4个种子。先将4个种子随机抽签分入4个组,再将其他12支队随机抽签平均分为4组(签牌分为4组,每组有3个相同的签号);如8个种子,则先将种子随机抽签分为4个组(如果需要,种子也可以分批抽签,先抽前4个种子,再抽后4个种子),其他队再随机抽签进入各组。若8个种子的顺序是按照运动水平依次排列的,则可以用蛇形排列的方法将种子分入各组。

(2)确定名次。若足球比赛中,分组循环赛的以后阶段比赛仍都采用单循环赛进行,则以最后阶段循环比赛的成绩排定名次。若比赛采用混合赛制,则以最后阶段所采用赛制的比赛成绩排定名次。

(二)淘汰赛的竞赛方法

1.淘汰赛的种类

淘汰赛又称淘汰法。通过比赛逐步淘汰成绩差的,最后评出优胜者,称为淘汰赛。淘汰赛进行的方法是将全部参赛队按编定的顺序进行比赛,胜者进入下一轮比赛,负者被淘汰,直至淘汰剩最后一位参赛队,这位参赛队就是这次淘汰赛的冠军。这种竞赛方法,通常在单项比赛中较多采用。一般而言,淘汰赛可分为单淘汰、双淘汰、交叉淘汰三种。

2.单淘汰赛的编排方法

单淘汰赛是指参赛队在比赛中失败一次即退出比赛,比赛直至产生最后获胜者的竞赛方法。

(1)单淘汰赛场数和轮数的计算。

单淘汰比赛场数=参赛队数-1。例如,有16支球队参加比赛,共要比赛15场。

(2)选择号码位置数和分区。

1）选择号码位置数。进行单淘汰比赛时，要给每个参赛队编上一个号码，安排比赛位置。单淘汰赛参赛队的号码位置数，必须是 2 的乘方数。例如，8 支球队参加比赛，8 恰好是 2 的乘方数，则选择 8 为号码位置数，每队 1 个号码，1 个位置，比赛 3 轮结束。

若参赛队的人数不是 2 的乘方数，则选择最接近参赛队数的 2 的乘方数为号码位置数。

2）分区。单淘汰比赛时要把号码位置分成几个相等的部分，称为"分区"。把全部号码位置分成两半，每半区称作 1/2 区，又称作上半区、下半区；再把上半区和下半区各分成两半，每个区称作 1/4 区；再把每个 1/4 区分成两半，每个区称作 1/8 区，以此类推。

（3）种子队的确定与定位。

1）查表定位。单淘汰比赛时，如果参赛队数恰好是 2 的乘方数，那就可以选择与参赛队数相同的数为号码位置数，使每个参赛队都有一个号码位置，两两相对进行比赛。但为了避免水平高的参赛队过早相遇、过早淘汰的不合理现象，在比赛前就必须设立"种子"，种子资格可依据上届比赛的成绩或实际的运动水平确定。

"种子位置表"的查法：按比赛所设种子数目，从表中依次逐行由左向右取出小于或等于比赛号码位置数的号码，这些号码就是种子定位的号码。

2）"跟种子"定位。除了查表给种子定位外，还可按照种子排位的高低，采用"跟种子"的方法将全部种子定位，其结果与查"种子位置表"的种子定位是一致的。

如果设立 4 名种子，"跟种子"定位方法首先将 1 号种子定位在上半区的顶部 1 号位置，将 2 号种子定位在下半区的底部 16 号位置。其次是将 3 号种子"跟"2 号种子定位在下半区的顶部 9 号位置，将 4 号种子"跟"1 号种子定位在上半区的底部 8 号位置。如果设立 8 名种子，那就再将 5 号种子"跟"4 号种子定位在同一 1/4 区的顶部 5 号位置，将 6 号种子"跟"3 号种子定位在同一 1/4 区的底部 12 号位置，将 7 号种子"跟"2 号种子定位在同一 1/4 区的顶部 13 号位置，将 8 号种子"跟"1 号种子定位在同一 1/4 区的底部 4 号位置。若选择的号码位置数是 64、128、256，种子的数目再多一些，也可以按照"跟种子"的规律进行种子定位。

（4）抽签的方法。抽签是确定参赛队在淘汰赛中各自号码位置的一种方法。抽签的原则：把种子与种子合理分开，把同一单位的种子合理分开；

把同一单位的参赛队均匀分布在各个区。抽签是足球运动竞赛组织编排工作中的重要环节之一。

在足球运动竞赛中,采用不同的竞赛方法,以及竞赛的规模和规格的不同,抽签的具体实施方法也有很大区别。要做好足球竞赛淘汰赛的抽签工作,不但要熟悉抽签的理论,还要通盘熟知抽签的各项准备工作和具体实施方法。

竞赛规程中对竞赛办法的规定和各参赛单位的报名情况,是研究抽签方案的两个重要依据。因此,在接受报名和审核报名单的基础上,开始进行以下的工作。

1)在对参赛队进行资格审查后,统计出各参赛队数量,以供确定具体的抽签方法和编排方案。

2)确定比赛的号码位置数和"轮空"或"抢号"的位置。

3)确定种子数量和名单。

4)研究分区方案和抽签顺序及方法。根据参赛队数目情况,制定出相应的分区控制表。然后可依各参赛单位在竞赛规程中的排列顺序、报名时间的先后、种子数目的多少、参赛队的多少或单位字头的笔画数等方法,来确定抽签的顺序。

3. 双淘汰赛的编排方法

参赛队失败两次,即退出比赛,比赛直至产生最后获胜者的竞赛方法,称作双淘汰赛。双淘汰赛有多种形式,常用的有冠亚军淘汰赛、两败淘汰赛。

(1)场数和轮数的计算。

双淘汰比赛的场数是:2×参赛队数-3。

双淘汰比赛的轮数是:胜方轮次与单淘汰相同,即比赛所选择的号码位置数是 2 的乘方数的指数;负方轮次数是:2 的乘方数的指数×2-2。

(2)冠亚军淘汰赛。

冠亚军淘汰赛,即比赛的胜者为冠军,负者为亚军。

在足球运动竞赛中,不论采用哪一种淘汰方法,都要在竞赛规程里写清楚,以避免在比赛进行中或者确定冠亚军时出现争议。

4. 交叉淘汰赛

将上一阶段比赛中不同名次的选手互相交叉进行比赛,胜者继续比赛,负者即被淘汰,称为交叉淘汰赛。

常见于第一阶段比赛将参赛队分成 A、B 两组进行单循环赛,决出小组全部名次;第二阶段 A、B 组的前 2 名进行交叉比赛,即 A 组第 1 对 B 组第 2,B 组第 1 对 A 组第 2 进行交叉比赛,两场比赛的胜者决出冠、亚军,负者被淘汰(或者负者决出 3~4 名)。

(三)混合赛的竞赛方法

混合赛制(简称混合赛)是循环赛制与淘汰赛制、佩奇赛制等在比赛中交叉使用的竞赛方法。比赛分两个或多个阶段进行,每一阶段所采用的赛制有所不同。

1. 混合赛制的特点

混合赛综合了循环赛和淘汰赛的优点,弥补了两者的不足,有利于参赛队相互交流,最大限度地减少比赛胜负的偶然性。同时,随着比赛的进程,比赛逐渐进入高潮,精彩激烈。

2. 先循环赛后淘汰赛

先采用循环赛,然后再采用淘汰赛也是足球比赛中常用的一种竞赛方法。由于参赛队较多,考虑到比赛结果的合理性和时间、场地等实际情况,首先安排参赛队进行分组循环赛,排定各小组的比赛名次,其次再根据竞赛规程的要求,录取规定的小组名次进入下一阶段的淘汰赛,决出全部比赛最后的名次。例如,世界杯足球赛决赛阶段的比赛,第一阶段 32 支队分成 8 个小组进行单循环赛,然后录取每小组的前 2 名,共 16 支队进入第二阶段的淘汰赛,最后决出全部比赛的 1~4 名。

3. 混合赛决赛阶段的竞赛方法

混合赛最后阶段的比赛为决赛,足球比赛经常采用交叉赛的方法进行。如上一阶段比赛分成 A、B 两组,则每组的前 2 名进行交叉比赛,即 A 组第 1 对 B 组第 2,B 组第 1 对 A 组第 2 进行比赛,两场胜者决出 1~2 名,两场负者决出 3~4 名;每组的 3、4 名,5、6 名也按照上述方法相互进行交叉比赛,决出其余的名次。

第二节　运动员心理研究

足球运动比赛竞争和对抗较为激烈,对于高校足球运动员的心理能力具有较高的要求。一般认为,具有良好的心理能力则能够在比赛中更好地发挥出技战术水平,从而掌握比赛的主动权。因此,本章对高校足球运动员的心理系统训练进行分析和研究。

一、足球运动心理训练概述

(一)足球运动员心理训练的原则、要求和程序

1. 心理训练的原则

高校足球运动员的心理训练必须遵循一定的运动训练规律,这样才能起到应有的训练效果,没有科学原则的指导,则心理训练最多也只能做到差强人意。因此,在进行相关的足球运动心理能力训练时,应该遵循以下几点原则。

(1)自觉积极性原则。积极良好的态度是产生良好训练效果的决定因素,因此,在这一过程中,教练员应该向运动员认真地贯彻和讲解进行训练的目的、作用和意义,并认真地说明其所应用的方法和具体的内容,从而能够使运动员进行自我分析、调节和控制,调动运动员的积极性。

(2)全面系统原则。心理训练的全面性原则要求心理训练必须与身体训练和技战术训练紧密结合的同时,在训练时还要与运动员的智能训练有机结合起来。需要注意的是在训练过程中,心理训练的内容应该包括心理训练的各个方面,即心理过程、心理状态、个性特征等都应给予积极的影响。

(3)区别对待原则。身体素质的训练要求对运动员进行区别对待,在进行心理素质训练时也应该坚持这一原则。运动员的心理特点具有较大的差别,心理素质的优缺点也有很大的不同,采用有针对性的区别对待,是取得良好训练效果的保证。

(4)循序渐进性和重复性原则。训练要讲求一定的科学性,既要循序渐进,同时还要做到有规律的重复性。在进行心理训练时,对于运动员的各项要求、标准应该从易到难,形成一个逐步提高的过程。如果练习的难度对于运动员来说难以完成,则可能使运动员产生畏惧和退缩的情绪,从而对于意志训练造成一定的负面影响。

另外,由于某些心理品质中断练习便可能消失,因此心理训练要反复进行,使运动员的心理品质在反复实践中不断发展和提高。

(5)持之以恒原则。和身体训练一样,高校足球运动员的心理训练也是

一项必须长期坚持的过程,在不断的学习、实践和体会中,得到不断的学习和提高。进行两三天的训练是不会产生明显效果的,需要经过一段时间的反复训练才能见效,教练员在训练中应该充分认识这条规律,切忌急于求成,急功近利;同时,高校足球运动员也必须具有一定的毅力,长期进行心理素质的学习和训练,才能起到应有的效果。

(6)长期训练和短期训练相结合原则。心理训练既要使高校足球运动员在比赛中克服各种心理障碍,同时,还要使运动员形成良好的人生态度和价值,这就需要在进行训练时,要坚持短期训练和长期训练的结合。长期训练能够使运动员的各项心理素质得到全面的提高;而短期的训练能够使运动员在比赛中具有更好的心理素质来应对挑战。两者之间是密不可分的关系,只有将两者更好地结合才能使心理训练发挥更好的效果。

2. 心理训练的要求

心理训练是高校足球训练必不可少的重要组成部分,它不仅能够使运动员的心理过程不断地完善,同时还能够使运动员的身体素质和技战术能力得到全面的提高。

(1)结合体能的心理训练。足球心理训练时结合体能训练的身体训练,因为在比赛中,总是伴随着激烈的竞争和身体对抗,并且这一趋势在不断地加强,这就要求运动员在激烈对抗的环境下保持良好的心理素质。运动员的体能训练是培养运动员目标设置,培养坚韧、顽强的意志品质最有效的方法和手段。

(2)结合技术的心理训练。技术训练是足球训练的重要内容,在任何时期、任何阶段都要长期坚持不懈。足球技术是运动员能力的重要体现,而技术训练的过程也能够提高高校足球运动员的思维能力和创造能力。足球训练是对专项技术的重要补充,它是为技术训练服务的。在训练过程中,要充分地理解心理素质对技术的完善和发展作用。

(3)结合战术的心理训练。足球战术训练中包含的最重要的心理训练内容就是思维训练和团结凝聚力的培养。战术训练和心理训练相互结合,不仅能够培养高校足球运动员的个人战术意识,同时,对于其集体思维意识和团队配合意识都有一定的促进作用。运动员在比赛过程中的观察、判断和团队配合等各项活动都需要借助于一定的心理参与过程。

3. 心理训练的程序

心理训练是一项相对较为复杂的工作,并没有统一的训练程序,其一般根据训练的性质、目的和内容的不同,可按如下的步骤进行。

（1）一般心理训练的程序。

1）进行心理学理论知识和操作技能、测评方法方面的准备,提高心理训练方面的科学性。

2）对足球运动训练的各方面进行分析和探讨,熟悉其各个环节可能存在的各种心理问题。

3）建立运动员的心理档案,以方便进行心理训练。

4）在训练过程中,应对运动员进行相应的心理诊断。

5）心理训练应和其他训练一样具有可行的心理训练计划。

6）在进行各种技战术训练的同时开展相应的心理训练。

7）对心理训练的效果进行评估,并积极对训练方法、内容等方面进行修正。

（2）赛前心理调节的程序。

1）提高运动员对于心理训练方面的认知,保持积极良好的态度。

2）对比赛的资料进行收集、整理、分析,了解可能出现的赛场情况。

3）了解可能出现的心理问题,并识别其征兆。

4）积极进行赛前心理诊断。

5）针对具体情况采用相应的心理训练策略。

6）实施心理训练的策略、方法与手段。

7）总结经验和教训。

（二）足球心理训练的内容

足球运动员的心理能力训练是在一般心理能力训练基础上,形成专项特点的心理素质的过程。这是运动员经过长期反复练习获得的技能,其训练的内容主要包括以下几个方面。

1.专门化知觉训练

专门化知觉是指运动员所从事的专项运动的某些心理的特殊感受知觉,它们是一种复合知觉,也是运动员主要的心理因素之一。足球运动员的专门化知觉,如球感和时空感等。

（1）球感。球感是运动员对足球的一种专门化知觉,这种知觉是在长期坚持和训练的基础上形成的。球感是运动员对于球的大小、轻重、形状和弹性等方面的极为精细的分化,是一种综合性的知觉。运动员在进行球感训练时,可以增加运动员的自信心,使运动员获得更多的自由,运动员可以在比赛中对于技术和战术的运用更加纯熟,从而传接球更加流畅、准确。

良好球感的形成需要进行长期的触球训练,否则,此种感知觉便会减退或消失。另外,需要注意的是,运动员在情绪激动或疲劳的情况下,球感也会出现相应的减退。

(2)时空感。时空感是运动员在比赛过程中,对时间和空间的视觉分析器、运动分析器和能力分析器的各种刺激物进行精细分化,并在大脑皮层中形成复杂而稳固的神经联系的结果。良好的时空感是经过大量的刻苦训练才能获得的,是运动员最重要的专项心理素质之一,它决定着运动员球感的精确度,是运动技能高低的重要标志。

运动员判断能力的强弱在很大程度上依赖于时空感的强弱,运动员时空感好,则其对于比赛中球的运动轨迹、球员的位置移动等具有更好的判断,在比赛中才能够变被动为主动。

高校足球比赛对抗激烈,场上形势瞬息万变,这就要求运动员在比赛过程中要在极短的时间内捕捉攻防的时机。为此,运动员必须拥有敏捷的反应和果断的行动。足球运动员还要准确把握同伴、对手、足球以及高度、速度和距离等场上信息,以便进行准确的判断。这些都是进行空间判断的重要依据。

2. 情绪稳定训练

情绪是心理过程的具体表现形式,是人对事物的态度和行为上的反应。情绪稳定对于足球运动员来说具有重要的意义,它是运动员技能正常发挥的重要保证,是运动员主要的心理因素之一。

在足球运动实践过程中,运动员的整个身心都处于极度紧张状态,因此随着比赛的进行,运动员也会表现出多变的情绪体验,这是由足球比赛的多变性与运动员的个性特点共同决定的。运动员的情绪变化对于比赛会产生直接的影响,因此,运动员对自我情绪的控制和调节显得尤为重要,尤其是在己方落后或处于劣势时,情绪的消沉将会使比赛形势雪上加霜。

情绪的稳定是发挥运动员潜力的重要因素,也是取得比赛胜利的重要条件,其重要性显而易见。在比赛前后应该做到如下几点。

1)在比赛开始前,要避免过于激动、淡漠或盲目自信等状态,如果出现相应的精神状态,则应该对运动员的心理状态进行深入分析,分析造成这些的原因,并告知运动员这种情绪状态的不良后果,引导其保持良好的精神状态。

2）在比赛过程中，运动员应该保持适当的兴奋性，而情绪稳定正是要运动员保持的状态，以便能够更好地发挥其训练的水平。我们知道赛场形势复杂多变，而运动员的情绪状态也可能表现为陶醉状态与狂热状态、悔恨状态与消极状态的交替。因此，运动员要注重自身情绪状态的变化，并进行积极调整，而教练员也要通过针对性的暗示，鼓舞运动员的信心和斗志，消除紧张情绪，并提出相应的解决和防范消极情绪的措施。

运动员要保证比赛中精神处于振奋状态，教练员要帮助其激发比赛中最深刻和最复杂的情感，即运动荣誉感、自豪感、义务感和责任感，从而使运动员的力量、能力和意志得到最大限度的发挥。

3）比赛之后的情绪稳定要求运动员在比赛后对比赛进行分析和总结，保持提升和完善自我的昂扬斗志。在比赛之后，要对引起比赛成败的各项因素加以认真的讨论，以提高运动员的心理素质。

3. 意志品质训练

足球运动员的意志品质表现为在比赛中全力以赴地实现既定目标所做出的克服困难的努力。在比赛过程中，运动员的坚毅、顽强、果断、勇敢、沉着等意志品质相辅相成，会对比赛产生重要的影响。

运动员的意志品质培养的目标就是要提高对自身的控制能力，使自身的意向、行动和行为具有高度的自觉性。这一能力的最高表现形式为自我教育，运动员能够自觉地完成相应的任务，严格地遵循相关的制度和要求，自我激励、自我完善和自我约束。

具有良好的意志品质的运动员能够积极克服懒惰、注意力不集中和疲劳等状况，保持不怕苦难、奋勇争先的精神，形成积极进取、永不退缩的良好品质。在心理训练时，应该针对不同运动员的不同意志特点，进行有针对性的教育和培养，锻炼其在困难的环境中比赛的能力。

4. 自信心培养

自信心是良好心理素质的重要组成部分，它决定着一个人的全面发展。在比赛过程中，保持良好的自信心态，能够使运动员保持清晰的头脑，勇敢地面对对手及相应的困难，能够顽强拼搏、超越自我。与自信状态相对的是自卑状态，这种状态下，运动员将会不相信自己的能力，表现出畏首畏尾，错失很多攻防的绝佳机会。

运动员应该不断地提高自我认识，对自身形成积极的评价，发掘自身与众不同的价值。教练员对球员进行鼓励,对队员的能力和品质予以积极的肯定,促进其自信心的培养和发展。

5.注意力训练

注意力即为运动员全神贯注于一个确定的目标的能力。在足球运动中,球员的目标就是积极地进行进攻和防守,最终赢得比赛。在比赛过程中,有很多影响球员注意力的因素,包括场上球员、观众、教练和裁判等对运动员均能够产生一定的干扰,从而使其注意力不能集中,对比赛产生消极的影响。

足球运动员要做到在比赛中不能为外界因素所干扰,从而影响自身技术的发挥。在进行排除内外消极干扰的训练时要积极地运用自我暗示、想象训练、指导语等方法进行调控,克服外界的影响,将所有精力全部集中于比赛。

6.领导者的心理

领导是指引、影响或控制个人或组织,以实现某种目标的行动过程。在领导的过程中,主要涉及三大因素:领导者、被领导者以及所处环境。一般来说,任何团体或组织,不论其大小,总会有领导者。领导者对内主持和领导整个团体,对外代表整个团体同外界进行协调活动。领导者的产生分为多种情况,有的是自然产生,有的则是由选举产生,还有的是由上级组织委派。不管是什么情况产生的领导者,都要对整个团队负责。

球队的教练员是所有人的学习榜样,其应能够通过各种手段实现与队员之间的良好沟通,优秀的足球教练员应具备热情、勇气、奉献精神和感染力,能够使得球员服从其领导,并对球员形成良好的激励和鼓舞。

足球队长不一定是踢球最好的,但是其应该在球队中具有较高的威信,超强的心理素质,一定的领导才能,能够领导队员进行努力训练,并保持球队具有良好的团队凝聚力。当球队在逆境情况下,队长应冷静分析和判断,采取相应的措施,对队员进行鼓励,而不是对队员进行指责。

(三)训练心理素质的方法

1.模拟训练

模拟训练是针对比赛中可能出现的情况进行模拟实战反复练习的过程,其作用在于使运动员适应各种比赛条件,保证其各项技术以及制定的相关战术在多变的、激烈的比赛情境中也能够正常地发挥。

模拟训练能够使运动员的心理发展与外界环境发生一定的适应性改变,在这一过程中,运动员在头脑中建立起合理的动力定型结构,从而使运动员的心理在真实比赛中保持一定的平衡。

模拟训练可分为实景模拟和语言图像模拟两大类。实景模拟即为设置比赛的情景和条件对运动员进行相应的训练;语言图像模拟则是利用语言和图像描述比赛的情景,使运动员形成对比赛情景的先期适应。

进行模拟训练时,可对对手的特点进行模拟,通过模拟对手的比赛风格、技术和战术特点等,充分地了解对手的相关特征,找出相应的解决对策;也可进行不同起点的比赛,如45∶30的预设条件下开始比赛,锻炼其在落后的条件下沉着冷静的心理品质;还可以对外界的相关因素进行模拟,如裁判误判的情况和观众呐喊的情况等,训练运动员的自控能力。

在运动比赛训练过程中,模拟训练应根据运动项目特点及其比赛规则、比赛实际和运动员特点进行有针对性的选择。

2. 表象训练

表象训练,又称"视觉化"训练、内心演练、意象演习或想象训练等,是常见的心理技能训练方法之一,主要是指运动员有意识地在头脑中再现或完善动作或运动情境,从而建立和巩固正确动作的动力定型、提高运动技能、增强心理调控能力的过程。

(1)表象训练的原理。

1)心理神经肌肉理论。心理神经肌肉理论认为,大脑运动中枢和骨骼肌之间存在着双向神经联系,机体在进行动作表象时会引起相应运动中枢的兴奋,兴奋也能引起相应肌肉的活动。因此,基于神经—肌肉运动,多次激发来加深记忆和强化心理图式,可以通过表象训练促进运动员运动技能的提高。

2)符号学习理论。符号学习理论认为,表象训练是运动员在大脑中建立活动图式,并将活动进程进行符号编码以形成程序的过程。因此,运动员反复进行表象训练的过程就是反复熟悉活动程序的过程,将获得序列和环节再现的过程,并能优化序列组合发展为最佳活动程序,进而达到提高运动技能的目的。

(2)表象训练的程序。

1)表象知识介绍:使运动员了解运动表象的特点及作用。

2)表象能力测定:了解运动员的表象能力并对运动员的表象控制能力

进行评分,同时确定表象训练的主要任务。

3)基础表象训练:主要围绕如何提高运动员的感觉觉察能力、表象清晰性和表象控制性进行。

4)针对性表象训练:主要是结合运动专项进行。

（3）表象训练的实施。

1)感觉觉察能力训练。利用记忆中的经验,创造出可控形象并对这些形象进行操纵。在训练实践中,练习者感受(看、听、触)到的越多,意识越清新、体验越真切。例如,光着脚在操场上慢走,将注意力专注于各种动作体验上。

2)表象清晰性训练。表象清晰性训练要求练习者尽量充分利用自己所有的感觉体验,生动、真实地进行表象演练。在训练实践中,可以通过手掌观察练习(观察手掌纹路的深浅、粗细、走向、交叉等特征后,闭上眼睛仔细回忆)、冰袋练习(想象受伤部位的感觉、以冰袋冰敷伤部的感觉和冰袋拿开后伤部的感觉)、提桶练习(想象提空桶的感觉、桶中倒一点水的感觉、桶中再倒一些水的感觉和水桶放下后的感觉)等方法进行训练。

3)表象控制力训练。表象控制力训练主要是训练练习者改变、操控和调节表象的能力。在训练实践中,可以通过比率练习(想象自己熟悉的朋友真实的形象、将其按比例缩小的形象、按比例放大的形象)、木块练习(想象将一块六面都涂有红漆的正方体木块平均切开一次的红面个数、再平均切开一次的红面个数)等方法进行训练。

3.暗示训练

暗示训练也叫自我暗示训练法,是利用语言等刺激物对人的心理施加影响并进而控制行为的过程。通过自我暗示,能够对人的认知、情感和意志过程进行相应的调节。

研究表明,人的语言和所想象的形象结合在一起,能够使语言暗示更鲜明,使人体相应的器官产生一定的变化。最著名的例子是"望梅止渴"的典故,通过相应的想象和语言刺激,能够使人的口腔唾液分泌不由自主地增加,从而达到"止渴"的目的。

采用暗示训练法时,应该使运动员对这一方法进行深刻的理解和认知,在此基础上找出一些经常出现的消极想法和话语,在充分认识这些消极想法和话语的基础上,找出一些积极的词语和想法取而代之。例如,"这些观众很吵闹,真让人讨厌"可以替换为"这些观众在为我加油,在期待我打得更好","别紧张,别着急"可以替换为"放松,稳住",等等。

4. 合理情绪训练

合理情绪训练是由美国心理学家阿尔伯特·艾利斯(Albert ellis)创立的,主要目的是帮助人们培养更实际的生活哲学,减少情绪困扰与自我挫败,学会正确面对和处理困难。

(1)合理情绪训练的原理。

合理情绪训练的原理是 ABC 理论,在 ABC 理论模式中,A 指诱发性事件;B 指个体在遇到诱发事件后产生的信念(看法、解释和评价);C 指个体的情绪及行为反应。该理论认为,人的情绪并非由某一事件引起,而是经历该事件的人的看法、解释和评价引起的。

在现实生活中,人的认知不同,对事件的信念也不同,因此,合理情绪训练就以理性治疗代替非理性,帮助练习者识别合理的和不合理的思维、信念,以合理的思维代替不合理思维、以合理的信念代替不合理的信念,减少不合理思维和信念的不良影响,减少不良情绪和行为反应。

(2)合理情绪训练的程序。

1)找出使当事人产生异常情绪(紧张)的诱发事件(A)。

2)分析当事人对诱发事件的信念(B),研究这些信念与当事人异常情绪(C)之间的关系。帮助当事人认识异常情绪产生的原因。

3)扩展当事人的思维,辩论、动摇并摒弃不合理信念。

4)不合理信念的消除减少或消除了异常情绪,当事人的思维更加合理、积极,最终摆脱困扰,改善情绪和行为反应。

(3)合理情绪训练的实施。

1)与不合理信念辩论。与不合理信念辩论是指导者向当事人所持有的不合理信念进行挑战和质疑,动摇当事人的不合理信念的过程。可以通过质疑式和夸张式两种提问方法进行,使当事人主动思考,自己发现问题、改变错误认知,直至放弃不合理信念。

2)认知家庭作业。认知家庭作业是配合不合理信念辩论进行的。人的认知具有一定的规律性。因此,即便是当事人有不合理的信念也并非是偶然形成的,指导者从面对面的质疑辩论到使当事人改变错误信念需要一个过程,应当给当事人充分的思考时间,让当事人自己进行自我辩论。布置家庭作业就是为了促进当事人在面谈后继续思考,为下次谈话奠定基础。

3)合理情绪想象。合理的情绪想象是指当事人通过理性思考想象和体验自己不适应的情境,用想象代替现实,然后再适应现实,停止想象后,当事人应认知分析自己在想象过程中的成功与失败,从而纠正不合理信念和消极情绪,强化合理信念与积极情绪。

4)角色扮演。角色扮演也是与不合理信念进行辩论,只是指导者与当事人角色互换,通过换位思考使当事人认识到自己的不合理思维和信念的存在,并通过自我反驳和质疑改变这些错误的思维方式和信念,最终建立合理信念。

5.目标设置法

目标设置是指对动机性活动将要达到的最后结果进行的规划。正确有效的目标能够深刻地影响动机的方向和强度,刺激人的行为和活动向着目标前进。目标设置训练就是要以有效推动行为的原则为基础而设置各种合理目标的过程。

目标可分为长远目标和短期目标,任务定向目标和自我定向目标,具体目标和迷糊目标等多种形式,应根据实际情况制定符合运动员实际状况的心理训练目标。

在制定合理的目标之后要进行及时的了解和反馈,积极地对目标进行适当的调整,使目标计划按照预期的时间和形式实现。

6.放松训练法

放松训练是通过一定的方法调节呼吸和肌肉的紧张,从而调节中枢神经系统的兴奋性。研究表明,大脑与骨骼肌具有双向的联系,肌肉越放松,则其向大脑传递的冲动就越少,大脑的兴奋性就降低,从而使心理上的紧张感减少。进行放松练习,能够使身心得到适当的休息,加速了人体疲劳的恢复,这为其进行心理训练打下了良好的基础。

放松训练的一般训练方法如下:采用舒适的姿势坐在椅子上,四肢和身体保持一个舒适的姿势,闭上双眼,进行如下的自我或他人指导语暗示。

(1)平静而缓慢地呼吸,我的呼吸很慢、很深。

(2)我感到很安静。

(3)我感到很放松。

(4)我的双脚感到沉重和放松。

(5)我的踝关节感到了沉重和放松,我的膝关节感到了沉重和放松,我的双脚、踝关节、膝关节、臀部全部感到了沉重和放松。

(6)我的腹部、我的身体的中间部分感到了沉重和放松。

（7）我的双手感到了沉重和放松，我的手臂感到了沉重和放松，我的双肩感到了沉重和放松，我的双手、手臂、双肩全部感到了沉重和放松。

（8）我的脖子感到沉重和放松，我的下巴感到沉重和放松，我的额部感到沉重和放松，我的脖子、下巴和额部全部感到沉重和放松。

（9）我整个身体都感到安静、沉重、舒适、放松。

（10）我的呼吸越来越深，越来越慢。

（11）我感到很放松。

（12）我的双臂和双手是沉重和温暖的。

（13）我感到十分安静。

（14）我的全身是放松的，我的双手是温暖的，放松的。

（15）轻松的暖流流进了我的双手，我的双手是温暖的，沉重的。

（16）轻松的暖流流进了我的双臂，我的双臂是温暖的，沉重的。

（17）轻松的暖流流进了我的双腿，我的双腿是温暖的，沉重的。

（18）轻松的暖流流进了我的双脚，我的双脚是温暖的，沉重的。

（19）我的呼吸越来越深，越来越慢。

（20）我的全身感到安宁、舒适和放松。

（21）我的头脑是安静的，我感觉不到周围的一切。

（22）我的思想已专注到身体的内部，我是安闲的。

（23）我的身体深处，我的头脑深处是放松、舒适和平静的。

（24）我是清醒的，但又处于舒适的、安静的、注意内部的状态。

（25）我的头脑安详、平静，我的呼吸更慢更深。

（26）我感到一种内部的平静。

（27）保持一分钟。

（28）放松和沉静现在结束，深吸一口气、慢慢地睁开眼睛，我感到生命和力量流通了双腿、臀部、腹部、胸部、双臂、双手、颈部、头部。这力量使我感到轻松和充满活力，我恢复了活动。

二、足球运动员的心理调节

（一）赛前不良心理状态

运动员赛前的心理状态可分为过度兴奋型和冷漠型两大类。过度兴奋型主要是容易失去自我控制能力，心理相对亢奋，在比赛中动作和战术比较紊乱;冷漠型的状态,这主要是表现在兴奋不强,产生无力、低沉、松弛等特征。具体而言,运动员在比赛之前的不良心理状态主要有以下几种。

1. 赛前焦虑状态

赛前的焦虑是指在比赛开始前的一段时间内,运动员生理反应失调,具体表现为吃饭睡觉不稳定,呼吸不畅,心跳加速等一系列的问题而心理上则表现为注意力不集中、急躁易怒、坐卧不安、动作僵硬、兴奋过度等。

2. 赛前抑郁状态

赛前抑郁状态表现为对比赛消极,没有竞争的欲望,意志消沉、注意力不集中,没有精神等,是一种对比赛淡漠的心理状态。在这种状态之下,运动员表现为对自己的运动能力产生怀疑,同时,动作也表现得呆板、缺乏灵性,睡眠质量下降,没有食欲。这种状况一般是由于过往的比赛中表现不佳或自身期望与现实落差较大,从而形成了缺乏自信心的状态。

3. 虚假自信状态

虚假自信是心理上的恐惧和认知上的片面性的反应,主要表现为话语强硬,但是内心却缺乏自信。教练员要善于引导和教育,认真地分析运动员的心理特点,端正其比赛的态度,从而使其能够正确地认识自己,把自身放在正确的位置上,从而有针对性地进行相应的心理调节。

4. 想赢怕输的不良心理状态

这种“怕”的情绪,可归因于自信心不足,害怕自己发挥不好从而影响到比赛的胜负,害怕失误的出现,得失心较重,但是对于克服困难的对策很少进行考虑,在比赛过程中表现为反应迟钝,决策不够果断等。

（二）比赛心理障碍训练

1. 比赛心理障碍

紧张和焦虑是一种正常的心理现象,进行适当的心理调节就能得到很好的调整。但当比赛进入胶着状态时,运动员会经常出现一些身体的不适应,导致动作不规范,常出现的现象有以下几种。

（1）在面对对方球员时产生侥幸心理,从而出现一系列错误判断,导致攻防中失误的产生。

（2）面对对手产生恐惧心理,对于自身丧失信心,如面对对方强悍的内线防守而缺乏投篮的自信,丧失斗志。

（3）面对实力比自己弱的球员时或没有做好相应防守准备的球员时,为了增加自身的气势而戏弄对方。

（4）在比赛中,对于每一个动作都斤斤计较,认为自己没有犯规或对方有犯规动作而耿耿于怀,对比赛造成影响。

（5）一路领先的情况下,当关键时刻落后于对方后,就以为没有机会赢球,产生不想打下去的心理。

（6）关键球失误或者是比赛的最终失败导致信心的丧失。

（7）在比赛中急于求成,不求稳胜。

心理障碍有很多种,信心不足、过于紧张、过于兴奋等都对比赛不利,因此,在进行心理训练时,应针对不同的心理障碍采用专门性心理训练。在训练过程中应针对不同的心理障碍,分别训练他们学会自我放松调节、集中注意力的调节和进行自我控制,提高运动员的心理素质,更好地发挥其心理优势,树立克服心理障碍的信心。

2. 心理准备训练

这是一种通过了解竞赛双方的情况和运用模拟训练等帮助运动员做好参赛心理准备的训练方法。

（1）一般准备。预先了解对方各种与竞赛有关的静态资料。了解本队队员的心理活动情况,说明竞赛规程,确定竞赛目标和阐述参赛意义,做好心理上的准备。

充分了解双方的打法风格和战术特点,在此基础上制订具体完善的赛前心理训练实施大纲。应明确对方球队可能采用的战术以及相应的心理状态,然后针对其这方面的特点进行战术部署,并制订相应的心理训练内容,形成一定的心理默契。如能正确掌握其战术意图、心理倾向,就能够建立积极的心理影响,从而在比赛中处于主动的地位。

（2）模拟训练。赛前的模拟比赛,尤其是心理方面的模拟比赛训练是很重要的。在模拟比赛中,不仅能够在近似于比赛的环境中提高足球运动员的动作技术和战术水平,还能够提高运动员在比赛中的心理适应能力,提高运动员的心理能力。在模拟比赛中,应着重训练队员对比赛形势的心理适应性,提高彼此的心理配合度和心理调节能力。模拟比赛中很多运动员都会暴露出相应的心理问题,应有针对性地予以纠正,并加强训练。足球比赛是集体性比赛项目,但是关键球员发挥的好坏将在很大程度上决定比赛的胜负,因此,对于关键球员应予以充分的心理训练。

3.心理调节训练

在比赛之前,应积极进行心理调节训练,保证积极良好的心理状态,其主要的手段有如下几方面。

(1)心理自我调节。运动员采用最舒适的放松姿势,按一定的放松和动员套语,促使肌肉放松,调节植物性神经系统机能,以缓解赛前过度兴奋、动机过强、神经高度紧张等不良心理。

(2)重现最佳技术动作表现。在比赛之前,运动员可通过在头脑中再现自己的最佳技术动作表现,来使自己保持高涨的情绪,促进用力感的加强。

(3)活动训练调节。活动调节是一种良好的心理调节方式。如果过分紧张,可采用强度小、幅度大、速度和节奏慢的准备活动;如果赛前兴奋性不高,则采用幅度小、强度大、速度快和节奏快的活动进行调节。

(4)转移注意力调节。在比赛之前,通过各种文娱活动来转移自己的注意力,从而使得心理得到放松。

(三)赛中心理控制的方法

在比赛的相持和决战阶段,由于处于比赛的关键时期,因此这一时期运动员的心理压力较大,思想上的包袱过于沉重,从而导致思路狭窄,在比赛中可能出现意想不到的失误和错误。另外,由于竞争的空前激烈,运动员的情绪也高度紧张,很多运动员出现逃避心理和怕负责任的行为,从而导致进攻中无人勇敢站出来,使比赛陷入被动局面。比赛中心理调节的方法有以下几方面。

1.呼吸调整

当运动员过度紧张时,会有胸闷气短的感觉,呼吸会变得急促,这时可采用呼吸调节法来消除紧张的心理状态。具体方法为吸气时肌肉紧张和呼气时肌肉放松相结合。

2.自我暗示和自我松弛

(1)自我暗示。如果在比赛中出现情绪起伏较大、情绪不稳定等情况,可采用自我暗示的方法通过默念"我必须沉着、镇静""我感觉很好""这个动作我能完成好"等来稳定情绪。

(2)自我松弛法。在比赛前,足球运动员可通过放松躯体肌肉来放松紧张心理。其方法主要有:排除杂念,意念集中,做深呼吸,自信地微笑,以及从头部开始放松全身肌肉。

3. 注意力集中

在比赛中应保持高度集中的注意力，但是当出现各种刺激时，运动员可能会出现注意力转移，并出现不良的情绪变化。这时运动员应排除外界刺激，把注意力完全集中于将要完成的比赛动作上去。

4. 思维阻断

当运动员情绪紧张由消极的思维引起，并被自己察觉时，应采取积极的思维来阻断消极的思想意识。通过这种方式，能够使得自己快速从不良情绪中摆脱出来。

5. 自我宣泄

在球场上，当运动员紧张过度时，可通过一些自我宣泄手段来进行缓解，达到情绪的稳定，如可通过跺脚、呐喊、握拳等方式来进行自我宣泄。

6. 教练员榜样

教练员具有一定的榜样作用，当运动员投来探寻和求助的目光时，其应通过相应的语言、动作、表情等来传递相应的信息，给予其一定的鼓励，增强运动员的信心。如果教练员表现出消极的言行，则会传达给球员，从而使得球员丧失斗志。

7. 临场语言指导

在中场休息和暂停时，教练员应通过语言指导来调节运动员的情绪。例如，当运动员较为紧张时，其语言应风趣、幽默；当运动员大意时，教练员应严肃；当运动员情绪低沉时，应积极进行鼓励。

（四）赛后心理恢复的方法

运动员赛后的心理恢复是多方面的，其方法仍然是心理训练的基本方法。在恢复过程中，要充分结合身体、技战术等方面的恢复措施，进行有针对性的恢复既要全面又要突出重点。

1. 赛后消极情绪的解除

比赛过程中的各种运动情绪会随着比赛的结束而逐渐消失，但是，很多运动员的比赛成绩在比赛结束之后还会继续保持，如在比赛失败之后，相互推卸责任并迁怒于他人；又如因比赛的胜利而沾沾自喜，得意忘形等。这些消极情绪对于高校足球运动员的发展和水平的提高都会产生不利的影响。因此，在比赛结束之后可采用转移注意力、放松和改变认知等方法，积极调整运动员的消极心态和情绪。

2.赛后自我形象的修整

在比赛过程中,运动员的形象会随赛场的形势而发生相应的变化,在胜利时容易产生自负的情绪,从而美化自己,夸大自己;当失败时会造成自我的歪曲,缺乏客观、真实的自我评价。另外,在比赛中的关键时刻具有良好和突出的表现则能够使运动员形成良好的自信心和积极的心态,从而在以后的比赛中会表现出更多的积极性,完成自我形象的完美提升。

赛后的形象修正在于恢复和提升自己,消除不真实的成分,清楚地认识自身的优点和缺点,并进行积极的发扬和抑制。运动员的自身形象也是不断发展和完善的,应形成积极、向上的良好心态。常用的训练方法有想象演习法、想象训练法等前者为整个自我形象的内心表演过程,后者是对形象中的个别成分进行修复训练。

总而言之,高校足球不仅仅是体力、技战术方面的较量,同时也是心理方面的相互竞争,运动员应该充分地重视心理训练,在比赛中形成自我的调节和控制,这是高校足球运动员必须具备的心理素质,否则,在比赛中将会陷入被动的形势。

三、足球运动员心理问题及其矫正

(一)训练厌倦及矫正

对于训练厌倦的高校足球运动员,往往会厌恶和恐惧足球训练,对督促他们训练的父母和教练员有严重抵触情绪,每到训练时就感到心烦意乱和焦躁不安,他们不仅训练时不能集中思想听课,而且常常用逃避训练的方式来摆脱这种厌恶感,因此往往训练效率很低。训练厌倦的矫正可采取以下方法。

1.适度强化训练动机

教练员要用成功的案例和个人对社会的责任来教育足球运动员,将努力学习、训练和不断进取从客观需要转化为足球运动员的主观需要。要为足球运动员创造一个良好的学习训练环境,对他们的期望要适度,要让他们体验学习的快乐,处理好学习与训练的关系,有进步就表扬,而表扬应以精神鼓励和爱的关怀为主。

2.树立理想和目标

教练员要指导和帮助足球运动员建立有层次的目标系统,目标应由小到大鼓励他们的学习训练热情,从而逐步向理想目标迈进。

(二)挫折心理及矫正

足球运动员在生活、训练中经常会遇到各种矛盾,从而使自己的心理状态很不平静,使自己的心理发展带有明显不稳定、多变化和动荡的特点,极易遭受挫折。在这种情况下,足球运动员如果得不到教练员的理解与抚慰,往往会产生严重后果。对此,无论是在家庭,还是在运动队,都应该及时进行挫折教育,帮助他们克服挫折心理。

1. 家庭教育

对于家庭教育来讲,总的原则应该是严格要求、因势利导与创造力相结合。既严格要求,又讲民主;既进行世界观、人生观、理想与目标的教育,又要注意在日常生活中培养其良好习惯,提高动手和动脑能力,磨炼意志。在家庭教育的过程中,父母一方面应该成为高校足球运动员的朋友,成为他们心理矛盾的直接疏导者。对高校足球运动员失衡和动荡的心态,父母应用亲情和爱心去抚慰,使他们在心理上获得安全感,以克服挫折感。另一方面,父母也应该及时而有度地给高校足球运动员一些独立锻炼的机会,让他们一定程度上尝试错误、失败、小坎坷,从而增强他们对挫折的承受能力。

2. 球队教育

就球队教育来说,高校俱乐部作为高校足球运动员长期训练的所在团体,应该是对高校足球运动员进行挫折教育的重要基地。一般而言,挫折教育可以通过以下途径来开展。

(1)加强人生观教育和生活管理。加强人生观教育,有利于高校足球运动员正确认识社会,以及妥善处理理想与现实的种种矛盾和冲突,从而正确对待成长过程中的坎坷和挫折。同时,加强对高校足球运动员日常生活的管理,丰富俱乐部文化生活,这有利于他们的身心健康发展。

(2)开展多种形式的挫折教育。可以开设有关挫折教育的课程和讲座,使高校足球运动员能够系统地了解挫折情境、挫折认知、挫折反应、挫折防御、挫折疏导等有关挫折的基本知识,提高挫折意识,增强应付挫折的信心和能力。俱乐部还应有目的地组织高校足球运动员参加各种社会实践活动,培养他们自己动手解决实际困难的能力。

(3)创设挫折情境,提高对挫折的承受力。为高校足球运动员设置一定的挫折情境,培养和锻炼一些诸如强烈的好奇心、广泛的兴趣、刻苦勤奋的精神、坚定的信念等良好品质,这对于高校足球运动员在学习和生活中战胜困难、克服挫折具有重要的意义。采用的具体形式如下。

1)以榜样的力量影响高校足球运动员。高校俱乐部应以丰富多样的形式,宣传爱国主义思想,学习国内外优秀的足球运动员,这对高校足球运动员克服挫折具有潜移默化的作用。

2)通过影视艺术预演挫折情景。一部优秀的影视片能够教育一代甚至几代人,因此,影视艺术是预演挫折情境的有效途径。

3)创设并演练真实的挫折情境。高校俱乐部创设真实的挫折情境,如军训、徒步远足训练、野地生存训练等,让高校足球运动员去亲身体验,这对于磨炼他们的意志,培养良好的心理素质,以及适应挫折环境具有一定的促进作用。当然,这种训练的内容和环节应从实际出发,贴近高校学生的特点,不能主观设想,以避免高校足球运动员因身体不适或其他原因不能坚持而中途取消。

4)放手让高校足球运动员独立处理生活中的挫折事件。在日常生活、学习和社会交往中,高校足球运动员不可避免地会遇到令人烦恼和沮丧的事情,进而引起他们心理上的不安和压抑。在高校足球运动员可承受的情况下,教师可让高校足球运动员独立处理一些事情,让他们学会释放心理压力,并从独立处世的过程中,体验克服挫折的过程。

3. 提供心理咨询与服务

建立健全心理咨询和心理辅导机构,帮助高校足球运动员进行心理疏导,引导他们分析自己的智力和性格特点,改进学习方法,正确评价自己和正确对待他人,掌握人际交往的知识,建立良好的人际关系,合理处理爱慕与学习、友谊的关系,以便遇到困难和挫折时能够运用自我调节的方法减轻心理压力。

（三）猜疑心理及矫正

猜疑心理通常表现为过分敏感,常将他人无意或友好的行为误解为故意或轻蔑,表现为思想行为固执、古板。足球运动员猜疑心理的形成,与他们的生活环境密切相关,如家庭中遭到遗弃、虐待、专制、忽视、溺爱,以及训练中不当的批评方式等。猜疑心理会使足球运动员无端怀疑别人和无端自卑,对足球运动员造成了很大危害。猜疑心理可采取以下方法进行矫正。

（1）经常提醒自己不要陷入"敌对心理"的漩涡中。当教练员或队友讲话语气比较重时,足球运动员应理解为有可能教练员或队员碰到不顺心的事情,不要将自己与他们对立起来。

(2)懂得尊重别人。尊重是相互的,因为只有懂得尊重别人的人,才会受到别人的尊重。

(3)与他人交流要积极主动。尤其是当他人有困难时,足球运动员应该全力相助,这样足球运动员才能取得他人的信赖和友谊。

(四)嫉妒心理及矫正

在同他人做比较时,发现自己的才能、名誉、地位、境遇和外貌等方面不如别人,因此产生由羞愧、愤怒、怨恨等组成的复杂情绪状态,这就是嫉妒心理。嫉妒具有明显的发泄性,如果得不到及时阻止就会演变成嫉恨,进而失去理智攻击对方。嫉妒心理可采取以下方法进行矫正。

(1)对嫉妒的危害有所认识。嫉妒心理是不健康的,它对自己和他人均有危害。足球运动员矫治嫉妒心理,就要认识嫉妒的危害性。

(2)对自我要有客观的认识。足球运动员要认识到,在社会生活中,每个人由于主客观条件不同,相互之间会存在一定差异。足球运动员应该冷静正确地评价自己,找出与他人的差距,认识自我存在的不足,开拓自身潜能。

(3)克服自身的狭隘心理。足球运动员心胸狭隘与否,与他的思想修养、道德水平、文化素质、社会经历和性格品质有关。淡化自我、摒弃私念、开阔心胸、克服狭隘的自私心理,就不会产生无谓烦恼。

(4)注意人际交往。足球运动员长期缺乏情感沟通,就容易导致心胸狭隘,进而产生嫉妒心理。因此,足球运动员应该注意人际交往,开拓自己的生活空间,以避免嫉妒心理产生。

(五)自卑心理及矫正

自卑也是足球运动员经常会出现的心理问题之一。一般来说,运动成绩不理想和教练员和队友对自己评价偏低是自卑心理产生的主要原因,其中前者是根本原因。自卑心理可以采用以下措施进行矫正。

(1)对自己进行客观评价。每个人都有自己的长处与短处,不能因自己某些竞技能力方面有缺陷而怀疑自己的全部能力。因此,足球运动员不仅应该如实看到自己的不足,还要善于发现自己的长处。

(2)与别人进行合理比较。足球运动员不应该总是用自己的不足与别人的长处相比,而应该与环境和心理条件相近的人进行比较,这样他们才能清醒地认识自己的实际水平和自己在群体中的位置。

(3)正确地分析原因。足球运动员如果因为主观目标脱离实际而导致失败,那么调整目标即可;如果因自己努力不够或方法不对,改进即可;如果确因能力不足而致失败,则另辟蹊径即可。总之,足球运动员应该接受现实,容忍自己的不足,并通过其他方面的努力,扬长避短。

(4)进行适当合理的表现。足球运动员应该多做一些力所能及、把握较大的事情。哪怕这些事情很小,也不要放弃争取成功的机会,因为任何成功都能增强你自己的自信,从而走出自卑。

第三节　新时代校园足球运动员的群体凝聚力培养

运动团队凝聚力(sport group cohesion)是运动团体成员之间心理结合力的总体,是运动团体成员在目标、情感和行为上的整合力量,它深刻影响着体育训练效果和比赛成绩。研究中国新时代校园足球运动的可持续发展,离不开对新时代校园足球运动员的群体凝聚力的剖析与探索。

一、群体凝聚力概述

(一)凝聚力的概念

凝聚力起源于拉丁文,是联合合并的意思。对于这个词语的定义,在20世纪30年代就有一定的探讨,而且在相关学科里也有明确解释。凝聚力是团队成员心理精神方面的一股无形的力量,有了这股坚定的力量,就可以使团队人们的共同外部力量转化成为内部的强大力量。

在一个团队里面,一些人会产生一股莫名的力量,这股力量促使他们为了组织共同努力,为了同一个目标共同奋斗;有了这股力量,这些人们就团结在一起,这股力量被称为凝聚力。这就是最初人们对凝聚力的定义,这个定义是从群体成员的方面来解释的。有了凝聚力就有了共同的坚定信念,有了共同的坚定信念就会将群体成员的目标和力量都集中在一起,共同朝着一个方向坚持,这个力量,也就是凝聚力,属于群体的共同属性。凝聚力就是在团队中共同工作,共同在工作中为了一个目标努力,在工作中起着引领主导作用的力量。也就是说,不同的人对凝聚力都有着不同的见解,只是角度和立场不同,所以就会有不同的关于凝聚力的解释。总体来说,Carron等学者对于凝聚力的定义提出来的解释,相对来说是很全面的,关于它的解释,有三个不同的假设。

首先,作为属性,凝聚力可以从团队里面各个成员的反应来考量评价。其次,凝聚力可以不断团结群体内各成员,还可以让团队成员拥有共同的理念信念。最后,团队内人员对于全体的反应表现在团队共同的目的目标和团队的社会交际社会关系方面。通过这三个假设,可以产生四个维度,分别为群体任务吸引、群体关系吸引、群体目标相同和群体社交相同性。

除了以上四个维度以外,凝聚力还具有其他特性。

第一,凝聚力一直都是有变化的,是发展的,不是瞬间的,不是静止的,是跳跃的、活泛的,会随着群体的发展而产生不同的变化,具有不同的内容性质。

第二,凝聚力也是一种利用工具,群体里用这个力量来达到共同的目标。正是有了这个力量,才可以让群体产生并发展。

第三,凝聚力来源于人们的精神层面,具有主观情感,可以对群体的发展起到引领的作用。

因为之前的定义都没有清晰地指明凝聚力的定义方向,为了弥补这个不足,Carron 提出了一个关于凝聚力的解释的一般理论模型。这个模型涵盖了凝聚力的形成因素、产生结果和整体机构。形成因素包括四个方面:环境影响、个人原因、领导能力和团队整体质量。产生结果可以分成两个方面:整体产生的结果和个人产生的结果。这其中,不同的类别又受不同的细微因素影响和制约。

总体来讲,无论是大类别的影响,还是细微方面的影响,都是由团队个人的感知情感产生的,也是由于人的认知不同,才会有不同的凝聚力动力来促进群体的发展。

除了国外的学者对凝聚力有研究,我国的学者也对凝聚力有着不同的认识。其中我国的运动心理学者张忠秋觉得,凝聚力在运动群体里的作用是将群体成员的目的方向、个体情感和运动活动三方面整体团结起来。管理心理学学者卢盛忠等人认为,凝聚力是一种吸引力,能够吸引成员组成群体,成为整体以后又会使个人之间相互吸引。其他学者,如马启伟、张力为等人,对于凝聚力又有不同的认知,认为凝聚力是精神层面的总体结合;而且不单单是整个团体的凝聚力,还是个人的精神世界的力量。丁雪琴、殷恒蝉等认为凝聚力是掌控整个团队为了共同的目标共同奋斗的引领力量。管理学学者程正方等人也对凝聚力做了解释:群体吸引个体,个体之间互帮互助的程度和力量。

无论有多少种定义,在我国,都是以 Carron 的理论研究模型作为运动群体凝聚力的研究基础,这项研究又将凝聚力解释为:为了一定的目的,为了完成练习和达到比赛的结果,运动员自发主动地聚在一起,共同奋斗,不断努力达到奋斗目标的变化发展的过程。前后都是不同的关键注重点,前者是团队成员为了同一个目标共同奋斗的程度,后者是成员之间惺惺相惜,自动组队的程度。

(二)团队的概念

这里所说的团队,简单地说就是很多人聚在一起做事;复杂地说,就是不同的身份地位、不同的才艺本事、不同的学识成分的人聚在一起做事情的广大的独特的团队。团队里面的成员都是互帮互助、取长补短,有着相同的奋斗目标,有着共同的前进方向;同时又具有自己的决定和想法,并且为之行动的整体单位。

凝聚力的定义有着历史发展,同样地,团队的概念也有着不同的发展历史。

在经济学领域,学者 Alchain 和 Demsmh 在 1972 年发布了一遍关于企业的论文《生产、信息、费用与经济组织》,里面提出了对于团队的定义解释。首先确定了团队生产的定义,认为团队生产中,对于个人对团队效益的付出是没有办法清晰计算的,而且也不能以个人之间单纯付出的综合来计算。除了经济领域,人力资源管理领域也对团队做出了解释,认为工作团队要想优秀,就必须让团队成员全部有凝聚力、有创造力,自动自发地为了目标而付出行动。这同时也符合管理学里面对于员工之间相互协作和互相支撑的哲学思想。除了这两个领域对于团队定义的探索,美国学者乔恩对于团队也有自己的理解,在他的《团队的智慧》这本书里面,将团队做了进一步的补充完善,也让大家都认同的定义,即团队就是成员之间互补互助,为了共同的方向,同一个目的共同奋进的正式的群体组织。从体育领域来说,卡伦就曾说过,体育运动中的成员在相同的制度、相同的目的的引导下,共同完成运动任务的组织群体。

有了团队做基础，才能将成员之间的关系调动好，让成员更努力，更主动地利用组织的力量，来更加有效地完成团队的目标。团队想要成立起来，就必须将团队的精神世界确定好，这是国内外所有团队建设的重要基础。各种各样的团队建设的专家备受推崇，团队精神的魅力遍布世界各地，分布在社会各界各方。团队因为比较小体，相互间的凝聚力量更加强大，这就是团队和群体的不同之处，团队成员之间更加具有合作性。团队里面的成员必须相互合作，努力协作，但是群体不一样，群体不注重个体之间的通力合作。许多群体单位都需要建立团队，利用团队来实现目标，因为团队之间可以相互帮助协作，个体之间的技能也可以取长补短，这样各项机能都具备，互相帮助协作的群体能够更好地达到想要达到的目的。

团队有很多，类型也各式各样，团队大小也不一样。不同的团队具有不同的特点。纽约的学者汤普森曾经根据团队成员间对于信息资源的交换程度的不同，对团队的作业的相互依附性进行了三种区分：集合互依性、次递互依性和循环互依性。通过汤普森的进一步研究，方德万又对互依性做了进一步补充，就是协同互依性，共计四种互依性。这种互依性，就是指团体成员之间相互依存、相互帮助的程度，这种特性足以让团队与个体和小群体区分开来。根据团队任务的相互依存程度的不同，可以将运动项目团队区分为以下四大类别：几何形图案团队、次递型团队、循环性团队和协同性团队。

团队里面的成员就是团队角色，他们会在为了目标付出努力的时候带动成员之间的相互帮助和协作，这个过程中表现出来的活动和运动行为就是团队角色。成员之间的不同举动、不同地位都会对团队的成果有不同的影响，影响团队行为的活动能力和结果成效。团队里面的角色，可以从不同的方面来解释，首先，从人类社会学方面来说，角色是指具有一定社会地位的人的社会价值观、道德观，以及这个人的态度和行为运动能力的综合整体。与此同时，角色也是和个人的背景身份有关联的。其中 Linton 是这样解释角色的：个体在社会地位和社会身份中所表现出来的并且与他的身份地位相匹配的行为。从心理学的方面来分析，Bide 又将角色解释为：由于自身的身份地位，想要达到相对应的目标，为了达到目标采取行动的过程中的反应，同时团队里面的任何一个成员的身份地位都是需要有其成员自身的期望的。同时，成员之间的身份地位不同，成员的性格情感魅力也不同，对个人自身的个性的预期就是角色的定义。

二、影响新时代校园足球运动员团队凝聚力的因素研究

(一)团队凝聚力量表的信效度检验

1.团队环境问卷效度检验

通过群体环境问卷,可以更加广泛、更加全面地了解体育运动领域中团队凝聚力的问题,并继续加强或者改进。群体环境问卷(GEQ)注重的是成员自身对于团队凝聚力的自身感受,主要包括两大方面。一是成员是否能被团队力量所吸引;二是成员是如何看待整个团队的。这两个方面又可以单独划分为两个方面。一个是任务;一个是社会关系,即社交。因而也会产生四个维度:团队任务吸引(ATCT)、团队社交吸引(ATGS)、团队任务一致性(GIT)、团队社交一致性(GIS)。第一个维度指的是运动员对其所在的团体的任务、行动和团体任务目标的感受认识;第二个维度是指团队成员在团队内做的活动和主动参与行为想达到目标的程度,及成员在与整体接触过程中的感受;第三个维度就是指成员对自身的认知,与整体任务的共同点和联通点的感受认知。

2.团队环境问卷信度检验

通过对团队环境问卷进行同质性信度检验发现,团队环境问卷(GEQ)科隆巴赫 α 系数为 0.862,团队社交吸引(ATGS)、团队任务一致性(GIS)两个分量表 α 系数为 0.869、0.857,Cronbacha 值大于 0.70 时,属于高信度(下同),而团队任务吸引(ATGT)、团队社交一致性(GIS)两个分量表 α 系数为: 0.460、0.406,可能是量表题目较少、样本含量等原因导致信度系数较小,依 $0.35 \leqslant$ Cronbacha 值 <0.70 时,属于尚可。研究者认为其信度可以接受。

综上所述,团队环境问卷具有较好的信度和效度,所测得的数据资料可以用于研究。

(二)青少年足球运动员群体凝聚力综述

团队的凝聚力是区分整体体系的特殊性质,是团聚、联合、黏结的属性。足球运动队想要打赢比赛,就需要队内的运动员共同努力,一起接受足球训练,一起承受比赛压力,这样才能达到共同的目标。足球运动员的实际运动说明,除了队员的球技和踢球策略以外,队员们的凝聚力对于球队的成绩起着非常重要的作用。足球运动是多人协力合作才能完成的,球员之间相互

配合才能达到最终目的、完成比赛,这就体现出了凝聚力在球队中的重要作用,无可替代。

单因子多因素方差分析方法主要对一个自变量、两个以上因变量的检验起着很重要的作用,这里的因变量是一直变化、持续改变的;自变量为类别变量,是一个时段一个时段的变化,属于间断变量。采用单因子多因素方差分析法,可以对不同年龄段、不同的性别和不同训练程度的青少年足球运动员进行群体凝聚力的考量评价;同时也可检验凝聚力四个不同维度上是否有差异,存在的差异性是否达到显著水平。

检测结果表明,我国青少年足球运动员的群体凝聚力较高,男子运动员的凝聚力比女子高。随着年龄增长,青少年足球运动员的凝聚力先升高后下降,在 15~16 岁达到最高值;在训练年限方面,3~4 年训练年限的运动员凝聚力最高。

三、新时代校园足球运动员的成就动机研究

成就动机(achievement motivation)就是说在完成任务的同时,想要全力达到目标的精神思想上的动力因子。也就是指个体愿意去做、自愿去做,并且认为所做的事情有价值有意义,为了达到事情的目标而做出全部努力的一种无形的推动力量。成就动机被奥伦特凯(T. H. Ollendick,1977)归纳为:"在广阔的环境背景中想要达到完美结果的期望和目的。"麦克里兰(Mcclelland)和阿特金森(Atkinson)也对成就动机做了新的解释:"在拥有相对完善的标准的竞争当中对成功的高度重视。"另一名学者罗森也有新的观点:一个人如果有野心胜过其他人,这个心愿就是它的成就动机。

想要达到个体的成就动机,必须依靠两种稳定的倾向,这两个倾向就是希望成功、害怕失败。这两个倾向想要共同起作用,就需要有特定的成就来对个体进行引导,这个指引者就是成就动机,也就是害怕失败、希望成功的结合体。如果比起害怕失败,更加希望成功的话,个体就会选择容易完成的任务,去达到希望成功的期许;相反,害怕失败大于希望成功的时候,个体就会选择比较困难的任务去执行,这样就算失败也可以归咎于任务难度大。前者就是为了成功,由成功支配;后者主要受控于失败。当两者趋于平衡的时候,个体就很难做出决定,犹豫不决。

1980 年,日本的心理学家松田岩男和他的同行组成了特别的组织团队,对于运动动机测试表进行了专业的研制工作。经过 3 年对运动动机测试表的内容、方式方法和信度等进行标准程序化检验,松田岩男等相关组织将这项测试表应用到了各种不同类型的运动项目当中去。我国的叶平在《运动员的运动成就动机的差异》中测试了体育专业的学生和专业的体育运动员,并且从运动员的不同性别、不同的运动项目类别和运动员的不同运动水平方面进行了分析,得出了不同的运动技能竞争动机的特点。刘志云在《我国少年足球运动员的成就动机特征及模式》中,特别讨论了青少年足球运动员的成就动机的特点,并且根据不同等级的划分标准,阐述了不同的成就动机模式。同时,宋全征在《我国优秀田径运动员运动动机的量化研究》中,对比了不同性别和不同技术等级的运动员。结果显示不同运动员之间具有不同程度的差异。

从运动项目类别来看,足球运动需要团体合作才能完成,需要成员之间互相协作,有共同的成功愿望,运动员都是怀着成功的期望来进行比赛,有了这个愿望,才能更好地投入,全身心地、自主自动地进行比赛。各项研究表明,具有较高的成就动机的个体,无论从事何种工作,都具有高度的求胜心理,也都希望去完成高难度的任务,这样的个体会积极主动地去工作;而且,这种个体认为成功与否都是取决于个体本身能力强弱程度。所以当他们面对失败的时候、面对困难的时候,都会表现得更加坚强、坚定,这样的运动员正是我们想要的。

(一)运动员成就动机量表的信效度检验

1. 运动员成就动机量表的效度检验

采用成就动机的问卷调查,可以有效地得到运动员对于比赛和训练的渴望成功的内部动力因子。此处采用的是杨勇修订的《运动成就动机量表》,通过这个量表来检验运动员的成就动机。此量表共涉及 23 个项目、2 个分量表。项目用来测量成就动机,分量表用来测量避免失败动机。追求成就动机就意味着不断坚持奔向目标;避免失败动机意味着并不参与成就行为,全力脱离失败。可以运用 Likert 5 点(从"非常同意"到"非常不同意")量表进行评分。

经过专业的运动教练和足球专家的研究,并配合多位心理学博士和专家的意见,可以得出结论,那就是运动员的成就动机问卷,对于青少年足球队伍的研究与使用也同样具有作用。采用 AMOS 17.0 对运动员的成就动机调查问卷进行深度研究,通过验证结果可以得出如下结论。

从验证性因素分析的结果来看,卡方自由度比值(χ^2/d_f)小于 3 表示模型适配度良好;运动员成就动机量表测得的值为 2.171<3,表示模型适配良好。PGF1 的值大于 0.5,其他指标 AGF1、T11 的值均大于 0.90。有个别值(GFI=0.881、CFI=0.854、IFI=0.871)略小于 0.90 但也都非常接近 0.90,RMSEA 值为 0.079,小于 0.08,可见虽然模型拟合程度未达到特别理想程度,研究者认为模型尚可以接受。另外,评价测量模型的主要指标还包括每个观测变量在潜变量上的负荷。分析每一题项的因素负荷发现,每个观测变量在相应潜变量上的负荷在 0.48 ~ 0.73,说明每个观测变量对相应的潜变量的解释较大。

纵观以上指标,得出运动员成就动机问卷的双因素模型结构得到了数据的验证,基本上处于可以接受的范围。

2. 运动员成就动机量表的信度检验

对成就动机问卷进行同质性信度检验,其结果可以看出,AMS 科隆巴赫 α 系数为 0.766,其中追求成就动机(M_s)、避免失败动机(M_f)两个分量表 α 系数分别为 0.871、0.849。依 Cronbacha 值,当不小于 0.70 时,属于高信度。

综上所述,成就动机问卷具有较好的信度和效度,所测得的数据资料可以用来做研究使用。

(二)成就动机研究分析

1. 成就动机的总体情况概述

可以看出,我国青少年足球运动员在成就动机两个维度的得分,追求成就动机(M_s)的得分(3.89)比避免失败动机(M_f)的得分(2.74)要高。这说明我国青少年足球运动员对取得成功具有更稳定、更长期的兴趣,追求成功的动机高于回避失败的动机。通过不断研究得出结论,成就动机和人的胜负欲望是相通的,也就是说一个人的胜负的预估水平如何,关系着成就动机的水平。通常来讲,成就动机越强,想要做的事情越难,这是因为越难的事情越具有挑战性,也更能满足这个人想要成功的心理。

成就动机是一个社会性的动机系统,比较复杂,不但具有较深的人格特质成分、价值观念成分,而且还有原因方面的情景性成分,因为成就动机的构成比较复杂,所以,造成了成就动机的复杂性。就培养成就动机而言,首先应该在科学理论的指导下;其次需要结合有效的自我监控和行为指导,通过系统安排适宜于不同层次成就动机的具体训练,使人看到自己的进步,并且体会到努力后的成就感,通过成功唤起个体情感的积极反应,才能从根本上改善其成就目标、成就行为及其结果。

2. 不同性别的成就动机分析

不同性别青少年足球运动员在追求成就动机(M_s)($F=3.14,P=0.077>0.05$)未见显著性差异;避免失败动机(M_f)($F=5.09,P=0.025<0.05$)达到显著性差异,这说明在追求失败动机维度上不同性别青少年足球运动员存在显著性差异。可知,女运动员的避免失败动机的得分(2.85)比男运动员高(2.66)。根据成就动机得分公式(成就动机得分=M_s分量表的得分-M_f分量表的得分),得分越高,说明成就动机水平越高。

所以,我国青少年足球男运动员的成就动机比女运动员高。这一结论与叶平(1997)的结论是一致的,在性别差异方面,男运动员的获胜愿望高于女运动员。造成这种差异的原因是多方面的,包括生活条件、教育水平、家庭背景等各种因素的影响。自古以来,我国对于男女地位就有着不同的看法和偏见,更多的是重男轻女,认为男性是家庭的主导者,是支撑者,是家庭经济的主要来源,因此更加强调男性工作的重要性。相反,女性多为相夫教子,对于事业不是十分看重。因为男女的社会地位不同,对于男女的要求也不一样。比如男性更勇敢,女性更温柔,男性更容易突破困难,更容易成功。女性避免失败的得分要显著高于男性得分,是性别角色的刻板印象、性别歧视以及性别角色社会化等种种社会力量共同作用的结果。

3. 不同年龄的成就动机分析

从分析情况来看,运动成就动机的不同维度随着年龄的增长表现出不同的变化特点。其中追求成就动机(M_s)随着年龄的不断增长,得分(U-15=3.96,U-16=3.91,U-17=3.88,U-19=3.74)逐渐降低,而避免失败动机(M_f)随着年龄的不断增长得分(U-15=2.86,U-16=2.73,U-17=2.63。U-19=2.77)呈现先降低后升高的变化特点。

4. 不同训练年限的成就动机分析

根据青少年足球运动员参加足球专业训练的时间长短将其分为三个组别:第一组为训练1~2年组、第二组为训练3~4年组和第三组为训练4年以上组。为研究不同训练年限我国青少年足球运动员成就动机之间的差异,运用单因子多因素方差法(MANOVA)对不同训练年限的青少年足球运动员成就动机情况进行统计分析。结果显示不同训练年限青少年足球运动员在成就动机方面未见显著性差异（Wilkslambda = 0. 983，F (4. 694) = 1. 474，P = 0.208 > 0.05）。

总之，青少年足球运动员随着训练年限的增加，运动成就动机未发生显著性变化。因此，运动训练年限尚不是一个检验运动成就动机差异的变量。

第八章

校园足球可持续发展研究

第一节　校园足球可持续发展的背景与意义

一、高校校园足球可持续发展的背景

（一）高校校园足球可持续发展的研究背景

1. 校园足球是培养足球后备人才的有效途径

足球运动作为世界第一大运动，在我国长期受到广泛的关注和喜爱。"党的三代领导集体和以胡锦涛同志为总书记的党中央十分关心足球运动的发展"，现任国家主席习近平更是多次在不同场合表达了对足球运动的喜爱，提出"中国世界杯出线、举办世界杯比赛及获得世界杯冠军是我的三个愿望"。2015 年 2 月，中央全面深化改革领导小组第十次会议审议通过的《中国足球改革发展总体方案》（国办发〔2015〕11 号），在国家层面明确了足球发展战略，从全面建设体育强国、促进体育产业健康发展、增强国家软实力和满足人民群众精神文化生活需要等多个方面提出了改革思路。这其中全国高校校园足球活动（以下简称"校园足球"）作为"扩大足球人口规模、夯实足球人才根基、提高学生综合素质、促进青少年健康成长的基础性工程"，具有举足轻重的地位。纵观国外足球发达国家，其足球后备人才培养无不高度重视足球运动的普及和提高，而通过学校来普及和推广足球运动，培养全面发展的足球后备人才是一条切实可行的途径。但足球运动的复杂性以及人才培养的长期性和低成才率，则需要校园足球科学发展，持续进行。

2. 校园足球是推进阳光体育运动开展的有效载体

高校学生体质与健康是我国建设人力资源强国和实施人才强国战略的重要基础。但自 1985 年以来,我国共进行的 8 次全国学生体质与健康调研结果来看,形势严峻。第 6 次(2010)全国学生体质与健康调研报告显示,我国"中小学生身体素质下滑趋势开始得到遏制",但是学生体质与健康状况仍然存在以下 4 个方面的主要问题:一是"大学生身体素质继续呈现缓慢下降趋势,但降幅有所减缓";二是"视力不良检出率继续升高且出现低龄化倾向";三是"肥胖和超重检出率继续增加";四是"龋齿患病率出现反弹"。为切实改善学生体质健康水平,树立"健康第一"的指导思想,2006 年 12 月 20 日,教育部、国家体育总局和共青团中央共同下发了《关于开展全国亿万学生阳光体育运动的决定》(教体艺[2006]6 号),从 2007 年开始,在全国各级各类学校中广泛、深入地开展阳光体育运动。但在阳光体育运动具体实施过程中,也遇到了多方面的困境,如活动形式单调,学生兴趣不高;场地、经费、师资不足等。截至 2014 年年底,全国已有 49 个国家级布局城市,3 个试点县,11 个省的 82 个省级布局城市,注册人数 191766 万人,近 6000 多所大中小学的 270 万名学生参与其中,然而要想通过足球运动改善学生体质健康水平,并不是一朝一夕之事,需要广泛普及,长期坚持。

3. 校园足球实现可持续发展需要科学决策和严格执行

校园足球是在我国足球后备人才严重匮乏和青少年体质与健康状况连续 20 多年下滑的背景下开展起来的,且作为"阳光体育运动"的有效载体和补充,其指导思想是"以增强学生体质,培养青少年拼搏进取、团结协作的体育精神为宗旨,通过广泛开展校园足球,建立和完善小学、初中、高中和大学四级足球联赛,在青少年学生中普及足球知识和技能,形成校园足球文化,从而培养全面发展、特长突出的青少年足球后备人才"。从活动的指导思想可以看出校园足球的开展最终想要达到两个主要目标:一是增强学生体质,二是培养全面发展的足球后备人才。校园足球的开展背景和发展目标决定了它将是一个复杂的系统工程,需要多方协作长期坚持,并非能一蹴而就。因此,高校校园足球的开展,要加强顶层设计,科学决策,并严格执行,而要做到科学决策,综合评价是前提,是科学决策的一项基础工作,可以说,没有评价就没有决策。

（二）国内外校园足球可持续发展的研究

1. 足球发达国家后备人才培养的模式与途径

足球发达国家后备人才培养的主要模式和途径可以归纳为三类：一是以足球职业俱乐部后备梯队为主体的培养模式；二是以学校足球为主体的培养模式；三是职业俱乐部后备梯队和学校足球相互结合的培养模式。现将以上三种足球后备人才培养模式的基本做法归纳如下。

（1）以职业俱乐部后备梯队为主体的培养模式，这类培养模式代表性国家有荷兰、意大利、西班牙、巴西等。就拿荷兰来说，人口1600余万的国家共有注册足球俱乐部7635个，注册运动员96万余人，职业足球俱乐部都有自己的青少年训练系统，很多还建立了青年足球发展中心，国内各年龄段比赛体系完善。各俱乐部有自己专业的球探从国内外的青年联赛中挑选优秀人才，选拔时更看中的是球员对足球运动的理解力和创造力，而不是技术和身体素质。荷兰阿贾克斯俱乐部作为全球著名的"足球星工场"，多年来培养出数名享誉国际足坛的巨星，它成功的秘诀在于通过严格激烈的竞争机制将俱乐部认为不适合发展的球员淘汰出局并很快补充"新鲜血液"，在日常通过科学的训练和高水平的比赛来提高球员的竞技水平，通过不断地向优秀球队输送年轻球员来达到盈利目的。这些以职业足球俱乐部培养后备人才为主的国家的共同点是国内足球职业联赛竞技水平很高，各层次足球俱乐部的数量非常多，后备梯队建设较完善。

（2）以学校足球为主体的培养模式，这类国家以我们邻国韩国和日本为代表。韩国是亚洲最早实行足球职业化的国家，1983年经过3年的精心准备正式推出了足球职业联赛。韩国外交的亲德政策使其球队技战术特点和比赛风格继承了德国足球严密的组织纪律性和顽强拼搏的团队精神等优良传统。从1986年以来已连续9次进入世界杯足球赛决赛圈，2002年成功闯入4强，更是创造了亚洲球队世界杯足球赛最佳战绩。韩国足球之所以能长期保持较高水平，与其较完善的学校足球高水平运动员培养体系是分不开的，韩国建有从小学至大学完备的4级足球联盟，每个联盟都有各自的训练和竞赛体系，这一体系已持续了40余年。其学校足球的总体发展目标也日益与国际接轨，提出"发展学校足球文化，培养品德与技能兼备的高素质国际型足球人才"。日本足球水平的迅速崛起近年来有目共睹，其职业化联赛的推出仅比我国提前1年时间，但却取得了骄人成绩。日本已故前足球协会会长长沼健曾指出:"日本足球的目标是保持亚洲第一地位,追赶世界最高水平。为了实现这个目标,就必须全力地、持之以恒地培养青少年足球运动员。"一语道破了其成功之道。日本青少年运动员的培养以学校为中心,各类学校足球联赛开展得如火如荼,已形成了以大学为龙头,中学、小学共同构成的学校足球竞赛体系,比赛的吸引力和受关注度非常高。

(3)职业俱乐部后备队和学校足球相互结合的培养模式,这类代表性国家有德国、英国等国家。德国足球后备人才培养的主要路径是学校足球、职业俱乐部梯队以及"天才球员发展计划"。德国足球20世纪90代初期水平一度下滑引起了外界的担忧,足协很快意识到了问题的严重性并加以改革,制订了有利于青少年运动员的培养计划。该计划就是将俱乐部和学校有机结合起来,接收职业俱乐部的青少年运动员到学校中就读,这些青少年上午在学校上课学习,下午到各自所属的俱乐部进行足球训练。这样做的目的就是为青少年创造一个更优越的个人发展环境,使希望认真学习并愿意参加足球训练的青少年集中,做到提高学习成绩和足球水平两不误。德国足协的"天才球员发展计划"从1998年开始通过两方面来改善天才球员的发展系统,一方面就是充分利用职业足球俱乐部雄厚的资金优势加大对后备梯队培养的投入力度,足协要求球队必须建立自己的竞训中心并有相应的人员配备和基础设施;另一方面,在全国范围内筛选和培养天才球员。英国作为现代足球运动的发源地,早前各俱乐部在后备力量培养方面的方法各不相同,从而导致培养的青年球员素质和技术水平参差不齐,青训工作收效甚微。从1983年开始推出了一项新的青训计划,改变以往各家俱乐部标准不一的训练计划,推出了一套适合各俱乐部共同开展的新的青训计划,保证人才培养的系统性和连贯性。在学校足球开展方面,截至2010年,共有32000所学校开展足球运动,高达58%的高校男生都踢足球,通常由学校来承办各类青少年足球比赛。

2.我国校园足球运动发展研究

高校校园足球后备人才是足球运动发展和提高的"塔基",没有相当数量的后备力量,足球发展将成为纸上谈兵。国内学者针对我国足球竞技水平长期得不到有效提高做了大量研究,其中针对高校足球运动发展的研究占据了相当的数量。我国自1992年开始足球管理体制改革,1994年正式启动职业化联赛,至今已有20多年时间,20多年间青少年足球人才数量不升反降,据有关方面统计,职业足球联赛初期,在中国足协注册的青少年运动员数量最多,达到65万人,20世纪末期略有下降,为61万人,到了2005年,仅有18万人,到2006年,仅剩5万多人,2010年更是有国内网站爆出在中国足协注册的青少年足球运动员仅剩7000人。造成这一现状的原因客观理性地说应该是多方面的,但主要原因可以归结为职业足球改革后,青少年足球后备人才培养体制在其培养过程中出现的偏差。

将阻碍我国高校校园足球后备人才培养的因素分为三类:训练因素、管理体制因素和社会因素。以下将分别对这三类因素加以论述。

第一类制约因素即训练因素。可以归结为以下三个方面。

(1)训练理念落后。训练理念是指导训练实践的指南,若没有正确、先进的训练理念,其训练实践便是一种低级、重复的活动。"张庆春(2007)认为,我国足球落后主要是由于后备人才培养的落后,而后备人才培养落后主要是由于训练理念落后,因而在我们的校园日常足球训练中,单个技术动作的重复练习,无对抗、无球、无明确训练目的的练习经常有之,这些都违背了现代足球的运动规律。一个球队的成绩取决于队员的"体能、竞争性技术、足球智商、心理因素、团队精神及配合"等五个方面的全面发展,要想提高成绩,就需要以先进的训练理念结合这五个方面长期做努力。

(2)校园足球训练大纲执行不力。训练大纲是按照高校学生身心发育特点和足球成才规律所编写的根本性规划,对各个年龄段的训练内容和应达到的标准都有严格规定。而在学生后备力量培养过程中,受功利主义影响,当一批教练员置训练大纲于不顾,拔苗助长,导致高校足球队员基本功不扎实,缺乏对足球运动的全面理解和认识。

(3)教练员执教水平和数量欠缺。在高校校园足球训练中,球员是训练的主体,教练员则起着重要的主导作用,很大程度上决定着训练的效果。多年来,我们的高校球队日常训练也很积极刻苦,耗费了大量的时间精力,但是球员的水平和比赛成绩却并不理想,很显然,教练员的执教能力和水平是个不可回避的基本问题。

第二类制约因素为管理体制因素。将其总结为以下四个方面。

(1)高校足球后备力量培养模式单一。我国从足球职业化改革以来,后备人才培养全面走向了以职业俱乐部为主的培养模式,另外还有为数不多的在中国足协注册的足球学校担当此任,反而忽视了教育系统在高校校园足球普及和推广中的重要作用。学校教育得不到很好的落实,阻碍了高校学生全面发展。

（2）高校校园足球竞赛体系不完善。当前我国高校足球竞赛体系包括竞技系列和普及系列两部分，竞赛、训练体系仍未摆脱注重比赛的结果、注重比赛成绩的循环中，严重的急功近利思想，导致高校足球训练基础薄弱，技术落后。

（3）资金、场地不足。我国用于足球人才培养方面的经费严重不足，还有制约足球运动普及推广的客观因素就是足球场地匮乏，缺乏场地，是客观上制约高校足球发展的关键问题。

（4）高校足球培养缺乏长远规划。足球后备人才的培养具有"周期长、成才率低"的特点，且是一项庞大的系统工程，因此，根据足球运动的规律和成材规律建立长远科学的培养规划是十分必要的。这一方面邻国日本的"足球百年计划"值得学习。1993 年日本足协根据本国足球运动的实际水平推出了该计划，他们坚持大力开展校园足球，狠抓俱乐部青少年梯队建设，为提高日本足球水平打下了坚实的基础。当然仅有科学的发展规划还不够，还需要对规划进行认真的贯彻落实，同时要制定相应的法律法规来规范发展过程中出现的各种不良行为。

第三类制约因素为社会因素。将其总结为以下四个方面。

（1）我国足球运动脆弱的"生态环境"。朴哲松等曾指出："足球运动是围绕足球这个体育项目而发展起来的集娱乐、文化于一体的运动，与其所处的自然和社会环境息息相关。"国际足联一项对 80 多个国家的调查显示，扎实的足球传统和良好的足球环境是足球运动蓬勃发展的最重要因素，可见足球环境的重要性。"假球""黑哨"这类腐败现象虽已得到有效治理，但球场暴力、扰乱治安的球迷滋事现象、职业联赛中球员的比赛态度和敬业精神不佳等不良现象仍然时有发生，这些现象都无形中对高校足球运动的发展产生了消极负面的影响。

（2）媒体的不良宣传。中国足球的发展需要媒体广泛开展宣传，也需要得到媒体的批评和监督，但是近年来个别媒体对中国足球正面宣传不够，反而批评和监督有过之而无不及，对一些足球事件过度渲染甚至是恶意炒作，在社会中产生严重不良影响，致使很多家长认为"孩子踢足球没什么前途"。张宏家等在对影响青少年足球兴趣的校园环境因素所做的调查研究结果显示：足球信息也即关于足球的报道是影响学生足球兴趣的最重要因素之一。

（3）应试教育的桎梏。虽然我国已提倡素质教育多年，但传统的求学观念、以学历为主的就业制度和以高考为主的人才选拔制度未能改变。在应试教育的压力下,教师、家长和孩子将注意力集中在文化课学习上,而非考试的教育内容和学科则遭到冷落。出现学生体质连年下降和"钱学森之问"当然不足为奇,更何况是缺少高校足球后备人才。

通过对国外足球发达国家后备人才培养模式的回顾,和我国在校园足球后备人才培养方面的制约因素归纳总结,可以看出,足球后备人才培养涉及青少年、家庭、学校、社会等各个方面,是一项长期而系统的工程。首先要对足球后备人才培养制定出符合本国国情且长期而系统的规划并认真贯彻落实;其次要在培养过程中遵循高校学生的身心成长规律,注重高校学生的全面发展;最后就是要不断加大软硬件的投入力度,创造良好的培养环境。

(三)当前制约我国校园足球发展的主要问题分析

校园足球开展以来,活动取得的成效已初步显现,但在活动开展过程中,仍然面临许多困境,以下就当前存在的主要问题展开进一步的论述和分析。

1.应试教育的桎梏

应试教育对校园足球发展的阻碍是当前最突出的问题。虽然素质教育的理论探讨和改革实践在我国已有20余年的时间,《国家中长期教育改革和发展规划纲要(2010—2020年)》也明确指出"坚持以人为本、推进素质教育是教育改革发展的战略主题,是贯彻党的教育方针的时代要求"。

应试教育的弊端显而易见,严重阻碍了学生身心健康成长和创新能力的培养。这些弊端可以通过以下两件事得以证实,一是我国自1985年起对青少年体质进行监测,结果显示青少年学生体质健康状况持续下降;二是2005年温家宝看望我国著名科学家钱学森时,钱老问及"为什么我们的学校总是培养不出杰出人才?""钱学森之问"也成为关于中国教育事业发展的一道艰深命题。上述问题的产生,既有教育体制的原因,也有教育体制以外的社会原因,传统的求学观念以学历为主的就业制度和以选择精英的高考制度成为当前应试教育的三大支柱。

在高考"指挥棒"的统一指挥下,教师、家长和孩子将注意力完全集中在高考考试科目的学习上,而非高考考试的教育内容和学科则遭遇冷落。校园足球自然位列其中,导致学校、教师和家长对校园足球的了解和认知存在很大差距,这就是为什么当前我国有31万多所大中小学校,却仅有6000余所学校开展校园足球的一个重要原因。但值得关注的一点是,2013年11月召开的中共十八届三中全会审议通过的《中共中央关于全面深化改革若干重大问题的决定》中提出了招生和考试改革的框架,2014年9月4日,《国务院关于深化考试招生制度改革的实施意见》正式发布,此次招生制度改革的出发点和落脚点就是要促进学生健康成长成才,扭转片面应试教育倾向,深入推进素质教育,同时提出了主要的任务和措施,对考试的形式和内容进行了较大改革,针对此次考试招生制度改革,有教育专家认为"推动招生与考试制度的相对分离,是解决应试教育的必由之路","'高考的指挥棒'作用将被削弱"。或许本次改革将能解决应试教育的弊端,缩小学校、教师和家长对校园足球的认知差距,为校园足球的发展提供良好的契机,但这还需要时间来检验。

2. 校园足球保障体系不健全

校园足球保障体系是校园足球可持续发展的基础,这一保障体系不仅包括对开展校园足球所需的人、财、物、场地等硬件方面的保障,还包括校园足球开展过程中的技术支持、氛围营造、指导员待遇和收入、学生的安全和发展等政策法规方面的软件保障。

当前校园足球保障体系还不健全,虽然《通知》和"意见"两份文件中对校园足球的组织领导、所需经费和场地、定点学校设立的要求、师资队伍建设、奖励和评估、足球特长生招生政策和足球文化氛围营造等多个方面均有提及,但在具体实施中却困难重重,仍然缺乏保障性。这一点体现在以下两个方面。

一是经常性资金投入机制不完善,保障资金供给不足。校园足球在开展初期,经费来源主要是国家体育总局每年从体育彩票公益金中拨出专款4000万元,同时要求各地原则上按照不少于1∶1的比例进行资金配套,还有就是通过多种渠道开发的市场资源和企业、社会团体的赞助。2009年,国家体育总局对布局城市中的4个直辖市每市拨款587万元,剩余38个城市每市拨款30.32万元。从2013年起,国家体育总局每年对校园足球的拨款增至5600万元。在2014年7月28日举行的全国学校体育工作座谈会上,时任教育部部长袁贵仁明确提出要制定并实施校园足球中长期发展规划,用3年的时间将校园足球定点学校由现在的5000余所扩展到20 000所。如果按照这种规模发展,单就资金而言,仍然面临很大困难,这是因为目前开展校园足球主要依靠财政拨款,虽然要求各地进行资金配套,但由于缺乏约束性,加之很多布局城市地处经济欠发达地区,导致各地财政对校园足球的投入带有一定的随意性,多数地方没有执行资金配套。

二是保障程度低。保障程度低是指针对校园足球指导员的待遇和收入、参与学生的安全和发展等问题的保障不足。《通知》和"意见"中明确提出,对参加校园足球指导员培训的教师,经培训合格后按相应学时计入教师继续教育学时;获得亚足联和中国足协颁发的 A、B、C、D 等级证书可作为职称评定时的重要条件之一;指导员组织课外足球活动、训练、竞赛应当计算工作量。但在实际过程中,有 64.5% 的学校未能将教师培训计入继续教育学时,这些指导员组织课外足球活动、训练和竞赛消耗了大量的时间和精力,大家对校园足球充满了热爱和期待,但学校给予的补贴完全不能和其实际工作量成正比。可以说能来参加全国校园足球夏令营的学校和指导员都是各布局城市校园足球开展最好的学校,这些学校都不能保证指导员的待遇和收入,何况其他学校? 对于参与学生的安全和出路方面,虽然学生外出比赛一般都有统一的保险,但这一保险责任只限于"在保险期内,在被保险人(即投保人:中国足球协会)统一组织或安排的足球运动及比赛过程中、在前往上述比赛的路途中以及在集训期间,由于被保险人的疏忽或过失造成球员遭受意外事故"。但在日常校内非保险人组织或安排的足球活动和训练中,难免会有受伤的风险,对于这一点还缺乏保障,这也成为许多学校不愿意开展校园足球的原因之一。而参与学生今后的发展更是家长最关心的问题,受中国足球大环境的影响和家庭结构的变化,多数家长并不指望孩子今后能走职业化发展的道路,更多的是希望通过足球锻炼孩子的身心,习得一项运动技能,抑或是得到考试加分、上一所好的中学和大学。

3. 校园足球普及与提高的关系不协调

校园足球开展的指导思想中明确提出"通过广泛开展校园足球活动,建立和完善小学、初中、高中和大学四级足球联赛,在青少年学生中普及足球知识和技能,形成校园足球文化,从而培养全面发展、特长突出的青少年足球后备人才"。校园足球首先要做好普及工作,然后才是逐步提高,培养和选拔足球后备人才。但是在具体开展过程中,普及工作得不到应有的重视,反而是提高工作做得"有声有色",各级校园足球管理部门主要围绕校园足球联赛开展工作,定点学校则是忙于校内组建代表队参加校际联赛,"保证全校不少于 50% 的学生参加足球活动"的要求很难实现。有调查显示,70% 的学校在开展校园足球前后,学校踢球的学生数和活动时间没有根本变化,甚至 10% 的学校校园足球处于无序、自发的状态,可以看出,普及与提高的关系不协调,功利思想严重。

校园足球运动的普及工作需要耗费大量的时间、物力、财力和人力,需要对体育基础设施增加投入,营造良好的校园体育氛围,其成果也许在多年后才能显现,这一点对于很多体育、教育部门和学校的领导是等不起的,当然想通过尽快出成绩,以实现自身利益,这种重提高轻普及的做法严重背离了校园足球普及的指导思想。

4. 校园足球缺乏文化氛围

校园足球文化包含了与校园足球相关的物质文化、制度文化、精神文化和行为文化。这其中物质文化包括了经费、场地设施和师资力量,构成了校园足球文化的基础;制度文化主要体现在与校园足球发展相关的政策法规和组织管理,这是校园足球发展的保障;精神文化主要体现在校园足球为学校、指导教师和学生提供了宣传学校形象、展示自我价值和锻炼身心的良好舞台等方面,这是校园足球发展的方向;行为文化主要体现在足球活动和竞赛过程中的价值取向和行为方式,是校园足球发展的核心。

根据上述分析,结合校园足球发展现状,校园足球在物质文化、制度文化、精神文化和行为文化四个层面上还存在不同程度的缺乏。物质文化缺乏表现在发展经费不足,配套经费到位率低,场地标准化程度和师资总体水平不高;制度文化缺乏表现在相关政策的执行力不足,组织管理还不够完善;精神文化缺乏表现在有关校园足球的宣传不足、不到位,对外宣传力度不够;行为文化缺乏表现在普遍重视学校足球代表队的训练,忽视足球在学生中的普及,足球校本课程开设比例低。

5. 校园足球管理体制和运行机制不畅

校园足球开展初期,体育行政部门处于校园足球管理的主导地位,与教育行政部门的联合形同虚设,而广大校园足球的参与主体——学生却归属于教育行政部门管辖的学校里,管理权限和管理范围不相匹配,管理的"缺位"和"越位"现象并存。突出表现在以下两个方面:一是体育行政部门主管,更加强调校园足球的竞技色彩,功利思想严重,也即上文提到的重提高轻普及,导致普及与提高不协调;二是体育行政部门管理权限有限,教育行政部门的积极性没能充分调动,导致教育行政部门对于相关政策规定执行力度不足,参与校园足球的积极性不高,进而导致活动难以在学校和学生中得到有效的普及和开展。2014 年召开的全国学校体育工作座谈会上,时任教育部部长袁贵仁明确表示,教育部今后将重点发展校园足球项目。教育部体育卫生与艺术教育司司长王登峰担任新一届中国足球协会副主席,也被舆论认为是加强校园足球的信号之一,中央教育科学研究所体育卫生与艺术教育研究中心主任吴健在接受媒体记者采访时表示:"校园足球管理体制将有一个重大转变,即由体育部门转到教育部门来主管。"

管理体制的改变,将形成教育行政部门主管并与体育行政部门相结合,其他相关部委支持的管理体制。其中教育行政部门主抓校园足球的普及工作,体育行政部门主抓提高工作。但这些管理体制还处于初步形成阶段,是否能对校园足球在学校中推广和普及产生重要的推动作用,还不敢肯定,其运行效果还待验证。

6. 校园足球场地不足

足球场地资源是开展校园足球和提高竞技水平的重要物质基础,也是政府建立健全公共体育服务体系必备的硬件条件之一。全国第六次体育场地普查结果显示在统计的 82 种主要体育场地类型中,篮球场、全民健身路径、乒乓球场、小运动场和乒乓球房(馆)占总场地数量的 75.9%,足球场地所占比重很低。当前校园足球定点学校中,在足球场地的数量方面,大部分的学校足球场地基本能满足学校代表队的课余训练和比赛,但是如果在校园中开展大范围的足球活动,还有很大的难度。在足球场地的质量方面,人工草皮场地和土质场地占据了 78.6%,个别经济条件较好的学校拥有天然草皮足球场,但仅占 7.4%,还有 14.0% 的学校是足球场地数量不足,严重制约了校内足球活动的普及,而一些学校的场地质量不达标,则容易造成运动损伤,开展校园足球本意是要提升青少年身体素质,如若因场地质量不达标经常有学生在运动中受伤,则有些得不偿失。

7. 校园足球专业技术人才匮乏

所谓的足球专业技术人才应该具备专门的足球相关知识和技能且接受过更多的教育与训练。前亚足联秘书长维拉潘就曾直言不讳地指出:"中国足球各个环节最缺乏的是专业的教练和管理人才。"当前部分足球管理者知识化、专业化程度不够,缺乏对足球相关理论全面系统的学习研究,以致有关政策措施制定不合理、无法顺应足球发展规律。而作为基层足球运动广泛普及的"主导人物":校园足球指导员,在数量和执教水平上还有很大不足。李卫东(2012)在对 33 个校园足球布局城市的调查中显示,33 个布局城市共有校园足球指导员 1489 人,来自足球退役运动员共有 106 人,体育院校足球专项毕业生 511 人,体育院校非足球专项毕业生 720 人,其他人员 150

人,所占比重分别为 7.1%、34.4%、48.4 和 10.1%,其中有 80 名女子校园足球指导员。在这些校园足球指导员中,54.4% 的指导员没有足球教练员等级证书,持有 A、B、C、D 等级证书的比例分别为 0.79%、3.91%、17.5% 和 23.4%。

基层校园足球指导员在数量和执教水平上的欠缺,将直接导致对学生的教育管理以及训练方法和训练理念等方面的不足。因为校园足球的开展不仅是为了扩大足球人口,培养青少年足球后备人才,而且要让高校学生在足球运动中增强体质,培养高校学生良好的意志品质。而目前在基层校园足球的训练中,普遍存在着不能根据高校学生的身心成长规律开展训练,很多训练都是凭经验和感觉,训练的科学化程度较低,缺乏系统性和全面性;忽视了对青少年足球兴趣和人格品质的培养与教育。

二、校园足球可持续发展研究的相关理论

(一)校园足球可持续发展的理论基础

1."可持续发展"的源起与发展

虽然可持续发展理论形成于西方,但在中国古代社会,朴素的"可持续发展"思想早已有之。《逸周书·大聚篇》中记有大禹曾言:"春三月,山林不登斧,以成草木之长。夏三月,川泽不入网罟,以成鱼鳖之长。"意指保护自然资源和环境对人类生存的重要性。老子所著《道德经》中"道生一,一生二,二生三,三生万物"。我们从中可感受到古人对人与自然和谐、可持续发展的智慧。

1987 年 7 月,联合国"世界环境与发展委员会"发表了关于可持续发展的研究报告:《我们共同的未来》,该报告正式提出了可持续发展的概念和内涵,并将可持续发展定义为:"既满足当代人的需求又不危及后代人满足其需求的发展。"这定义高度概括且表述精炼,被世界范围内广泛接受且影响深远。1992 年 6 月,在巴西里约热内卢召开了联合国环境与发展会议,会议通过了《里约宣言》,与会的各国首脑共同签署了《21 世纪议程》,可持续发展理念成为全球共识,标志着可持续发展科学思想的形成。可持续发展思想一经形成,全球范围内很快掀起了可持续发展研究的热潮。一方面,可持续发展这一全新的理念逐渐将成为全人类社会行动的准则,对人类的行为产生积极影响;另一方面,可持续发展思想被相继引入工业、农业、城市规

划、区域发展、经济社会等多个领域,对这些领域的发展起到了巨大的指导作用。

2. 可持续发展的内涵

可持续发展理论在不同领域的应用,其内涵和实质也有着显著的区别。具有代表性的有以下四个领域。

(1)生态环境领域。可持续发展思想正是由于人们对赖以生存的自然环境的担忧而产生的,对生态环境领域的可持续发展研究,注重生态平衡、环境保护和自然资源的合理利用,将保护生态环境与经济发展相协调。

(2)社会发展领域。可持续发展在社会发展领域的研究以社会公平、利益均衡等为主,该领域研究的核心在于社会的公平发展与经济效率提高要合理地平衡,这也是社会发展领域可持续的重要判断依据。

(3)经济发展领域。可持续发展在经济发展领域的研究以区域开发、产业结构优化、全要素生产力提高等为主要内容,该领域研究的核心在于努力提高科技创新和进步对经济的贡献率,以此来克服或抵消边际效益递减。

(4)人类发展领域。可持续发展在人类发展领域的研究归根到底是促进人的全面发展,并将人类的发展与自然、经济和社会发展相统一,将其视为复杂的系统,应用系统学的理论来探索人与自然、人与人关系的和谐发展。

3. 可持续发展的评价

对可持续发展的研究始终围绕着两个主要问题展开:一是可持续发展的相关概念和理论;二是如何能实现可持续发展。而对可持续发展进行评价研究,则是从理论层面连通决策层面的桥梁,它将决定决策的科学性和合理性,这也是当前可持续发展研究的热点和难点之一。由于可持续发展是一个动态的发展过程,因此对可持续发展评价结果需要不断地修正和完善,然后反复循环进行。

(二)校园足球可持续发展内涵

校园足球可持续发展是就校园足球这一特定领域来研究其如何实现可持续发展的,它不仅要考虑满足我国足球运动对足球后备人才的需要,还要有利于学生身心健康和今后的全面发展,所追求的是实现校园足球与教育之间关系的平衡和学生与社会的和谐发展。因此,根据校园足球这些基本特征,结合可持续发展的基本理念,校园足球可持续发展的内涵可以理解为校园足球在长期持续、健康和稳定地促进学生身心健康和培养足球后备人才的同时,实现校园足球与教育之间关系的平衡和学生与社会的和谐发展。

校园足球可持续发展的三维特征可解释为以下内容。

(1)在发展的时间维上,校园足球的发展不能急功近利,不仅要能满足对当代青少年的体育健康促进和人们对提高我国足球运动水平的渴望,同时还要能持续地满足这种需求。

(2)在发展的空间维上,要努力实现区域内和区域间的协调发展,但本书认为,在校园足球发展初期,发展规模过大,一是造成资金压力过大,二是质量难以控制,应该有效地控制校园足球发展的规模,提高发展质量,切记贪大求全,在取得成功经验后再将其推广至更大区域内,以起到示范和带动作用。

(3)发展的要素维,由构成校园足球可持续发展系统的诸多要素共同组成,各要素是相互影响和联系的,任一组成成分发生变化都有可能会导致整个系统的变化。

在对校园足球可持续发展进行研究的同时,还需要明确持续、发展和可持续性的概念。从本质上来说可持续发展包括持续和发展两个方面。所谓持续,就是延续、继续的意思,所谓发展,从哲学的意义上来讲就是事物不断前进的过程。因此,可持续发展具有动态特性,它强调的是在一定时间段内发展的过程。而如果要判断某一时期校园足球的发展状况,则用校园足球的可持续性来表示,校园足球的可持续性是指一种可以长期维持的特性或状态,是应用一些指标存量对发展过程中的某一时间点的静态评价,所反映的是当前时间的发展是否具有可持续的特性,可以看出,可持续性是与特定的时间点相联系的,脱离特定的时间点来谈可持续性是没有意义的。

(三)校园足球可持续发展系统的界定

当前对可持续发展的研究一直是沿着四个方向进行,包括以下内容。

(1)经济学方向。主要从资源配置的观念来诠释可持续发展。

(2)社会学方向。主要从效率和公平的协调来认识可持续发展。

(3)生态学方向。主要从环境与发展的平衡来认识可持续发展。

(4)系统学方向主要从可持续发展系统内"发展度、协调度、持续度"的平衡来认识可持续发展。

中国科学院可持续发展战略研究组组长、首席科学家牛文元研究员认为系统学方向"应当是更好地认识可持续发展的新选择",它是用"综合和协调的观念去探索发展的本源和演化的规律,以'发展度、协调度、持续度'在可持续发展系统中的逻辑自洽为中心,演绎可持续发展的时空组合,从而建立人和自然、人和人之间关系的统一解释,体现出整体性原则、公平性原则、有序性原则、持续性原则"。

从可持续发展的系统学方向来看,校园足球要想实现可持续发展,那就需要在时间和空间上协调与校园足球发展相关的各个要素之间的关系,包括人的活动、资源、经济社会、环境等持续发展。而当前对校园足球可持续发展的研究中,还没有从系统的角度开展研究,常见的仅是从影响校园足球可持续发展的某个因素、某一方面或发展战略来进行的,因此本书在借鉴前人研究的基础上,为了凸显"实现校园足球可持续发展"这一目标,提出把校园足球可持续发展的研究对象称为"校园足球可持续发展系统",这样表述不仅直观简洁,而且把这一研究领域看作系统来探讨,有利于分析其关键性因素、限制条件以及彼此之间的相互作用。

（四）校园足球可持续发展系统的功能

1. 目标整合功能

校园足球可持续发展系统是由众多发展主体（布局城市、定点学校）和其他相关子系统和要素构成的复杂大系统。在当前教育部和国家体育总局大力推动校园足球发展的环境下,各发展主体在发展目标的选择、发展方案的确定等方面具有一定的选择权,实现综合效益最大化成为很多发展主体的首要目标,但这一综合效益最大化片面地表现在对比赛成绩的高度重视,忽视了日常校内足球活动的普及。从校园足球可持续发展的角度来看,如果发展主体一味地只重视比赛成绩,追逐这种片面的综合效益最大化,而不是按照校园足球可持续发展的要求行事,促进青少年体质健康和培养全面发展的足球后备人才的目标又注定化为泡影。这是因为以实现发展主体综合效益最大化为首要目标的校园足球并不一定都有利于校园足球可持续发展目标的实现,相反,它们很可能成为校园足球可持续发展的"拦路虎"或"绊脚石"。

因此,以实现校园足球可持续发展为最终目标的校园足球可持续发展系统理应具有良好目标整合功能。在校园足球可持续发展系统中,这一功能需要通过校园足球发展的有关政策、法规和制度等来实现。因此,在校园足球不断发展的过程中,要根据校园足球可持续发展的要求及其变化情况,及时对相关政策、法规和制度等进行调整与修订,使之逐步完善和有效,以构建强大的整合功能。

2.约束和促进功能

如果不对布局城市和定点学校的校园足球加以必要约束而任其"自由发展"的话,它们可能会对校园足球可持续发展目标的顺利实现产生消极作用。事实上布局城市和定点学校开展校园足球,不仅能给其自身带来一定的"效益",而且还会对布局城市和定点学校之外的人或社会产生影响,即所谓的溢出效应,而这种溢出效应对校园足球可持续发展目标的实现势必会产生或大或小的正面或负面影响。为消除或减弱负面的影响,校园足球可持续发展系统必须具有较强的约束功能,对布局城市和定点学校的校园足球要有足够的约束力,以有效防范和及时矫正那些对校园足球可持续发展产生负面影响的活动和行为,保证校园足球可持续发展目标的实现。

五、足球人才与足球后备人才的辩证关系

概念是人们了解事物,进行判断、推理的基础,是思维的起点。任何科学理论体系都是由概念维系而成的。事物的概念都有其内涵和外延,即质的特性和量的规定性。对事物概念正确的界定,是认识的结果,又是再认识的开端。对事物科学的分类,能使我们了解事物的外延,把繁乱、复杂的东西条理化、系统化。因此,要建立校园足球人才培养体系,按其任务的差别进一步细分,明确足球人才的概念和分类是十分必要的。

1.足球人才的概念

科学人才观认为,人才存在于人民群众之中,只要具有一定的知识或技能,能够进行创造性劳动,为推进中国特色社会主义建设事业做出积极贡献的,都是党和国家需要的人才。人才的这个定义,突出了人才的群众性及其劳动的创造性,打破了剥削阶级社会等级观和英雄史观等传统观念,打破了唯学历、唯职称、唯资历、唯身份的唯心论人才观。

人才从字面上可解释为才识学问的人、德才兼备的人。根据概念内涵和外延的反比规律以及足球运动的本质性规律,可以把足球人才的概念定义如下:足球人才是指能解释足球运动的发展规律,具有一定的足球专业知识和技能,在足球领域中做出较大贡献的人。

2. 足球人才的分类

根据足球人才在社会工作中的性质任务,我们把足球人才划分为以下种属关系。

(1)足球管理人才。指在足球管理部门主管业务的行政管理人员,如各地足球运动管理中心官员。

(2)足球科研人才。指从事足球的科研教育人员,如体育院校的老师,体育科学研究所的研究人员等。

(3)足球技术人才。从事足球工作的有一技之长的人,如运动员、教练员、裁判员、足球记者、评论员以及足球相关器材设备的发明创造者等等。

徐峰在《浅析体育科技人才结构,把握体育人才培养方向》一文中谈到,从一个项目的运动水平高低来看,运动员是参与者,众多专项运动员的项目水平的高低直接决定着该项目的整体水平,所以相当多的人认为,高水平运动员是体育人才,这个观点肯定准确。但是,这只是体育人才的一个分支而已,而且还只是整个人才分支系统的末梢部分,是整个体育人才系统运行的最终成果。他认为把运动员作为体育人才的核心部分显得有些偏颇。一个天才的运动员由于受到年龄的限制,他的运动寿命是极其短暂的,而一个国家的传统的优势项目不可能仅通过个人的顶尖选手来维持其在国际上的霸主地位。我国的跳水项目、乒乓球项目就很能说明这个问题。虽然地域以及生理上的差异能说明极其有限的身体条件上的优势,但是整套的培养体制是制胜的关键。缺乏完善的体制,好苗子是不会成为顶尖选手的。他认为,广义上的体育人才是支撑整个金字塔塔尖以下的每一块坚硬牢固的基石,他们提供了项目人才培养的平台和养分,基石的牢固决定着金字塔的稳健,而基石正是代表着整个体制中不可或缺的各个专业分支的专业人员,统称为"体育科技人才"。

3. 足球后备人才概念的界定

竞技体育后备人才泛指在身体、心理上具有较高水平运动能力的潜质,能接受系统的训练并参与相应的正式竞赛,具有取得优异成绩可能性的个人。这里指的是后备运动员。夏书红、李威在《从"人"资源角度浅谈竞技体育后备人才的培养》中提出,竞技体育后备人才资源有别于一般的人力资源,他们是人力资源中的特殊群体。并不是所有的青少年都能成为竞技体育后备人才资源。只有那些喜爱体育运动,并加入到业余训练队伍中常年坚持训练的群体,才能称为竞技体育后备人才资源。同样,仅仅是进行体育训练的人，还不能称作竞技体育后备人才，只能称作为"人才资源"。张贵敏、曹继红在《论我国竞技体育后备人才培养体制的转型》中，进一步指出了竞技体育后备人才的深入概念。竞技体育后备人才泛指在身体、心理上具有较高水平运动能力的潜质，能接受系统的训练并参与相应的正式竞赛，具有取得优异成绩可能性的个人。这个概念是目前得到社会普遍承认，是具有较高认可度的概念。足球后备人才属于专业技术人才的范畴，是竞技体育后备人才的一种。参照党的十六大对"科学人才观"的阐述以及学者对竞技体育后备人才的解释，笔者认为足球后备人才可定义为：泛指具有一定的足球运动知识与技能、经常参加训练和比赛、有发展潜力的足球运动员。

4. 足球人才与足球后备人才两者的关系

从两者的概念上我们可以看出，足球人才是指从事足球运动的各方面优秀人才，它不仅包括竞技系列的足球运动员，还应包括非竞技系列，涉及足球领域的各方面优秀足球从业者，如足球专业教师、足球教练员、足球科研人员、足球裁判员、足球解说员、足球管理人员以及足球产业者等等。足球后备人才指以职业足球为主要目标，以训练和比赛为主要方式的青少年足球运动员。足球人才与足球后备人才两者是包含与被包含的关系，足球后备人才属于竞技性足球人才的种，足球人才除包括足球后备人才外，还包括非竞技系列中涉及足球领域的优秀足球从业者。

三、校园足球可持续发展的创新点与局限性

（一）研究高校足球可持续发展的主要创新之处

研究思路上的创新。当前有关校园足球可持续发展的研究还处于起步阶段，相关理论研究还不够完善，从可持续发展的视角对校园足球的发展问题进行研究，通过对影响校园足球可持续发展的因素分析，应用科学理论构建一个校园足球可持续发展研究较为完整的逻辑框架。

可持续发展旨在促进人类之间的和平相处以及人与自然之间的和谐统一，而价值目标可以理解为某种事物的重要性，值得获得性或者实用性，价值目标的确定将使主体活动更具有目的性、自觉性和创造性。人类认识和改造世界可分为两部分，"一是对主体需要的意识，二是对客体状况的认识"，前者将决定我们应该做什么，后者决定我们怎么做。在具体实践过程中，主体要根据自身需要，能动的、创造性地将主观目的与客观规定相统一，

从而实现其价值追求。在人类发展的历史进程中，人类实践活动不同，价值目标的选择将产生不同的实践方式，从而产生不同的实践结果。

校园足球是我国校园足球培养体制改革的一次创新举措，是培养体教结合型体育人才的一次新的尝试。校园足球运动的开展标志着我国校园足球培养理念的转变，对其他体育项目后备人才的培养也具有一定的指导意义。校园足球对进一步增强高校学生体质，对于全面落实科学发展观，深入贯彻党的教育方针，大力推进素质教育，培养中国特色社会主义事业的合格建设者和接班人，具有重要意义。

党的十八大以来，习近平总书记提出并深刻阐述了实现中华民族伟大复兴的中国梦，中国梦的实现与体育强国梦息息相关，而足球改革、发展、振兴是建设体育强国的必然要求。《中国足球改革发展总体方案》的出台，为足球改革指明了方向，作为足球改革的基础性工程——校园足球，被赋予了更多的希冀。而校园足球是在我国青少年体质与健康状况连续 20 多年下滑和足球后备人才严重匮乏的背景下开展起来的，且作为"阳光体育运动"的有效载体和补充，因此，实现校园足球的可持续发展，要以青少年的全面发展为第一要义，其价值目标选择应从社会发展和青少年健康成长中寻找自身存在和发展的合理因子。基于以上分析，笔者认为校园足球对高校学生体质健康促进作用和培养全面发展的足球后备人才应是其可持续发展最核心的价值目标，而且这两大价值目标是相互联系、相互作用的统一整体。

(二)高校足球可持续发展研究的局限性

(1)高校校园足球的发展随着时间的推移，所建立的校园足球可持续发展评价指标相对于评价目的或目标的重要性会发生变化，这会导致评价指标权重不一定符合这一时期的实际情况。因此，有必要建立一种能够随时间的变化对校园足球可持续发展评价指标权重的调整和计算方法，也就是建立评价指标的学习机制。

(2)由于对高校校园足球可持续发展进行评价涉及多个领域和学科，需要投入较大的成本，相关指标的数据只能采用精确度稍差的方法来获取，这可能导致最终结果与全国高校校园足球实际的可持续发展能力有出入。

四、高校校园足球可持续发展的意义

（一）校园足球可持续发展的意义

1.理论意义

校园足球作为我国增强高校学生体质和培养足球后备人才的希望所在，一经推出，就得到了社会各界的广泛关注，校园足球的理论研究也不断发展，但相关的理论研究工作或是突出校园足球的发展现状和对策；或是注重对校园足球的管理体制和运行机制的研究和分析；或是从某一方面研究校园足球的价值和发展模式带有比较明显的局限性。全面、系统地认识校园足球的综合功能和影响，并对校园足球可持续发展的框架构建的研究工作还很鲜见。显然，校园足球相关研究还有待进一步完善。将可持续发展的理念运用在高校校园足球中，构建一套较为科学、全面的校园足球可持续发展体系，这对于推动校园足球发展具有重要的理论意义。

2.现实意义

"足球运动改革和发展是一项长期复杂的系统工程"，需要各级政府、社会学校和家庭等各方通力合作共同完成。通过对校园足球如何成为提高中国足球水平的关键问题的研究，为如何提高中国足球水平的研究领域提供一定的理论依据，从而有利于丰富对此问题的理论研究；为有关部门日后制定、实施提高中国足球水平的相关政策，以及与足球相关领域的信息产业的人才培养目标提供相应的理论与决策参考。从中国足球可持续发展的角度来看，校园足球活动的核心价值是普及足球知识、技能，只有坚定地维护校园足球的核心地位，才能保证高校足球运动员培养体系的逐步完善，最终带来中国足球水平的提高和运动成绩的增长。

（二）促进校园足球的可持续发展的意义

1.坚持校园足球在中国足球改革过程中的核心地位

中央领导关于校园足球活动的指示和提高我国足球水平的讲话精神将足球水平的提升上升到了国家形象的高度，显示了中央高层对提高我国足球水平下的决心，进一步提高了全社会对搞好足球工作，提高我国足球运动水平的认识，也坚定了我们搞好校园足球的信心、决心。广大球迷对于中国足球的现状很不满意，所以我们必须深刻反省产生这些问题的原因。究其原因，薄弱的青少年足球基础，匮乏的后备人才储备都是我国足球项目长期在低水平徘徊的重要原因。如果目前的这种情况继续下去,要提高中国足球水平,无异于异想天开,空谈一场。所以,从现在开始就必须打好高校足球运动员足球基础,增加高校足球后备人才的数量和质量,着眼高校足球运动员培养的长远计划,面向未来,绝不能急功近利,各级相关部门要花大力气狠抓高校足球后备人才的培养,不能指望足球没有青少年的普及就能够提高水平。大力开展高校校园足球活动,推动开展全国亿万学生阳光体育运动的重要举措,也是使之成为普及足球运动的载体和手段。坚持高校校园足球活动在我国足球改革过程中的核心地位,要实现可持续发展,处理好长远目标与现实目标的关系协调统一。高校足球是我国足球运动发展的基础,必须搞好高校足球后备人才的培养。高校足球工作应从抓好普及和培育、发现、培养高校足球后备人才为主要目标。高校校园足球工作的指导思想是以科学发展观为指导,坚持政府主导,积极动员、引导社会力量参与;坚持以人为本,体育与教育相结合,普及与提高相结合,培养德智体美全面发展的优秀足球后备人才;坚持着眼长远,面向未来,推动我国足球运动全面、稳定、健康、持续的发展。

2. 坚持校园足球发展的必要性

针对高校足球后备人才培养而言,利用校园足球作为高校足球人才培养的载体是足球人才培养的必经之路。足球人才的培养脱离了校园这一载体便失去了发展的基本需要。校园足球活动的推广顺应了足球发展规律和高校学生身心发展规律,是中国足球可持续发展的必然途径。足球后备人才培养的终极目标就是在普及足球知识、技能基础上,进一步提高校园学生的身心发展水平并带动足球知识和技能的提高,最终提高中国足球的整体水平。我们应该辩证地看待这一发展路径,是量变与质变的关系,没有广泛的普及,便不会产生质的提高。当然,校园足球活动人才的培养还包括了与校园足球相关的教学、训练、科研、管理体系的建立,是一个系统工程,仍然需要各方面的大力支持和帮助。从可持续发展的角度出发,足球知识、技能普及是活动的核心,只有坚持这个核心地位不动摇,才能保证足球后备人才培养的顺利进行,要保证全国高校校园足球活动在广大中小学校的全面、持续健康发展,必须充分肯定校园足球所蕴含的强身健体和素质教育的核心地位,重视校园足球发展对于完善高校学生成为完全社会人的必要性。

3. 发挥校园足球的基本功能

（1）社会功能

1）校园足球有利于扩大运动训练的选材面。足球人才的培养过程就如同工厂加工产品的过程，一种高质量产品的产出需要上等的原材料以及精湛的加工工艺，优秀的足球人才的培养，同样需要两个重要的条件：一是构建良性的青少年培养体系，选拔具有潜质的足球苗子；二是科学化训练。

"科学的选材使训练成功一半"这种观点已被当今世界各领域的优秀教练员所接受。在竞技体育水平越来越高的今天，科学选材的重要性将愈加突出。然而在我国传统校园足球培养体制下，不重视足球运动的普及，足球人口基数小，可供选拔的面过窄，导致选拔出的足球苗子不但数量少，质量也低。

要解决目前我国面临的选材难的问题，首先就要扩大选材范围，选材的范围越大，优秀的苗子被选中的概率就越大，成才的概率才会越高。要扩大选材范围，就必须在青少年聚集的区域内加大普及力度。众所周知，我国有九年义务教育制度，几乎所有的青少年都必须经过小学和初中的义务教育，学校教育是我国青少年学习成长的必经之路。所以说，实践体教结合理论，走校园足球培养模式，有利于充分利用学校范围内得天独厚的生源条件，最大限度地扩大运动训练的选材面。

2）校园足球有利于足球人才扩宽成才道路。旧体制下金字塔式的单一培养模式，使许多从小从事足球运动的运动员，在不能成为职业球员的同时，也失去了从事其他职业的机会，这样就造成了人才的极度浪费，也导致了培养体系的非良性运行。

校园足球人才培养体系，在重视学生足球技能培养的同时，也保证了正常学业的完成，使那些从事足球运动的学生，在不能成为优秀足球运动员的时候，还有机会选择足球领域的其他职业，如足球专业教师、青少年足球教练员、足球科研人员、足球裁判员、足球解说员以及从事足球产业的其他人员等等。此外，还有机会成为推动足球运动发展的人群，如足球健身者和足球产品消费者等等。校园足球扩宽了人才培养道路，增加了足球人员从业机会。

3）校园足球有利于抑制球员的超龄现象。众所周知，超龄问题一直是阻碍我国足球运动水平停滞不前的一个老问题，虚报年龄，以大打小充斥在各级各类比赛之中。然而，通过校园足球联赛中对学生学籍和身份证的注册,从小给学生建立足球档案,可在一定程度上抑制球员的超龄问题。

更改年龄一般是运动员在准备进入竞技体育领域前进行的,以方便球员在以后的竞赛中占有身体方面的优势。然而,由于进入小学也要进行年龄登记,在这个阶段,学生一般不会对自己的年龄进行更改,因为此时改大年龄也许会对孩子将来的发展有不利的影响,所以这时的年龄一般较为真实。通过校园足球联赛的学生注册,给学生建立足球档案,一方面便于学生进行系统的培养,另一方面也能很好地监控学生的年龄问题,保证年龄的真实性。

4)校园足球有利于足球运动的可持续性健康发展。从宏观上,自古以来,竞技运动与教育就有着千丝万缕的联系,在古希腊文化的全盛时期,运动锻炼是城邦生活的重要部分,也是教育的基本内容。古代与现代奥运会产生的主要原因就是,人们要求通过竞技体育培养身心和谐发展的人,为社会服务。它的发展史表明,远离教育,远离学校,不利于人发展,并最终危及竞技运动,只有走学校化培养模式,将夺标和育人两者有机结合起来,竞技体育才能可持续健康发展。从微观上,校园足球培养广义的足球人才,既包括足球运动员,也包括为提高运动成绩,为运动员服务的科研人员、管理人员、教练员等专业性科技人才。一项运动的蓬勃发展仅靠几名优秀的球员是远远不够的,更重要的是具有一个传承优良传统、先进理念,丰富经验的管理团队。校园足球的人才培养为管理团队的组建提供了人力保障,有利于足球运动的可持续性健康发展。

5)校园足球有利于竞技足球与大众普及的紧密结合。竞技足球与大众普及具有一致性与互补性,高水平竞技运动和大众体育都是以人的发展为最终目标,因此都具有很强的教育价值。前者从精神上鼓励人们自强不息,奋发向上,超越自我,而后者则从具体的生活方式的改善上入手,使人们学会健康生活。两种教育结合在一起,构成一个完整的体育教育体系。对于青少年来说,这两种教育更是必不可少的。正如顾拜旦所说:"为吸引个人参加体育锻炼,必须有个人从事运动为吸引个人从事运动,必须有个人接受专门训练为了吸引人接受专门训练,必须有个人具备创造非凡成绩的能力。"足球运动具有内在的健身性、娱乐性功能,为广大青少年所钟爱,而青少年群体又处于学校之中,在学校内进行后备人才培养有利于扩大竞技足球在校园内的影响,吸引更多青少年以不同形式参与其中。另外,校园足球从字面上来分析,学校体育是大众体育的重要组成部分,而足球本身又具有竞技的基本特性,所以说,校园足球有利于竞技足球与大众普及的紧密结合。

6)校园足球有利于学校的文化建设,扩大足球在学校的影响力。足球运动给文化启蒙带来很多东西,足球比赛中自由发挥的创造精神、挑战理极限的忘我精神、服从团队和裁判的规则意识都是现代人最重要的基本素质。正是因为这样,无论是从事足球运动还是观看足球比赛,都会对人有启发和激励作用。当前,校园文化建设不只是点缀一些文化体育活动,而是将课堂教学和其他方面融合起来,构成全方位育人和文化启蒙,而体育是这其中的重要部分。足球作为世界第一运动,将足球后备人才的培养融入校园与学校教育,有利于繁荣校园文化,从而扩大足球运动在校园的影响力。

(2)校园足球的教育功能

1)校园足球有利于足球后备人才的健康成长与全面发展。著名教育家苏霍姆林斯基讲过:"成为一个有巨大成就的人固然可喜,但是成为一个真正的人更重要。"爱因斯坦也讲到:"学校的目标始终应该是青年人在离开学校时,是一个和谐的人,而不是作为一个专家。"只是把培养"真正的人""和谐的人"作为基础性目标,体育后备人才的健康成长与全面发展的目标才能真正实现。然而,目前我国足球后备人才培养体系仍在致力于培养职业球员或专业运动员,而不是把培养"真正的人""和谐的人"作为基础性目标,传统的培养体系使后备人才无形中被一种理念所支配,"获得好成绩就是成功,否则就是失败"。而校园足球,不仅使足球后备人才拥有同龄人健康成长的普适环境,更重要的是给后备人才灌输了一种全面发展的思想,提供了天然的文化学习环境。

2)校园足球有利于发展学生的时间、空间概念,培养学生的逻辑思维能力。足球运动是一项集时间、空间因素于一体的体育运动项目。当学生接球时,要考虑足球飞行的速度、轨迹、旋转以及自己所处的位置等时间、空间因素控球,以及传球的过程中还要根据场上的形势,对手的位置以及同伴的位置,选择合理的出球时间和出球线路。这些都需要学生有较强的逻辑思维能力。经常从事足球运动的孩子,在踢球过程中,通过频繁应对场上形势变化,可有效发展自己的时空概念,提高逻辑思维能力。

3)有利于学生形成良好的心理品质及思想品德,激发学生的竞争意识。经常从事足球运动,不仅对学生自身良好性格的形成能产生巨大的影响,而且还可以培养学生的意志力、自制力、责任感及勇敢顽强、积极进取、机智果断、坚韧不拔、勇于克服困难、团结协作、密切配合、集体荣誉感、守纪律等思想品德。

4）有利于增强学生体质、促进学生健康。足球运动是全面锻炼和健全体魄的良好手段，是全民健身活动中一项行之有效的体育运动项目。经常从事足球运动，可以提高学生的力量、速度、耐力、灵敏、柔韧、协调等身体素质，并能使学生的高级神经活动得到改善，尤其能增强学生的心血管系统、呼吸系统等内脏器官的功能，从而促进学生的健康成长。

5）校园足球有利于提高文化素质，增强足球后备人才对运动训练的理解能力。随着国际竞争的加剧，运动训练科学化程度的日益提高、职业体育的盛行、大量商业运作的渗入以及人们对竞技体育的广泛关注。当今世界各项运动的竞技水平都达到了前所未有的高度，相应地，运动员取得优异成绩的难度也在加大。运动训练学专家马特维耶夫指出，未来成绩的增长主要不是靠最大限度地发挥运动员的体能、技能，而是靠挖掘运动员的智慧。我国运动训练学专家田麦久也曾指出，当前竞技体育领域的竞争已经不再局限于身体与技战术层面，决定成绩的往往是运动员所具有的心理素质、智能与文化素质。这说明现在竞技运动是以人的心智为灵魂的活动，只有加强思维练习，长期进行知识学习与更新，才能最大限度地增强运动员的分析解决问题的能力，改善运动员的思维品质，发挥运动员的想象力与创造力，提高技战术水平运用，进而创造优异运动成绩。

我国的足球领域中，由于运动员在传统培养模式下，长期受"踢球压倒一切"思想的影响，运动员作为"人"的整体发展没有得到重视，只重视专业水平的提高，忽视了文化知识的学习以及个体综合能力的提升，到了一定的时期，由于思维、认知水平、思想观念、道德水平、精神力量等都没有相应发展，最后专业水平就会停止不前。而校园足球在接受专业训练的同时，又提高了文化素质，综合能力的协调发展有利于增强他们对运动训练的理解力，促进专业水平的进一步提高。

6）校园足球有利于提高学习效率。学生从踢足球中得到情绪体验，从看足球中得到艺术享受，从谈论足球中得到思想交流。足球运动丰富了学生的课余文化活动，缓解了学生的学习压力，增进了同学间的友谊，提高了学生的学习质量。

第二节　校园足球可持续发展的建议

一、国家层面统筹校园足球推进

（一）"摸着石头过河"与"加强顶层设计"相结合

习近平总书记曾在中央政治局集体学习时指出："摸着石头过河和加强顶层设计是辩证统一的,推进局部的阶段性改革开放要在加强顶层设计的前提下进行,加强顶层设计要在推进局部的阶段性改革开放的基础上来谋划。"对于校园足球的发展来说,"摸着石头过河"就是要在发展的过程中探索规律,从实践中获得在高校中广泛开展校园足球的方法。固然国外有成熟的校园足球发展模式供我们借鉴,而且国内其他运动项目也有发展的成功经验以供参考,但是绝不能照抄照搬这些模式和经验。这是因为我们面对的教育体制、文化氛围、观念意识等诸方面都与国外有很大差异,加之足球后备人才培养的长期性和复杂性。因此,在实现校园足球可持续发展的过程中,在充分借鉴国外校园足球发展和国内其他运动项目发展的成功经验的基础上,一定要将这些成功经验与我国国情相适应,与足球后备人才培养的规律相结合,在实践中不断探索适合我国国情的校园足球发展模式。

"顶层设计",原本是系统工程学中的概念,大意是指统筹考虑项目各层次和各要素,从全局的高度寻求解决问题之道。自从中共中央关于"十二五"规划的建议中首次出现改革的"顶层设计"一词后,如今已被众多领域广泛使用,成为这些领域制定发展战略的一种重要的思维方式。"顶层设计"主要体现了三个方面的理论内涵,第一就是整体主义战略;第二就是缜密的理性思维;第三就是强调执行力。对于校园足球的发展来说,加强"顶层设计",从全局和战略的高度对校园足球发展进行长远规划和设计,所谓"不谋全局者不能谋一域,不谋万世者不足谋一时",校园足球有了"顶层设计",在具体的发展过程中遇到的一些深层次的、盘根错节的问题也会迎刃而解。

加强校园足球的"顶层设计",关键要做到两点。一是要明确校园足球发展的总体目标和方向,做到有的放矢。校园足球的发展要以《中共中央、国务院关于加强青少年体育增强青少年体质的意见》(中发[2007]7号)和

《国家中长期教育改革和发展规划纲要（2010–2020年）》等文件为指导，确保制定的校园足球的相关政策和措施符合国家的基本方针政策，要从校园足球可持续发展的长远角度考虑，高度重视青少年身心素质的培养和足球知识和技能的普及，避免功利主义和锦标主义。二是要运用创新性思维来指导校园足球的发展。校园足球的发展既有全国普遍性的特点，同时，由于各地区、各布局城市和足球特色学校在经济、环境、师资队伍等方面条件各不相同，各布局城市和足球特色学校在开展校园足球的组织形式和方式上也有很大的差异性。此外，我国具有规模庞大的各级各类在校生，一方面决定了校园足球的推广和普及具有其他国家和地区所没有的广泛性特征；另一方面，要想通过开展校园足球提高学生身心素质和培养足球后备人才，这又决定了校园足球发展的目标和内容具有其他国家和地区所没有的复杂性特征。为此，需要与我国国情和实际需要相结合，大力推进校园足球可持续发展的理论创新，对校园足球可持续发展的指导思想、基本理念、操作方式等进行专题研究，编制符合我国青少年身心发展规律和特点的校园足球培训教材，总结各布局城市、足球特色学校在开展校园足球的成功经验，逐步探索出一条行之有效的中国校园足球可持续发展之路。

（二）始终调控校园足球普及与提高的平衡

校园足球的普及，是指在青少年中广泛开展足球活动，促进青少年身心健康成长；而提高是指培养高水平的足球后备人才。足球后备人才培养的长期性和复杂性，以及成才率极低，这就决定了我们开展校园足球的首要目的是为了孩子的身心健康成长，让他们能够享受足球运动带来的快乐，随着足球运动在青少年中的广泛普及，出高水平的足球后备人才应该是"水到渠成"的事。2014年11月26日召开的全国青少年校园足球工作电视电话会议，刘延东在会上强调要"进一步加快普及校园足球，为青少年健康成长和足球振兴奠定坚实基础"，教育部、国家体育总局、国家发改委、财政部等政府部门也提出了相关工作计划以及保障措施，从中我们看到了广泛普及校园足球的希望，但是其中一些具体的实施方法仍然值得商榷。例如"把足球纳入学校体育课程教学体系，作为体育课必修内容"，让所有学生都去学足球，这一做法有些偏激，足球运动只是众多体育运动项目中的一种，没必要要求所有孩子都去踢足球，这样反而会遭到一些学生或家长的抵制。再有就是"组织开展四级联赛"，当然足球竞赛是检验训练效果和调动各方参与积极性的有效手段,但是在开展过程中必然会导致一些地方和学校更看重比赛成绩,而为了获得好的比赛成绩,忽视了校内足球运动的普及,转而只是训练一部分有足球天赋的孩子踢球,形成"栽了一棵大树,毁了一片树林"的局面,这就会使校园足球的发展之路越走越窄,在这一方面,20世纪全国范围内开展的"三杯赛"很快销声匿迹,就是前车之鉴。

因此,在校园足球开展的过程中,要始终调控好普及与提高的平衡,一定要淡化比赛成绩,将校园足球的广泛普及作为首要工作扎实开展,积极推进校内比赛,增加校内比赛场次和参赛队伍数量,提高校园足球人口数量,在广泛普及的基础上促进高水平足球后备人才的涌现,对四级联赛要将联赛形式、参赛规模以及其他各方面统筹设计和考虑,这样才能有效推动高校校园足球广泛深入持续开展。

(三)制定适合的保险险种,切实解决校园足球运动员的后顾之忧

作为对学生的保障手段,学生的意外伤害保险在当今很大程度上属于走过场的形式,发展滞后的体育保险险种使参加活动的学生在参加体育活动的时候缺乏保障。通过调查国外的学校与家长签订的保险协议,其中最详细的部分就是各种保障条款。相对而言,国内的保险协议太简单,往往就是比较简单的条款的累积,与普通人群的保险没有太大区别,可是一旦出现问题,学生在治疗运动伤病方面的开销肯定比普通人大,所以,根据这种情况,应由体育、教育主管部门出面与当地的保险公司进行协商,确定数家保险公司制定出适合校园足球运动员的保险险种,进行择优选择,切实解决高校足球运动员的后顾之忧。

(四)促进教育资源的平衡,造就全面发展的足球运动员

教育资源不平衡问题是我国处于社会主义初级阶段的现实国情造成的,教育资源大都集中在经济发达地区,由于那里的孩子享受的教育资源较多,那里的孩子往往有更多的时间参加体育运动。在教育资源不发达的地区,在中、高考指挥棒的指挥下,孩子们每天上课,放学写作业,很难有时间参加体育活动,而教育资源发达的地区,由于升学压力较小,可选择的学校较多,学生有时间、有精力来参加体育活动。所以说只要有教育资源不平衡的存在,家长们、学校都不会放开对于学生体育活动的各种限制,孩子们就只能不停地在应试各种各样的考试和学习,根本没有时间去欢快地踢球。尽管我国这几十年以来大力提倡素质教育淡化应试教育,但"不平衡的教育

资源"依然在发挥着巨大的调控作用,指挥着学生、家长和学校只能按照传统的思路进行填鸭式的教育。因此,只有出台强有力的法规和政策促进教育资源的平衡,才能长期、稳定地吸引更多人投身校园足球之中。

(五)淡化功利色彩,拓宽就业出路,做完整的社会个体

现在已经越来越少的家长愿意让孩子去踢球,在很多家长眼中,踢足球属于就是吃"青春饭",若能够踢出成绩踢进职业队自然收入不菲,若踢不出来就相当于将学习的时间和精力都花在了踢球上。但应该明确踢足球只是作为锻炼身体促进学生全面发展的一种手段,而不是决定孩子未来出路的工具。如果不能解决此种功利化思想,那么家长是不会冒险送孩子来踢球的,足球后备人才的培养只能流于形式。纵观足球发达国家,职业运动员来自高校,他们将学生的在校学习和足球训练相结合,促进了青少年作为一个完整的社会个体去适应社会,就算以后不再从事足球运动,仍然可以在其他的领域进行工作。反观我国的职业运动员,从小进入体校或职业俱乐部的梯队,丧失了学习的权利和机会,缺失了青少年身心发展重要的一环,如果不再从事足球,往往没有其他的谋生技能,这同时也造成了现今中国足球的功利化色彩。因此,高校足球运动员的在校学习是个不容缺失的环节,应加以重视,已经进入职业俱乐部的学生也应该与学校充分联合办学,通过加强文化课的学习,使自己心智更加稳定。另外,理顺各级各类学校与足球项目的对口衔接关系和相应的程序,严格审查升学加分政策,增加高水平运动队高校的数量,增加高校足球特招生名额,增加跨地区跨省市的高校足球比赛的数量和质量,尽最大可能调动一切能够调动的资源,减少校园足球运动员的流失,实现校园足球活动的可持续发展。

二、城市层面促进校园足球推进

校园足球在全国范围内已有 49 个国家级布局城市,3 个试点县,11 个省的 82 个省级布局城市,这些布局城市在组织开展校园足球方面具有承上启下的重要作用,由于布局城市分布广泛,各地经济条件、自然环境、社会文化差异巨大,因此,因地制宜地推进布局城市校园足球的开展是整个校园足球可持续发展整体战略的重要一环。

(一)研究明确布局城市开展校园足球的要求

各布局城市在经济、环境、社会文化等方面都显示出极大的地区差异,

各布局城市的校园足球可持续发展的指导思想、发展重点和具体部署也将大不相同,各地应根据国家出台的相关校园足球发展的指导性文件,结合本地区经济、环境等条件与发展校园足球的现实和长远需要,研究确定本地区各小学、中学、大学等不同学段的青少年的开展校园足球的实施步骤,有重点地推进当地校园足球的开展。

(二)构建完整的布局城市校园足球组织机构

各布局城市校园足球发展组织机构,是全国校园足球办公室的下属单位,应参照国家层面的校园足球领导小组进行组织机构设置,由当地教育、发展与改革、财政、新闻宣传、体育、共青团等组织共同构成领导有力、运作高效的组织机构,这是推进地区校园足球可持续发展的组织保障。各布局城市校园足球组织机构的主要职能是:研究制定本地区校园足球发展的指导思想、实施规划、年度工作计划;指导足球特色学校广泛普及和开展校园足球;组织好各级校园足球竞赛活动和师资、教练员培训工作;组织好校园足球经验交流和理论实践研究;加大宣传力度,吸引社会力量,争取经费支持等。

(三)加强布局城市校园足球师资的培训和引进工作

专业的师资队伍在校园足球发展中具有非常重要的作用,各布局城市、足球特色学校校园足球可持续发展的效果与教练员的执教水平和工作积极性密切相关。虽然国家层面对各地管理干部和教练员、指导员进行了大量培训,但是仍然不能有效地缓解校园足球专业人才的短缺和水平不高的问题,通过组织每次3~5天短期的业务培训来提高他们的专业水平是不现实的。因此,各布局城市要结合本地实际情况,一方面,利用寒暑假对校园足球教练员和指导员进行为期较长的初级和中级培训,采取聘请足球专家、教授、退役运动员等为师资培训班学员进行理论和实践方面的指导,还可以充分利用"国培计划"的契机,将体育教师、教练作为培训重点,切实提高他们开展校园足球的理论水平和实践能力。另一方面,可在学校体育教师招考和聘任时优先考虑具有足球专业知识背景的教师或教练员。

(四)组织开展具有地区特色的校园足球活动

各布局城市应结合本地区资源优势,开展具有地区特色的校园足球活动。活动的开展应以贴近现实、注重实效为原则。所谓贴近现实,是指所开展的校园足球活动符合各年龄段青少年身心发展的特点。所谓注重实效,是指让青少年通过参加校园足球活动,提高他们的身心素质,吸引和调动身边更多的青少年参与到校园足球中来。在这一方面,部分布局城市已做了有益的尝试,如大连的"绿荫工程计划"、上海的"校园足球节"等,值得各地学习借鉴。

(五)加大校园足球的社会宣传和吸引社会赞助

校园足球的社会宣传应坚持正确的舆论导向,利用主流媒体从正面加大对活动的宣传力度,使家长和孩子能够正确认识参与体育运动和足球活动所带来的好处,营造一个全社会共同关注青少年身心健康、关心支持校园足球可持续发展的社会氛围。在活动经费方面,虽然国家体育总局已决定将从 2013 起,每年对校园足球的拨款从 4000 万元增至 5600 万元,政府适当增加对校园足球的经费投入是必要的,但单纯依靠政府投入显然无法满足大范围校园足球的开展。为了进一步加强校园足球可持续发展的能力建设,可以采取"政府拨一点,社会筹一点,单位出一点"的办法,通过社会宣传,吸引社会单位和个人对校园足球进行赞助,解决校园足球开展过程中经费紧张的突出问题。

三、学校层面加强校园足球推进

足球特色学校是开展校园足球的主体力量,在校园足球能否可持续发展的过程中承担重要职责,同时也为国家下一步政策的制定和规划提供参考依据。学校层面推进校园足球可持续发展包括两层含义:一是从教育功能讲,学校担负着广大学生的教育责任,校园足球的开展不能以牺牲参与者文化课学习来谋求发展是校园足球是阳光体育的补充和延伸,对提高广大参与者的身心素质具有重要作用;二是校园足球的开展为足球后备人才的选拔和培养提供基础。足球特色学校校园足球可持续发展的推进建议将从校园足球的管理、内容、方式等几个关键要素出发寻找校园足球可持续发展的主要环节和突破口。

(一)小学阶段开展校园足球的建议

1.将"健康第一"的理念融会贯通于日常教学和生活中

校园足球在小学阶段的开展,应以培养少年儿童的体育意识和普及足球运动的知识和技能,提高他们的身心素质为重点,切不可过分看重比赛成绩,要将"健康第一"的理念贯穿其中。国外足球发达国家有关青少年足球运动员的选材研究也表明："在制订发现青少年儿童运动人才的计划时,都淡化比赛成绩,强化兴趣与动机的培养,倡导快乐足球。"同时要让社会各界给予体育运动正确合理的评价,"体者,载知识之车而寓道德之舍也",通过体育运动让学校领导、家长、学生真正领会和认识其中的价值和意义,树立正确的体育价值观和形成体育锻炼的良好习惯,最终营造社会、学校、家庭共同关注体育的良好氛围。

2.广泛开展丰富多彩的趣味性校园足球活动

小学阶段的儿童兴趣不稳定,意志比较薄弱,在足球教学中,如果教学方法内容枯燥,不但不会引起学生的兴趣,反而会使他们感到厌倦。因此,日常足球教学和活动的开展过程中应注意根据小学生心理特点,多选择具有趣味性的足球游戏,例如:"抢圈""运球接力赛""网式足球"等,让孩子在和谐欢快的课堂气氛中充分感受到足球所带来的快乐。在小学高年级足球教学和活动时,可采用荷兰青少年足球训练常用的"小型比赛"的方式,即3VS3、4VS4、5VS5 等比赛形式,这种小型比赛包含了正式足球比赛的应有要素,即球、同伴、对手、球门、空间、规则,是一种简化了的足球比赛,在青少年的足球意识和技能的培养方面作用突出。

3.形成校长、教练员、家长、孩子四位一体的校园足球发展合力

学校校长要积极创造条件为开展校园足球提供保障,校园足球教练员应与家长密切合作,综合利用各种手段和方法,共同为孩子的发展创造良好条件,同时教练员要争取家长的理解和支持。没有校长、教练员、家长和孩子的共同参与,校园足球可持续发展难以取得成效。因此,要建立形成校长、教练员、家长和孩子四位一体共同促进校园足球发展的合力,校长和教练员居于学校开展校园足球的主导地位方面,学校应该主动采取多种措施向家长和孩子介绍宣传参与体育锻炼和足球活动的益处,例如采用家长会、专题报告会,家长学校等形式进行宣传;另一方面,学校可邀请家长对训练、竞赛活动进行观摩指导,进一步充实、强化校园足球。

(二)中学阶段开展校园足球的建议

1.在广泛普及的基础上丰富校内足球竞赛活动

在实地走访调查部分足球特色学校时发现,许多学校缺乏真正意义的校内足球活动,而仅对部分具备足球特长的学生进行训练,进而组队参加校外竞赛。而在校园足球的普及程度上严重不足,没能形成"班班有队""周周

有赛"的局面,这种重提高、轻普及的做法严重背离了校园足球"在青少年学生中普及足球知识和技能,形成校园足球文化,从而培养全面发展、特长突出的青少年足球后备人才"的指导思想。20世纪80年代在全国范围内开展的"幼苗杯""萌芽杯""希望杯"三杯赛在开展初期,对校园足球的普及和提高确实起到了推动作用,但后期部分地区为获得名次,虚报年龄,以大打小,严重陷入功利主义的漩涡而不能自拔。因此,新一轮校园足球的开展要高度重视在学生中的普及和校内足球竞赛活动的开展,三杯赛的失利是前车之鉴,切不可重蹈覆辙。

2. 加强校园足球文化建设和足球校本课程的开发

校园足球文化建设作为校园精神文明建设的一个重要方面,同时也担负着宣传校园足球,增强青少年的体育意识和兴趣的作用。各足球特色学校可根据本校的地理环境、办学条件等因地制宜地开展校园足球文化建设,例如可以制作标语图片展、广播录像,开展足球知识竞赛和足球趣味活动等提高同学们参与足球活动的积极性。同时,为实现体育项目特色建设,应鼓励各足球特色学校根据国家或地方制定的课程纲要和校园足球开展的相关文件精神,结合学校的特点、条件以及可以开发利用的资源,研究开发具有本校特色的足球校本课程,使理论和实践相结合,进一步提高足球运动的吸引力。

3. 加强足球重点学校建设

1997年,在中国足协注册的足球学校多达3000所,而到了2007年年底,这数字已萎缩至20多所,面对当前国内足球学校大面积缩水的现状,究其原因,中国足球恶劣的环境以及足球运动的成才周期长、淘汰率高和运动员出路狭窄成为主要因素。而以足球项目作为特色的足球重点学校在解决运动员学训矛盾,降低培养费用,培养德智体全面发展的人才和解决运动员出路方面具有传统足球学校无可比拟的优势。因此,足球重点学校要充分发挥开展校园足球的引领和示范作用,在足球运动的普及和提高与学生的学业两方面做到"两手抓,两手都要硬",在学生的培养和成才方面走出特色之路,以带动更多的学校重视和开展校园足球,同时,各级教育和体育部门应加大对足球重点学校在政策激励、资金投入、人才引进和培养方面的扶持力度,进一步提高学校开展校园足球的积极性。

（三）大学阶段开展校园足球的建议

1. 充分发挥高校的资源优势

高校相对于中小学来说具有较完备的师资和场地,且在校生人数相对较多,升学压力相对较小,在校园足球的普及方面具备较大优势。各高校应借当前加强高校体育工作和全国大力开展校园足球的契机,联合学生管理部门、共青团组织和学生社团等,充分发挥本校资源优势,将普及开展体育运动和足球活动、提高大学生健康素质纳入学校发展规划中,促进大学生全面健康成长成才。

2. 创新人才培养模式,做好体教结合的大文章

当前的体教结合在培养高水平运动员方面仍具有很大缺陷,部分高校成为退役或现役运动员的"归宿"而非冠军的"摇篮",如何探索创新竞技体育人才培养模式,真正做到体教结合,值得共同研究。面对外界的种种质疑,国内部分高校已就足球运动员的培养做出了成功的探索,例如三峡大学"一贯制"培养模式,将高水平足球运动员的培养方案分为三个阶段:青少年学习阶段,大学实践阶段和俱乐部成熟阶段,各阶段根据球员的年龄有针对性地进行训练内容的安排,最终实现培养具有良好综合素质的高水平运动员。湖北大学五人制足球队与武汉地龙俱乐部合作实行校企结合的足球人才培养模式,不仅为国家输送了多名五人制足球运动员,而且该球队多次问鼎国内各项五人制赛事,在国际赛场也取得了较好的成绩。

3. 建立小学—中学—大学多赢合作联盟,促进一体化发展

大学作为校园足球发展战略的顶端,在人才的培养和输送方面起到了关键作用。应鼓励有条件的高校加大对优秀足球运动员的招收力度,同时建立与所在城市中小学在校园足球人才培养和输送方面的合作,对有天赋的优秀运动员给予升学方面的政策照顾,以解除学生和家长的后顾之忧,增强校园足球的吸引力。另一方面,建立小学—中学—大学的合作联盟,各阶段的学校可根据不同年龄段的学生进行有针对性的培养,避免在培养过程中的重复性和盲目性,这样更有利于学校高水平运动员梯队的培养和有序衔接,保证了校园足球人才培养的连续性。首次参加国内职业足球乙级联赛并夺得冠军的北京理工大学的成功经验就在于将足球回归教育,以大学为龙头、中学为纽带、小学为基础,充分利用教育资源培养高水平足球运动员,被外界誉为"北理工模式"。

4.选聘高水平教练执教,提升训练水平

教练员在运动训练中居于主导地位,是运动员能否进一步提高运动成绩的关键。目前执教校园足球的教练员绝大部分都是所在学校的体育教师,虽有系统的体育知识和丰富的教学经验,但普遍缺乏指导高水平运动员的经验,这也成为制约当前校园足球向更高水平发展的一个重要环节。北京理工大学足球队和清华大学跳水队之所以能在高水平运动员培养方面在国内独树一帜,其中一个重要原因就是当初拥有金志扬和于芬这样的优秀教练做指导。就如何解决高水平教练执教这一问题,可以通过内部挖掘具有训练特长和经验的校内教师和外部引进和聘请高水平教练来解决。

参考文献

［1］姜华. 足球运动文化体系的建设与发展［M］. 北京：中国商务出版社，2018.

［2］赵金林. 校园体育文化建设与实践探究［M］. 北京：中国书籍出版社，2018.

［3］李禹廷. 拿什么拯救你中国足球：策论问答 200 例［M］. 北京：新华出版社，2017.

［4］王居海. 现代足球运动价值分析与科学发展研究［M］. 北京：中国商业出版社，2018.

［5］谢孟瑶. 现代球类运动文化建设与技战术学练指导［M］. 长春：吉林大学出版社，2017.

［6］规划编制小组. 中国足球中长期发展规划 100 问［M］. 北京：北京体育大学出版社，2016.

［7］袁微，董娜，张华. 大学生球类运动文化探究与运动技能培养［M］. 北京：中国商务出版社，2017.

［8］熊月之等. 上海文化发展与变迁：实践与经验［M］. 上海：上海社会科学院出版社，2008.

［9］王传友，朱志宏，王欣. 当代体育文化热点问题研究［M］. 苏州：苏州大学出版社，2015.

［10］魏华龄，左超英. 桂林抗战文化研究文集 6［M］. 桂林：广西师范大学出版社，2001.

［11］程昕. 校园足球运动研究［M］. 成都：电子科技大学出版社，2015.

［12］倪宏竹，葛振斌，薛伟. 中国校园足球运动的理论与实践研究［M］. 北京：中国原子能出版社，2017.

［13］王乐. 校园足球运动教学研究［M］. 北京：中国大地出版社，2019.

［14］马超. 校园足球运动的教学指导与训练实践研究［M］. 北京：中国民族文化出版社，2020.

［15］韩勇. 校园足球运动发展与实践研究［M］. 长春：吉林文史出版社，2018.

[16]王玥,纪磊.运动艺术视角下校园足球可持续发展研究[M].长春:吉林出版集团股份有限公司,2020.

[17]李冬.校园足球运动教学理论与教学设计实践研究[M].长春:吉林大学出版社,2019.

[18]邵源,李小华.高校足球运动开展与校园文化建设的耦合研究[M].北京:中国戏剧出版社,2018.

[19]李青,李鑫,宋正华.校园足球运动发展与人才培养研究[M].北京:中国原子能出版社,2016.

[20]龚彦豪,周伟,张健鹏.新形势下校园足球运动的可持续发展研究[M].北京:九州出版社,2017.

[21]冯蕴中.改革背景下校园足球运动的可持续发展研究[M].长春:吉林大学出版社,2017.

[22]陈晴.中国足球运动百余年发展史[M].武汉:华中科技大学出版社,2017.

[23]段绍斌.高校足球运动与校园体育文化构建研究[M].北京:光明日报出版社,2016.

[24]岳抑波,谭晓伟.高校足球运动理论与战术技能研究[M].长春:吉林人民出版社,2019.

[25]丁辉.中国青少年校园足球运动可持续发展的探索与研究[M].北京:中国原子能出版社,2017.

[26]姜华.足球运动文化体系的建设与发展[M].北京:中国商务出版社,2018.

[27]贺斌.我国青少年足球教练员培养与培训体系组织结构及流程再造研究[M].厦门:厦门大学出版社,2019.

[28]董守滨.详论中国高校校园足球的系统训练与可持续发展[M].成都:电子科技大学出版社,2017.

[29]赵金林.校园体育文化建设与实践探究[M].北京:中国书籍出版社,2018.

[30]王居海.现代足球运动价值分析与科学发展研究[M].北京:中国商业出版社,2018.